Naren Herrero

Hinduismo
para la vida moderna

Ilustraciones de Carola Zerbone

Prólogo de Swami Satyananda Saraswati

editorial Kairós

Fotocomposición: Moelmo, SCP, Girona, 53, Barcelona
Revisión: Amelia Padilla
Diseño cubierta: Katrien Van Steen con ilustración de Carola Zerbone
Impresión y encuadernación: Litogama. Barcelona

Primera edición: Junio 2019
ISBN: 978-84-9988-679-4
Depósito legal: B 8.035-2019

Para mis padres, Kanagavalli y Parasurama,
que me criaron en la cosmovisión hindú

Sumario

Nota sobre la transcripción, españolización y pronunciación de las palabras en lengua sánscrita

Con la intención de comunicar con claridad el mensaje y para que los tecnicismos no obstaculicen la fluidez de la lectura, se ha optado por un sistema de transcripción adaptado a las reglas fonéticas del castellano, el cual incluye acentos que indican la pronunciación aproximada de las palabras sánscritas.

De todos modos, las siguientes grafías se deben tener en cuenta, pues su pronunciación no es siempre la misma en castellano:

- La **j** se pronuncia como la «j» inglesa o catalana; nunca como en castellano. Cuando la **j** va seguida de **n** la pronunciación se asemeja a «gñ».
- La **g** es siempre velar y sonora, como en *gato* (por lo que *Gita* se leerá «guita»).
- La **y** cuando va a principio de palabra se pronuncia como en castellano; en medio de palabra como una «i» suave.

- La **h** es siempre aspirada, como en inglés o como una «j» suave a la manera andaluza. Cuando va después de una consonante (**gh**, **th**, **dh**, **ph**, **bh**), forma una sola consonante que también se aspira.

- Como excepción a la regla anterior, la **sh** se pronuncia como «sh» en inglés, «ch» en francés o «x» en catalán o gallego.

- La **r** siempre suave, como la castellana cuando va entre dos vocales.

- La **v** como en inglés o francés. Cuando va después de una consonante, tienen un sonido entre una «v» y una «u» corta.

- La **w** siempre tiene un sonido entre una «v» y una «u» corta. Cumple el mismo papel que la «v» entre palabras. Su utilización ha quedado arraigada en muchas palabras debido a la herencia de las primeras transcripciones al inglés, como en *swami*.

Por otra parte, y para beneficio de los lectores interesados en detalles técnicos, en el Glosario, al final del libro, se puede encontrar la transcripción completa de las palabras al alfabeto internacional de transliteración sánscrita.

En adición a las grafías ya explicadas, se enumeran las reglas que hay que tener en cuenta para una correcta y aproximada pronunciación de dicho alfabeto:

- **a** como la «u» en el inglés *but* o la «vocal neutra» en catalán. Es bastante más corta que la «a» castellana.

- **ā, ī, ū** como en castellano, pero ligeramente más largas.
- **ṛ** como «ri» en *sacristía*, esbozando apenas la «i».
- **ṅ** como en la «n» de *ganga*.
- **c** se pronuncia siempre como la «ch» castellana.
- **ñ** como la «n» de *ancho*.
- Las retroflejas (**ṭa ṭha ḍa ḍha ṇa ṣ**) se pronuncian como las dentales, con la salvedad de que la punta de la lengua toca el punto más elevado del paladar.
- La **ṁ** es igual a la «m» castellana, aunque al final de palabra indica una intensificación de su pronunciación nasal, como en el mantra *oṁ*.

Hinduismo para la vida moderna

Prólogo

Om

«Tú eres el fuego, el sol, el viento y la luna.

Tú eres las constelaciones de estrellas luminosas, la mente universal, el agua y el cuerpo del universo.

Tú, ¡oh Ser Supremo!, eres mujer, Tú eres hombre. Tú eres el joven y también la doncella.

Tú eres el anciano que con un bastón camina temblando.

Tú eres el que nace en todas las formas.

No tienes origen. Existes en todo. De Ti emanan todos los mundos».

Shvetashvatara Upanishad, 4.2-4

Desde tiempos inmemoriales, la sabiduría de la India ha ejercido una poderosa atracción en muchas mentes sensibles; esto se debe, sin duda, a la profundidad de la metafísica del hinduismo y a la belleza de las variadas expresiones de su enseñanza.

El sabio griego Jámblico, en su *Vida Pitagórica*, narra que Pitágoras, en el siglo VI a.e.c.* –hace 2600 años–, ya había tenido contacto con sabios de la India y de Egipto. En el siglo IV a.e.c., Alejandro Magno, después de la conquista de Persia, llegó a la India. En la región del Punyab, cerca del río Jhelum, tuvo lugar la batalla del Hidaspes, en la que el rey indio Poros (Pururava) paró el avance de tan extraordinario rey griego. Recuerdo que mi maestro contaba una historia que decía: «Antes de emprender el largo viaje, Alejandro, al despedirse de sus tutores, les preguntó qué les podía traer de la India. Estos le respondieron que trajera consigo a un hombre sabio, un *brahmán*». Los ascetas desnudos del Valle del Ganges, conocidos como gimnosofistas, habían impresionado desde la antigüedad a muchos viajeros por su grandeza, sabiduría y ascesis. A finales del siglo IV, el romano Palladius escribe un breve texto, *De moribus Bragmanorum* («La moral de los brahmanes de la India»), basándose en antiguas fuentes. Narra con detalle la relación de Alejandro el Magno y el sabio indio Dandamis:

«Has venido a nosotros porque aspiras a la sabiduría, esta sabiduría que para nosotros, brahmanes, es lo primero que acogemos, ya que es lo que otorga realeza a nuestra vida. Tú quieres aprender esto, ¡oh rey Alejandro!, pues el filósofo no es dominado, sino que domina, y ningún hombre tiene poder sobre él».

---

* «Antes de la era común» es una designación alternativa y neutral para indicar el tiempo que empieza a contarse desde el nacimiento de Cristo.

Con la expansión de las doctrinas monoteístas, el hilo que unía la India con Europa se debilitó. Las tradiciones paganas europeas fueron oprimidas y forzadas a desaparecer. Se instauró una única verdad y un solo libro sagrado; pero la fascinación por la India y sus sabios no cesó. La indagación y la búsqueda metafísica son parte integral de la experiencia humana y la sabiduría de la India siguió atrayendo y cautivando.

Con la llegada del Renacimiento a mediados del siglo XV, Europa vuelve su mirada hacia la antigua Grecia, abriéndose de nuevo el horizonte hacia la sabiduría india. En el siglo XVIII, Voltaire, en su obra *Cartas sobre el origen de las ciencias y de los pueblos de Asia,* escribió:

«Estoy convencido de que todo nos ha llegado de las orillas del Ganges: la astronomía, la astrología, la metempsicosis, etc.».

Voltaire sentía un gran respeto por la sabiduría de la India y consideraba que esta representaba el origen de la espiritualidad y su expresión más pura y antigua. En el mismo siglo, el filósofo y poeta alemán Johan Gottfried Herder escribía que la India era «el paraíso perdido de todas las religiones y filosofías», «la cuna de la humanidad», «el hogar eterno» y exclamaba: «¡Oh tierra sagrada!, te saludo. Eres la fuente de toda la música. Eres la voz del corazón».

Medio siglo más tarde, el escritor y filósofo alemán Frederich von Schlegel, una de las figuras más representativas del Romanticismo en sus orígenes, tras estudiar sánscrito, escribió:

«La India no es solo el origen de todo, Ella es superior en todo, en su intelectualidad, en su religiosidad, en sus concepciones políticas. Incluso el patrimonio de Grecia palidece ante tal comparación».

El filósofo Arthur Schopenhauer consideraba a la India como «el padre de la humanidad» que «dio la religión original a nuestra raza», y expresaba su esperanza de que los pueblos europeos «que originaron en Asia, retomaran de nuevo la religión de su hogar». Asiduo lector de las *Upanishads*, afirmaba:

«Esta es la lectura más provechosa y más sublime que sea posible encontrar en este mundo [...] no existe en todo el mundo un estudio tan beneficioso y elevado como el de las *Upanishads* [... que] son el producto de la sabiduría humana más elevada [...] las *Upanishads* son el solaz de mi vida y serán el solaz de mi muerte».

En su importante obra *El mundo como voluntad y representación*, Schopenhauer da su visión acerca del esfuerzo de las misiones para convertir a la población de la India al cristianismo, escribiendo:

«En la India, nuestras religiones nunca echarán raíces; la antigua sabiduría de la raza humana no será suplantada por los acontecimientos de Galilea. Al contrario, la sabiduría de la India fluye de nuevo hacia Europa, y producirá un cambio fundamental en nuestro conocimiento y pensamiento».

En el siglo pasado, el filósofo, escritor y viajero Hermann Keyserling, en su obra *Diario de viaje de un filósofo,* con gran sentimiento escribía:

> «Benarés es sagrada. Europa se ha vuelto superficial y apenas entiende ya estas verdades [...]. Aquí me siento mucho más cerca del centro del mundo [...], aquí siento como si cualquier día, quizá hoy mismo, fuera a recibir la gracia de la revelación suprema».

A lo largo de todo el siglo XX, la sabiduría de la India siguió ejerciendo una poderosa atracción, lo vemos en las obras de relevantes historiadores como Will Durant y Arnold Toynbee; de indólogos como Louis Renou, Heinrich Zimmer, Stella Kramrisch y Georg Feuerstein; de estudiosos de las tradiciones espirituales como René Guénon, Mircea Eliade, Joseph Campbell, Joan Mascaró y Raimon Panikkar; de psicólogos como Carl Gustav Jung; de escritores como Romain Rolland, Aldous Huxley, Hermann Hesse y Octavio Paz; o de viajeros como Alexandra David-Neel y Paul Brunton, solo por mencionar algunos nombres. Para todos ellos, la sabiduría del hinduismo fue una importante referencia.

Pero la India no solo atraía a estos autores eruditos. A finales de los años 1960 y principios de los años 1970, muchos jóvenes melenudos y con pocos medios, recorrimos más de 6.000 kilómetros, cruzando Turquía, Irán, Afganistán y Pakistán, en condiciones nada fáciles y a lo largo de varios meses, hasta llegar a la sagrada India. Siempre recordaré la llegada a la frontera india cerca de Attari, en Punyab... había una extraña sensación de estar regresando al hogar.

Con la llegada a la India, empezaría un largo aprendizaje para aquellos que sentimos una fuerte conexión con el hinduismo. Si la variedad de lenguas, costumbres y concepciones sobre la vida y la muerte no eran suficiente reto para un occidental, nos encontrábamos además ante un nuevo y extraordinario universo de creencias, divinidades, filosofías, templos, rituales y textos sagrados. Los *pandits* o eruditos fueron la puerta para algunos, por medio del riguroso estudio del sánscrito y los textos sagrados. Otros entramos en esta tradición a través de la compañía y enseñanza de los ascetas, los sabios silenciosos. Los *sadhus* nos abrieron la puerta a la práctica del yoga, la meditación y a la sabiduría de los antiguos textos. Esto conllevó recibir una iniciación, la relación con un gurú y una práctica espiritual (*sádhana*), pasando así a formar parte de un antiguo linaje. Lo más conmovedor era reconocer la continuidad de una tradición pura y milenaria, ancestral, que resonaba fuertemente en nuestras propias raíces.

Una de las grandezas del hinduismo, tradición espiritual aún viva de las más antiguas de la Tierra, es que se puede recibir la iniciación en contemplaciones o meditaciones milenarias; aprender la recitación de *mantras* pronunciados de la misma manera desde tiempos remotos; participar en rituales que se celebran desde hace milenios, con las mismas ofrendas, la misma ejecución, la misma recitación de mantras y en el mismo momento astrológico apropiado.

En la actualidad, dentro de la cultura global en la que vivimos, ciertos aspectos del hinduismo ya forman parte de nuestra cotidianidad. Puede que alguien no practique yoga ni meditación, pero es muy posible que tenga amigos o vecinos que sí lo hacen. Palabras como «yoga», «meditación» o «mantra», el mismo vegetarianismo y el creciente respeto hacia los animales forman parte de nuestro día a día. Pero al mismo tiempo, existe un inmenso desconocimiento de las profundas enseñanzas del hinduismo. En este sentido, este libro tiene gran valor. Nuestro autor no tuvo que viajar miles de kilómetros para encontrarse con ascetas silenciosos que le mostraran la vida yóguica, la encontró en su propia casa, incluso antes de su nacimiento. Naren nació en una familia dedicada al yoga, a la meditación, que estudiaba los textos y que seguía las enseñanzas espirituales hindúes a través de diferentes fuentes, que más adelante fueron fortalecidas por la aparición en sus vidas de su maestro Sri Swami Premananda de Sri Lanka.

A la vez, algo importante es que el autor es un comunicador nato, su expresión es fácil, pero sin dejar de ser profunda y meditada. Es algo poco común encontrar un libro en nuestra lengua con enseñanzas claras y sobre aspectos tan variados del hinduismo como el sonido, el mantra, el yoga, la no violencia (*ahimsa*), el *karma* y la reencarnación, el deseo, el sufrimiento, el alimento sagrado, el ritual, la devoción (*bhakti*), el nombre espiritual, la *mala* (rosario), el silencio, el calendario hindú, las deidades hindúes, entre otros muchos temas tratados.

El libro contiene un tesoro de información que el autor ha tenido que buscar y madurar en su propia contemplación. En estas páginas tenemos una puerta de fácil acceso, para vislumbrar y comprender esta tradición que ha fascinado y atraído a nuestros antepasados desde la antigüedad.

Febrero 2019

SWAMI SATYANANDA SARASWATI

KAILAS ASHRAM

L'Ametlla del Vallès

Introducción
de un hindú occidental

Uno de los recuerdos más perdurables que tengo de mi primera infancia es la figura de una estatua de madera de Krishna que teníamos en casa, su fragancia de sándalo y la sensación positiva que me generaba el divino pastor de vacas en su tradicional postura de *tribhanga*, tocando la flauta y con los tobillos ligeramente entrecruzados. Esta imagen típicamente hindú era un detalle coherente en medio de una niñez marcada por historias de santos del Himalaya, cantos devocionales, vegetarianismo, posturas de yoga y meditaciones con ojos entreabiertos. Mi madre dice que a los tres años yo recitaba el *gáyatri mantra* como en estado de trance, algo que yo no recuerdo y, sin duda, no redundó en ningún estado místico en la vida adulta. Al mismo tiempo, y por nacer y crecer en Occidente, fui un niño «normal» que tenía un perchero de *Los Pitufos*, era amante del fútbol, ávido lector de cómics de Disney y celebraba con alegría la Navidad.

A fines de los años 1970, en Argentina, mis padres estaban totalmente involucrados en el yoga y la espiritualidad hindú y mi nacimiento y el de mi hermano estuvieron marcados por ese entusiasmo espiritual que, con los años, fue tomando diversas formas, pero que nunca declinó. Por tanto, la filosofía, la iconografía y las prácticas de la espiritualidad hindú estuvieron siempre presentes en mi vida, aunque fusionadas con un estilo de vida occidental, sobre todo en el ámbito sociocultural. En un país mayoritariamente católico, yo no tuve bautismo ni comunión por la Iglesia, pero por conveniencia académica acabé, en la adolescencia, yendo a un colegio de curas donde mis padres habían gestionado un permiso para que yo, por nuestras creencias, pudiera salir de las clases de «religión». Asimismo, llevar un nombre «raro» fue problemático porque los funcionarios de turno les negaron a mis padres mi inscripción en el registro civil, por lo que tuvieron que darme un nombre de emergencia, que fue el bíblico «Jeremías». Muchos años después, y con un juicio civil de por medio, «Naren» pudo ser agregado a mi DNI.

Lo curioso es que, a pesar de cantar mantras sánscritos, creer en el karma y la reencarnación, tener fotos de santos hindúes en las paredes y ¡tener un nombre hindú!, en casa se hablaba, sobre nuestra cosmovisión, de «filosofía de la India» y raramente del término «hindú». Como la mayoría de las personas occidentales y modernas, la idea de religión institucionalizada nos producía cierto rechazo y preferíamos, más bien, identificarnos con el concepto de «espiritualidad», mucho más libre, moldeable y adecuado a un mundo en que las instituciones tradicionales y las grandes narrativas ya estaban en declive. El «problema» con lo que llamamos hinduismo es que, justamente por su amplitud, es difícil de explicar y casi imposible de definir con las categorías occidentales establecidas, comenzando por la palabra «religión».

Para empezar, el hinduismo es tanto una civilización como un conglomerado de religiones, sin comienzo definido ni fundador, sin un único libro canónico ni tampoco una autoridad central. Quizás la mejor palabra para definir esta antigua tradición sería «cosmovisión», pues su ámbito de influencia abarca todos los aspectos de la vida: desde la organización social hasta el análisis detallado del funcionamiento de la mente individual, pasando por el nacimiento del universo, la filosofía perenne o la práctica personal diaria de cada ser humano. La idiosincrasia inclusiva del hinduismo se refleja en el postulado de que toda la vida es sagrada, y en la idea de que la multiplicidad del mundo esconde, en el fondo, una Unidad esencial. Por tanto, una persona que cree que Dios está en un plano celestial y rige el universo a voluntad puede ser considerado hindú; alguien que acepta el Principio Supremo como mujer y diosa puede ser hindú; alguien que sostiene que este mundo fenoménico es una creación ilusoria de nuestra mente puede ser hindú; alguien que realiza ejercicios respiratorios y posturas durante 12 horas al día puede ser hindú; alguien que simplemente se pregunta de forma constante «¿quién soy yo?» puede ser hindú...

Si cada persona es diferente, y es evidente que no sería razonable que todos siguiéramos el mismo tipo de alimentación, ni tuviéramos el mismo trabajo, ni los mismos gustos, también es natural que cada persona tenga diferentes necesidades a nivel espiritual y no pueda existir una única religión a la que todas las personas tengan que amoldarse. En el caso del hinduismo, y siempre con unos mínimos comunes de base, que en general incluyen la guía de un preceptor espiritual y de los textos tradicionales, existe un alto grado de libertad individual para que cada uno adapte la religión a sus necesidades y tendencias. De hecho, esta visión hindú de que cada persona tiene diferentes necesidades implica la aceptación de otros caminos como válidos, incluyendo otras religiones, y por eso el hinduismo, en general, nunca ha tenido un espíritu evangelizador. Es más, en los círculos ortodoxos se considera que quien no nace en una familia hindú india (lo cual tiene también un componente étnico) no puede convertirse al hinduismo ni siquiera si así lo desea. Y siguiendo este criterio, en algunos templos de la India no dejan entrar al santuario principal a personas occidentales, por más hindúes que sean o incluso siendo monjes hindúes iniciados.

En mi caso, nunca me preocupe de estas cuestiones, ni tan solo cuando me negaron la entrada al santuario de Madurai en el sur de la India, pues no me interesaba ponerme ninguna etiqueta. De hecho, en mis artículos y durante años escribí que yo no era «hindú», sino que seguía la «filosofía espiritual de la India». Fueron muchos elementos a la vez, pero quizás una charla con Álvaro Enterría, editor español radicado en la India desde los años 1980, fue el detonante de mi cambio de opinión. Él me preguntó: «¿Tú haces *puja* (ritual hindú)?». «Sí», respondí yo. «¿Tú repites *mantra*?». «Sí», dije. «Tienes un maestro hindú?». «Sí». «¿Haces *yoga*?». «Sí». «¿Haces meditación?». «Sí». «¿Tu nombre no es hindú?». «Sí». «¿Crees en el *karma*?». «Sí». «¿Eres devoto de Ganesha?». «Sí»... Y entonces, con su proverbial sencillez, Álvaro apeló a la metáfora futbolística:

> «Si una persona usa la camiseta del Real Madrid, mira los partidos del Real Madrid, sigue las noticias del Real Madrid y desea que gane el Real Madrid, entonces es hincha del Real Madrid».

A pesar de vivir en Barcelona, donde el principal equipo de fútbol es otro, entendí de inmediato el razonamiento y lo contradictorio de mi posición, lo cual supuso un periodo de seria autorreflexión sobre mi rechazo al denigrado concepto de «religión» y mi preferencia por la más difusa idea de «espiritualidad». Sin perder del todo mi negación a ponerme etiquetas, y sobre todo en función de la evidencia de los hechos, acepté gradualmente denominarme como «hindú», si bien yo nunca podría ser calificado de ortodoxo. Justamente la plasticidad y la universalidad del hinduismo permiten que una persona no india, nacida en Occidente y sin lazos sanguíneos o socioculturales con la India, pueda aplicar la cosmovisión hindú de forma eficaz y respetuosa con la tradición. Si bien la «religión» se ve como una imposición o como una limitación, en mi caso personal descubrí que desarrollar mi anhelo espiritual (que considero más allá de cualquier religión) en el marco de una tradición genuina y claramente delimitada, pero lo suficientemente flexible para adaptarse a las necesidades de cada persona, me ayuda en mi búsqueda interior.

Con el auge del yoga y la difusión de la filosofía espiritual de la India en las últimas décadas, en el mundo existen miles de personas que podríamos denominar «hindúes occidentales», es decir, personas no indias que se identifican con los principios básicos de la cosmovisión hindú, pero que de ninguna manera se etiquetarían como tales. Obviamente, el desprestigio de lo religioso en el mundo moderno es un factor fundamental que se debe considerar. Asimismo, en Occidente también existen organizaciones enteras que, en la práctica, realizan todos los ritos de la religión hindú tradicional pero, por conveniencia, desconocimiento o rechazo a las etiquetas, se niegan a calificarse como hindúes.

Sin tener una intención evangelizadora, creo que este libro puede servir para que esas personas que son hindúes sin saberlo se den cuenta y revaloricen sus fuentes. A mí, este reconocimiento me sirvió para dar un marco sistemático a mis prácticas y creencias espirituales, que en lugar de limitarme me ayuda a encauzar mis inclinaciones y tendencias de forma más efectiva. A la vez, mi deseo es que este libro pueda ser de utilidad para que cualquier hijo de vecino –aun sin tener intenciones de ser hindú– pueda encontrar herramientas válidas para su vida en esta inagotable y antigua cosmovisión, que es universal y que posee valores para todas las épocas, lugares y personas.

En primer lugar, la razón que me movió a escribir muchos de estos textos fue la de **aclarar** cuestiones básicas relacionadas con el hinduismo que, en el hiperinformado mundo actual, están malentendidas o incluso deliberadamente mal utilizadas. Los contenidos del libro son breves e introductorios, pero también rigurosos y espero que sirvan como punta de ovillo para profundizar con seriedad en la riqueza filosófica, práctica y espiritual del hinduismo.

Por otro lado, no me avergüenzo al admitir que otra de mis intenciones con este libro es **entretener**. Desde muy niño supe que sería escritor y escribir es una de las actividades que más gozo me da. Dentro de los altibajos propios de la vida, este libro ha sido escrito con amor y disfrute, tal como el que a mí me gustaría leer, y también pensando en recrear al lector. De hecho, las hermosas ilustraciones que acompañan el texto son parte de este intento de despertar placer estético en el lector. Espero que esa intención se note de alguna forma durante la lectura.

Y si además pudiera pedir otro deseo, mi esperanza es que el libro pueda **inspirar** a quienes lo lean. El contenido que aquí vierto está basado en enseñanzas, maestros y textos tradicionales sin perder su relación con la vida cotidiana y el mundo actual. Por supuesto, en cada línea se puede filtrar mi propio –presente y limitado– entendimiento de la rica herencia espiritual hindú; espero que esa interferencia no sea un obstáculo. Creo sinceramente que la visión del mundo que postula el hinduismo y, muy importante, las herramientas que propone para la plenitud vital son un tesoro del que todos podemos beneficiarnos a nuestro nivel y según nuestras circunstancias. Si este libro cumple con inspirar vidas o momentos de vidas, entonces me sentiré muy agradecido.

Hablando de gratitud, quiero dar las gracias a mi editor Agustín Pániker por confiar otra vez en mí, en este proyecto, y por darme total libertad creativa. Además de un referente profesional para mí, Agustín es una persona con la que, por su hermosa personalidad, da mucho gusto estar cerca.

También quiero ofrecer mi gratitud a Álvaro Enterría, a quien considero mi mentor literario, y que, además de ser un muy buen amigo, se ha tomado el trabajo de corregir el manuscrito original (coma a coma) y de ofrecerme su crítica constructiva sin ambages. Incluso el título del libro está basado en sus sabias sugerencias.

Mis agradecidas postraciones a los pies de Swami Satyananda Saraswati, no solo por tomarse el tiempo de leer el manuscrito y escribir el prólogo del libro con la ocupada y comprometida vida que lleva, sino también por ser siempre fuente de apoyo moral y espiritual para mi camino espiritual. La importancia que tiene el guía espiritual en la tradición hindú es fundamental, como se explica en algunos artículos del libro, y yo tengo la buena fortuna de estar cerca de grandes almas, muchas de ellas citadas repetidamente en el texto. De ellas destacan especialmente, además del ya citado Satyananda, mis maestros Swami Premananda y Sri Dharma Mittra.

La escritura de este libro se gestó durante varios años y, por mis obligaciones laborales y familiares, la concreción fue más lenta de lo previsto. En todo este proceso, mi esposa Nuria (Hánsika) siempre me mostró su apoyo incondicional, tomando incluso más cargas de las que le correspondían para permitir que yo me dedicara a mi pasión. Le debo muchas cenas, muchas horas de parque con nuestras hijas y, sobre todo, mucha admiración. Ojalá esas cualidades suyas de amor, lealtad y espíritu de equipo se me contagien hasta los huesos.

Y por supuesto, mi agradecimiento a nuestras dos hijas –Gáyatri y Uma–, por aguantar que papá tuviera siempre que escribir y muchas veces no pudiera jugar a las construcciones o con los animales de la sabana, o simplemente bañarlas. La presencia de estos dos tesoros en mi vida ha sido uno de los principales factores para que yo pusiera mi foco en el aspecto más práctico de la filosofía hindú, que es parte de lo que quiero transmitir en el libro.

Hago extensivo mi agradecimiento a mis padres y a mi hermano que desde siempre han alentado con amor mis iniciativas; sin olvidar a mis queridos suegros, que me brindan apoyo y cariño incesantes.

En lo laboral, doy las gracias a Carola Zerbone, la ilustradora del libro y cuyo delicioso arte ya conocía desde hacía tiempo, por haber estado receptiva a mis demandas y por resolver magistralmente el aspecto visual de la obra. Además de una buena colaboración profesional entablamos una amistad personal, y eso me alegra aún más.

Vaya asimismo un cariñoso agradecimiento para el artista y maestro Hari Das por resolver en repetidas ocasiones mis dudas y preguntas sobre las cuestiones iconográficas y simbólicas del arte hindú.

Muchas gracias a los numerosos amigos y amigas que durante el proceso de escritura se interesaron por el avance del libro y me apoyaron repetidamente. Gracias también a las y los lectores de mi web y mis libros por leerme y por exhortarme a seguir escribiendo. Gracias a mis alumnas y alumnos, siempre cariñosos y fieles, y a las personas detrás de cada escuela, centro o formación de yoga que han confiado en mí para transmitir las enseñanzas tradicionales. Sin olvidar a las y los profesionales del mundo del yoga que me apoyan y de los cuales me nutro incesantemente.

Con frecuencia, los autores de temas religiosos o espirituales firman sus introducciones con una fecha simbólica, para sellar sus propósitos y quizás darles mayor legitimidad a sus obras. Sin premeditación alguna y más bien obligado por el calendario escolar de mis hijas, yo termino de escribir esta *Introducción* en la víspera de la Navidad de 2018, conjugando el auspicioso solsticio de invierno, tan querido para la tradición hindú, con la celebración cristiana (y ahora también laica) por antonomasia. Quiero tomar esta sincronicidad –como se dice ahora– como un símbolo de mi camino, en que mi vida y educación occidental han sido compatibles con la aplicación cotidiana de la cosmovisión hindú. Una compatibilidad que he buscado expresar en este libro con la convicción de que en el mundo actual –que para algunas personas va bien y para otras va muy mal– nuestras vidas pueden verse grandemente elevadas y mejoradas si nos hacemos receptivos a la tradición atemporal, universal y bienqueriente del hinduismo.

lokāḥ samastāḥ sukhino bhavantu
Oṁ śāntiḥ śāntiḥ śāntiḥ

«Que todos los seres en todas partes sean felices.
Om paz, paz, paz».

Parte I:
Sonido y creación

अं आ इ ई उ ऊ
ऋ ॠ ऌ ॡ ं ऐ
ओ औ अं अः
कं खं गं घं ङं
चं छं नं झं ञं
टं ठं डं ढं णं
तं थं दं धं नं
पं फं वं भं मं
यं रं लं वं
शं षं सं हं
ळं क्षं ज्ञं मं श्रीं

El lenguaje como puerta de entrada

Una de las pioneras en introducir el yoga en Occidente, la entrañable y además cosmopolita Indra Devi (1899-2002), explica en uno de sus libros que después de una conferencia en California en la que exponía los beneficios de las posturas físicas y la respiración ante un grupo de Obesos Anónimos, una mujer le preguntó: «¿Cuántas veces toma usted *yogur* al día? ¿Y cuánto cree usted que yo podría tomar cada día?».[1] Quizás por cuestiones de pronunciación (o de ideas preconcebidas) la mujer había entendido *yogur* en lugar de *yoga* y, si bien todos los ejercicios demostrados le habrían parecido muy útiles, ella se focalizó en el «producto lácteo», que se presentaba como una panacea para cuerpo y mente. Esta misma confusión –a veces menos absurda– suele ocurrir con los conceptos filosóficos indios que, desde que *The Beatles* visitaron Rishikesh en 1968, se han popularizado e integrado al habla cotidiana occidental hasta convertirse en *chapati* de cada día.

Como muestran los estudios académicos y las hemerotecas, ya desde fines del siglo XIX, es decir, varias décadas antes del «verano del amor» *hippie*, Occidente posó grandemente su mirada en la India, sus textos sagrados y su filosofía de vida, encarnada en diversos maestros espirituales hindúes tan exitosos como controvertidos, en una época en que el cientificismo y el materialismo eran la cosmovisión en auge. En los años 1960, con dos guerras mundiales en la mochila y con el progreso material como la indiscutible religión global, la asfixia espiritual de la forma de vida moderna occidental desencadenó una búsqueda mucho más ávida de pistas para encontrar sosiego (o escape) en medio de la cultura consumista, individualista y hedonista, que todavía en el siglo xxi nos envuelve. En esta búsqueda, las filosofías de la India fueron la, al menos temporal, tabla de salvación de toda una generación, más allá de cuán profunda o fiel con la tradición original hayan sido sus puestas en práctica.

Como consecuencia, palabras y conceptos que, en principio, habían sido solo usados por *hippies* y buscadores espirituales aislados se fueron convirtiendo, debido a la permeabilidad social, a las modas y, por descontado, a la sociedad de la información, en términos de masas naturalmente aceptados. Con solo abrir el periódico ya leo sobre «los *gurús* del marketing digital», o me entero de que la sostenibilidad «es el nuevo *mantra*». Si me intereso por los deportes, descubro que el equipo «cumplió su *karma* de ocupar el segundo puesto», mientras mi suegra se compra un libro de *mandalas* para pintar, y muchos de mis contactos en las redes sociales comentan un taller de «sexualidad *tántrica*»... De hecho, todas las palabras sánscritas arriba nombradas ya han sido incorporadas de forma oficial en el diccionario de la Real Academia de la Lengua (RAE).

En realidad, no tiene nada de extraño que un idioma tome prestados vocablos extranjeros de diferentes procedencias, al punto de naturalizarlos como propios; pensemos en *tsunami*, *jet lag* o chapó, por ejemplo. Entre estos préstamos, que en lingüística se denominan «extranjerismos», hay muchas palabras de origen sánscrito que usamos en nuestro día a día, sin siquiera saber que provienen de la India o, al menos, sin conocer su significado original. Un caso paradigmático sería la españolizada (e hiriente a oídos conocedores) palabra *marajá*, que deriva del sánscrito *mahārāja* («gran rey») y a la que se le pronuncia la *j* «a la española» en lugar de «a la inglesa».

Hilando más fino, estos «sanscritismos» se pueden categorizar como directos (*karma*, *mantra*, *tantra*...) o indirectos, ya que llegaron al español a través del persa, el árabe o el inglés y, por tanto, son más difíciles de reconocer. Como ejemplos de estos últimos tenemos «nenúfar», proveniente de *nīlotpala* («loto azul»); «alcanfor», de *karpūra;* y «jungla», de *jāṅgala*.

Este difundido uso de la lengua sánscrita en el habla cotidiana, del que no somos siempre conscientes, me mueve a presentar brevemente su dilatado currículum: el sánscrito es el nombre con el que conocemos la lengua de los *Vedas*, que son el fundamento escritural del hinduismo ortodoxo, y que durante milenios, con variaciones lingüísticas destacables pero no sustanciales, se ha mantenido vigente hasta la actualidad, sobre todo con la etiqueta de «lengua más sagrada de la India».

Si bien en la tradición hindú existen decenas de lenguas fundamentales, la mayoría son derivadas del sánscrito e, incluso hablando de las antiguas e importantes lenguas dravídicas (especialmente el tamil), de las que se desconoce su origen y que algunas teorías postulan como anteriores al sánscrito, pues también están plagadas de terminología sánscrita con sus pequeñas variaciones idiomáticas, reafirmando el estatus del sánscrito como lengua magna.

Según la tradición hindú, el sánscrito es eterno, es decir, que existe incluso antes de la misma manifestación del universo, aunque a nivel mitológico se explica que los esenciales cincuenta sonidos del alfabeto sánscrito son una aportación del demiurgo dios Brahmá o, más acertado, de su energía femenina en la forma de la diosa de la Palabra llamada Vach.

La palabra original para decir «sánscrito» es *saṁskṛta*, que quiere decir «bien hecho», «preparado» o «perfecto», y justamente para los antiguos gramáticos indios la lengua perfecta «ya está creada, existe de antemano» y, por tanto, «de la idea de ausencia de creación se pasa a la idea de eternidad».[2] De hecho, estos filósofos del lenguaje llegaron a concebir un camino de salvación a través del sánscrito, en que el sustrato indiferenciado de la manifestación (a veces llamado *Brahman*) puede ser conocido a través del estudio de la palabra, revelándose por medio de la gramática la esencia eterna que subyace a la multiplicidad lingüística.

Por otra parte, desde el punto de vista de los estudios histórico-lingüísticos modernos, y buscando consenso entre las distintas estimaciones de los académicos, se considera que el sánscrito existe desde hace 5.000-3.500 años, dejando, como se ve, un margen temporal muy amplio para el debate. En lo que los estudiosos sí están de acuerdo es en que el sánscrito pertenece a la rama índica de las lenguas indoeuropeas, que están agrupadas según su similitud gramatical, sonora y, sobre todo, de vocabulario. Por tanto, el sánscrito se podría considerar un «primo lejano» del griego o el latín y no debería sorprendernos encontrar muchos vocablos similares en idiomas como el español. A saber: *danta* es «diente»; *manas* es «mente»; *vach* es «voz»; o *sapta* es «siete».

Uno de los detalles más relevantes de la lengua sánscrita, más allá de su supuesto origen divino, es que todo el material disponible en sánscrito antiguo es por lo menos un milenio anterior al uso de la escritura, cuya aparición en la India, al menos de forma extendida, data de los primeros siglos de la era común. Esto significa que la trasmisión de los antiguos y muchas veces extensos textos sánscritos, incluyendo himnos litúrgicos, manuales científicos y tratados de filosofía, fue hecha de forma puramente oral y basada en la memoria de personas dedicadas específicamente a esta tarea de preservación y transmisión.

Si en *Farenheit 451*, la novela fantástica de Ray Bradbury, ciertas personas recurren a memorizar de forma clandestina parte de su legado literario porque el gobierno prohibía y quemaba los libros, en la India védica el giro es mucho más esencial: poner por escrito el patrimonio de sabiduría de una lengua es una forma de debilidad y un signo de corrupción ya que, como afirma el dicho indio:

> «El conocimiento que reside en los libros es como la riqueza en la mano de otro, ya que ni el conocimiento ni la riqueza pueden usarse cuando se necesitan».[3]

Si, además, hablamos de una lengua cuyos sonidos son sagrados, ponerla por escrito equivale a diluirla, pues en origen no se trata de literatura para ser leída sino para ser recitada. De hecho, los primeros textos védicos de los que tenemos noticia se consideran composiciones poéticas. Por tanto, la idea moderna de «libro» y el estatus cultural que da ser un «lector» no son especialmente valorados en la visión védica antigua, que más bien prioriza el cultivo de la memoria y de la fidelidad fonética, lo cual significa, entre otras cosas, que los himnos védicos que podemos escuchar actualmente son, si no idénticos, muy similares a los que se recitaban hace tres milenios o más.

Quizás en contra de lo que uno podría pensar, el aprendizaje de memoria y la transmisión oral han permitido que, a pesar de las vicisitudes históricas que ha sufrido la India a lo largo del tiempo, incluyendo invasiones y conquistas militares y culturales, esos textos antiguos se hayan preservado de forma fiel hasta nuestros días. De hecho, más allá de los acontecimientos, ni la enseñanza ni el estudio del sánscrito han sido interrumpidos jamás y su ámbito de aplicación ha sido tradicionalmente mucho más amplio que el litúrgico, incluyendo el trabajo intelectual, el arte culto, la investigación científica o la lengua diplomática entre reinos. Con la llegada del Bharatiya Janata Party (BJP) de Narendra Modi al Gobierno indio, en 2014, se intentó dar un nuevo impulso al sánscrito, pero lo cierto es que ya desde hacía décadas era una materia opcional en muchos colegios de educación secundaria, mientras que a nivel universitario su estudio, aunque minoritario, se considera muy prestigioso.

En contraste con el latín y el griego, nuestras referencias más próximas, el sánscrito no está «muerto» ni circunscrito al ámbito de la historia y la etimología. De hecho, el sánscrito se encuentra entre las 22 lenguas oficiales que reconoce la Constitución de la India de su vasto catálogo idiomático. Según el último censo sobre el tema, las personas que consideran el sánscrito como su lengua materna son unas 14.000, es decir, un número irrisorio en términos indios.[4] De todos modos, existen boletines de radio, emisiones de televisión, al menos un periódico y hasta producción literaria en sánscrito para conservar la tradición y revitalizarla.

Por supuesto, que el sánscrito se haya mantenido de forma estable durante cuatro milenios y que todavía haya personas que lo hablen no quiere decir que lo que interpreta o entiende un indio del siglo XXI en relación con los textos antiguos sea necesariamente lo que entendían los poetas y místicos védicos, ni siquiera los medievales. En la «visión mítica» de la historia india se habla de una Edad de Oro en que «el ser humano poseía una intuición directa del símbolo»,[5] y por ello, la poesía –fundada en el símbolo y su evocación– era el lenguaje perfecto, ya que el objeto y el nombre no tenían diferencia; de forma similar a cuando un yogui que entra en meditación profunda se funde con el objeto de contemplación y lo comprende de forma no mediada. De ese estado ideal, se explica, el ser humano va cayendo gradualmente y entonces surge la necesidad de explicar los símbolos, ya que la mente, además de simbólica, comienza a ser discursiva y, por tanto, requiere una explicitación de esos referentes lingüísticos que se le vuelven cada vez más opacos. Esto pasa porque con la preeminencia del aspecto puramente racional se bloquea la intuición natural y, entre otras cosas, entran en juego factores de polisemia y de ambigüedad conceptual. Más allá de la incerteza «histórica» de una Edad de Oro, lo evidente es que, ya desde hace siglos, el lenguaje discursivo es necesario para todas las personas, y de los poetas que visionaron los *Vedas* a una persona occidental del siglo XXI hay tal cambio geográfico-espacial-cultural y también de nivel de consciencia, que explicitar o incluso traducir el mensaje simbólico es de obligado cumplimiento, al menos si queremos tener claridad intelectual.

Por la naturaleza del cerebro humano, que aprehende y organiza el mundo a través del lenguaje articulado, es (casi) imposible acceder de forma exitosa a la práctica espiritual o religiosa sin conocer su lenguaje, empezando por lo que significan las palabras que lo definen, que a su vez determinan el código filosófico, ritual y simbólico que subyace a los meros significantes. Para quien haya nacido y crecido en una familia y en un contexto hindúes, este conocimiento viene de forma natural y, aunque no siempre esté sistematizado de forma consciente, sí está arraigado en su forma de ver el mundo.

Por supuesto, lo más importante es siempre la práctica basada sobre todo en la experiencia directa y no en la mera creencia o en el conocimiento teórico. Hemos oído muchas veces que el hinduismo más que una ortodoxia es una *ortopraxis*, pues lo que más se valora no es tanto la doctrina correcta, sino su puesta en práctica. Por tanto, la eficacia de un mantra no depende de conocer el significado literal de las palabras que lo componen, como tampoco hace falta saber la etimología de la palabra karma para estar efectivamente regido por la ley universal de causa-efecto.

Sin embargo, para una persona occidental del siglo XXI que se introduce en la cosmovisión hindú, y que está desconectada del sentido real de los conceptos y palabras sánscritas, comprender ciertos términos, las nociones que transmiten y la historia que las sostiene es importante para tener una base teórica, pero especialmente para poder contrastar que la propia puesta en práctica de esa cosmovisión es rigurosa y fiel.

Si, en general, las palabras suelen ser elementos volátiles, cuando se habla de espiritualidad hindú estas siempre tienen, al menos, dos significados: uno literal y otro simbólico. Ambos sentidos tienen su razón de ser y su utilidad. El significado literal generalmente nos provee información objetiva (lingüística, etimológica, histórica), mientras que el simbolismo del vocablo nos desvela cuestiones más esotéricas, es decir, información oculta a primera instancia. A este respecto, las enseñanzas de la mayoría de las tradiciones espirituales de la India tienen un carácter esotérico en origen, pues no fueron ideadas para la divulgación pública, sino que eran transmitidas oralmente a través de la iniciación de un instructor cualificado, dentro de la milenaria tradición gurú-discípulo. No se trata de un secretismo basado en la exclusividad, sino en la máxima de que el conocimiento se da solo a quien esté preparado y, además, demuestre especial anhelo por él.

A este respecto, en sánscrito se habla de *adhikara*, es decir, la «cualificación» necesaria para recibir la enseñanza. Sobre esto, el final de la *Shvetashvatara Upanishad*, un texto místico de quizás unos 2.000 años, dice:

> «El supremo secreto del conocimiento, declarado ya en la antigüedad, no se debe comunicar a quien no controla sus sentidos ni a quien no sea hijo o discípulo. A quien siente por Dios una devoción suprema y por el maestro lo mismo que siente por Dios, a ese se le iluminan las cosas enseñadas, a esa gran alma se le iluminan, a esa gran alma».[6]

Actualmente, con el auge del yoga en Occidente más el desarrollo de las comunicaciones y la universalidad de la información, cualquier persona que lo desee, sin tener que ser hijo o discípulo, puede tener acceso a la otrora iniciática filosofía de la India con solo teclear un par de palabras en su navegador web. Las grandes ventajas de esta disponibilidad de información contrastan, generalmente, con la pasmosa facilidad con que se reproduce material inexacto, citas falsas e interpretaciones personales e infundadas. Fieles a la «cultura del titular» en que vivimos, rodeados de información pero huérfanos de entendimiento, muchas personas ajenas a la tradición hindú se quedan en la superficie del mensaje y, por tanto, no llegan a conocer ni el significado literal y riguroso de un término como tampoco su sentido simbólico y profundo.

Si, como dicen por ahí, el ser humano es un animal comunicacional y simbólico, y por tanto «el lenguaje es su aparato simbólico por excelencia»,[7] es fundamental tener una comprensión clara de él. La experiencia espiritual o mística está más allá de la razón, pero no por ello debe ser irracional; de la misma forma, la experiencia espiritual se encuentra más allá de las palabras, pero nuestra forma de comprender el mundo depende del lenguaje, y mientras uno esté en el sendero de la búsqueda interior es más efectivo caminar siguiendo las señales o, para los más auditivos, bailar al ritmo de la música.

La cosmogonía sónica

Antes de la aparición del universo, en la llamada noche universal, solo hay oscuridad y quietud. Nada está creado y, si hay algo, entonces es pura Consciencia sin forma, el sustrato básico de cualquier potencial manifestación. En ese océano de oscuridad nada se mueve, no hay viento que sople ni luz que brille. Es la calma original a la que todos anhelamos regresar.

Entonces, de las quietas aguas primordiales, de la fuente en que reside toda capacidad de crear, empieza a percibirse una vibración que comienza a dar forma a todos los elementos, móviles e inmóviles, del cosmos. De hecho, cada elemento está imbuido de este sonido. Por él se manifiestan las galaxias, los dioses, los océanos, los árboles, las hormigas, tú y yo... Y una vez que el universo está creado, tal como lo conocemos, esa vibración sonora permanece en la raíz de cada cosa, de cada ser, de cada deidad, como un recordatorio sutil y oculto de nuestro origen infinito, trascendente y sonoro. Esa vibración se llama de muchas formas, una de ellas es *pránava*, aquello que «reverbera». Otro sinónimo es *OM*, el sonido original del universo.

De lo anterior se entiende que el hinduismo propone una cosmogonía sónica, es decir, explica que la creación evoluciona a partir del sonido. No de la luz, como quizás uno podría esperar, que está relacionada con la facultad de la vista y que es el sentido más fuerte en el plano material. En el ámbito espiritual, en cambio, el sentido más importante es el del oído, justamente porque de los cinco sentidos del ser humano es también el más sutil. Lo primero que siente un embrión en el útero son sonidos: el latido del corazón y la respiración de la madre, la voz de sus padres y, menos poético, los gases y movimientos del sistema digestivo de su madre. De forma inversa, en el momento de abandonar el cuerpo, se explica, el último sentido que se pierde es el del oído; de ahí que a una persona en estado de coma, por ejemplo, se le continúe hablando.

Venimos del sonido y volvemos a él. Y aunque no se trata de un sonido audible con los oídos físicos, a través del sonido material, que tradicionalmente está relacionado con el elemento espacio o éter (*akasha*), encontramos, como dice el maestro yogui contemporáneo Sri Dharma Mittra, «la última barrera entre uno y el Ser». Todos, por más brutos que seamos, al escuchar cierta música o canción hemos experimentado que nos toca una fibra muy interna e inexplicable; esto se debe a que el sonido llega más allá que los demás sentidos. De todos modos, como práctica consciente no se trata de cualquier sonido, sino de uno que nos pueda poner en contacto directo con la vibración primordial que está en todos los seres, en todas las cosas, en todas partes y en todos los tiempos.

Por ello, en la tradición hindú la sonoridad de las palabras es muy importante. La palabra bien dicha, especialmente en lengua sánscrita, posee la vibración de ese elemento al que se refiere y, de esta forma, transmite mejor su presencia. El sonido y su vibración son más importantes incluso que el significado literal de las palabras. Cada letra del alfabeto sánscrito se considera una «madrecita» (mátrika), es decir, una pequeña diosa hecha de energía vibracional que representa un aspecto de la realidad manifestada, ya que dicha realidad se construye con sonidos.

De todas las construcciones sonoras posibles, los mantras son considerados las fórmulas con mayor capacidad para sintonizar a un ser individual con la fuente del sonido universal. Si la misma vibración original está reverberando dentro de mí, de cada ser, de cada planeta y del propio universo, lo que debo hacer es afinar el oído... sutil.

Dice Swami Muktananda, un yogui y sabio hindú del siglo XX:

«El poder de la repetición del mantra yace en su capacidad de llevar a una persona a un estado de unidad con ese latido interno de Consciencia».[8]

Según Dharma Mittra, nacido en Brasil pero residente en Nueva York desde los años 1960:

«Mientras recitamos mantras estamos en sintonía con la fuente divina de los mantras y con todos aquellos que están también en ese momento recitando los mantras, y entonces nos fusionamos en una mente colectiva».[9]

Y agrega el sanscritista Òscar Pujol:

«La Palabra es aquello que une al hombre con su origen. La Palabra tiene un doble movimiento. Por un lado hace posible la creación del mundo y por otro hace que el hombre pueda regresar a su origen liberándose de las ataduras del mundo».[10]

Tradicionalmente, los mantras no son considerados una creación humana (*apaurusheya*), sino que fueron «escuchados» internamente por los antiguos *rishis* o sabios en estados de meditación. El monje hindú español Swami Satyananda Saraswati explica que el mantra es «una vibración que pertenece a un determinado estado de consciencia, que un *rishi* percibe y traslada al mundo de las letras en nuestro plano empírico».[11] De hecho, las Escrituras dicen que la palabra existe en cuatro formas, de las cuales «tres están escondidas y la cuarta es la que hablan los hombres».[12] O sea, diferentes manifestaciones del sonido, desde su forma trascendental pasando por la intuición espiritual y el plano mental hasta convertirse en discurso articulado.

De todos los yogas que existen se dice que el más antiguo podría ser el *mantra yoga*, pues hay referencias de al menos 4.000 años atrás en que ya se recitaban oraciones y fórmulas sagradas a lo divino, generalmente en el contexto de ceremonias rituales con fuego. De esos antiguos mantras, muchos son hoy usados a diario por los diferentes practicantes hindúes alrededor del mundo, ya sea como himnos de alabanza a lo Supremo, como invocaciones para propiciar ciertas situaciones, como métodos de purificación o como formas de meditación.

Siguiendo su etimología, el término «mantra» nace como combinación de la raíz sánscrita *man* que significa «pensar» y del sufijo *-tra*, que posee valor instrumental. Por tanto, un mantra sería «un instrumento para el pensamiento», es decir, una herramienta que nos sirve para concentrar la mente. También se ha difundido la interpretación alternativa y simbólica que dice que los mantras son oraciones que protegen (*tráyate*) la mente (*man*) de la marea de pensamientos y sirven, justamente, para liberarla.

Dice Swami Jnanananda Giri (1929-2015), un suizo que se fue a la India a los 23 años y nunca más volvió:

> «La concentración depende del grado de atención. La atención es observación en un único punto. Para esta práctica se usa un mantra. La repetición del mantra revela el misterio de la relación del sonido con Dios. El Nombre se convierte en un disolvente. Disuelve la formación de pensamientos».[13]

La técnica espiritual conocida en sánscrito como *japa*, que quiere decir «murmurar», se refiere a la idea de repetir un mantra de forma interna, y es una de las prácticas espirituales más extendidas. Dice Swami Muktananda, haciéndose eco de muchos otros maestros contemporáneos, que «es considerada la práctica más elevada y más fácil para esta era actual».[14] Esto es porque, a través de ella, el practicante concentra fácilmente su atención en un punto elevado de consciencia y, según explican los yoguis, es una de las formas más útiles de purificar la mente y alcanzar un estado profundo de meditación.

Por otro lado, cada palabra carga una vibración y provoca, aunque sea sutilmente, una reacción. No es lo mismo repetir «serpiente», por ejemplo, que recitar uno de los tantos nombres de lo Divino. Incluso si uno desconoce lo que está diciendo, cada palabra tiene una carga. De la misma forma que cuando uno entra en un templo que ha sido utilizado durante cientos de años para la oración o la búsqueda espiritual, uno siente la carga energética del edificio, de igual manera una palabra o frase que durante miles de años ha sido repetida con un sentido de adoración o devoción se impregna de esa cualidad. Entonces, cuando uno la repite siente la vibración colectiva que le han sumado cientos de miles de personas antes que uno y, además de beneficiarse de ella, contribuye a seguir aumentándola.

Una historia clásica a este respecto, que retrata los beneficios de la repetición de un mantra, es la de Valmiki, un hombre que tras caer en desgracia económica se convirtió en asaltador de caminos para mantener a su familia. Un día, escondido en el bosque donde siempre sorprendía a sus víctimas, quiso robar al legendario sabio Nárada que pasaba por el lugar, ante lo cual el sabio le preguntó si alguno de los miembros de su familia estaba dispuesto a hacerse cargo del karma de sus actos.

Perturbado por la pregunta el ladrón inquirió en su hogar y todos se negaron a asumir parte de ese mal karma, a la vez que le recriminaron que su deber como padre era mantener a su familia. Una vez que el ladrón regresó al bosque, Nárada le aconsejó sentarse bajo un árbol y repetir ininterrumpidamente la palabra *mara*, que en sánscrito quiere decir «muerte», ya que no estaba preparado para repetir conscientemente algo muy elevado. La palabra *mara* dicha muchas veces de forma continuada se convierte en *Rama*, el nombre de una de las grandes encarnaciones divinas del hinduismo. Siete años más tarde, Nárada regresó al bosque y quiso saber si aquel ladrón seguía bajo el árbol. Buscó durante un rato y no logró encontrar al ladrón, aunque junto al árbol había un gran hormiguero elevado y desde dentro se podía escuchar un tenue murmullo que repetía «*Rama, Rama, Rama...*». Por supuesto, se trataba de Valmiki, que no se había movido desde hacía años, dejándose incluso cubrir de tierra, y que merced a repetir sin cesar un nombre divino había logrado la iluminación. Su fama nos llega hasta hoy, conocido por ser el primer gran poeta clásico de la antigüedad, autor del poema épico *Ramayana* y, cómo no, un gran devoto de Sri Rama y sus hazañas.

Sobre el contenido de un mantra, y justamente porque su poder está en la vibración, algunos maestros dicen que no es importante saber exactamente lo que uno está repitiendo. De hecho, algunos sostienen que es incluso mejor desconocerlo por completo para que la mente racional no se inmiscuya y empiece su típico proceso de análisis y atribución de etiquetas. Al mismo tiempo, otros linajes sostienen que es mejor conocer el significado de un mantra, pues eso nos puede dar mayor inspiración y atención para la repetición, dando por hecho, claro está, que el objeto del mantra nos cause devoción.

Los tipos de recitación pueden ser en voz alta, moviendo los labios sin apenas emitir sonido o de forma interna o mental. Esta última se considera la más difícil pues no hay soporte tangible para mantener la atención. Hay una cuarta opción, en apariencia más burda, que es la recitación por escrito del mantra. Si bien es verdad que nos falta la sonoridad del mantra, en realidad también lo estamos haciendo con la mente cuando escribimos. Quizás por ello, Swami Jnanananda dice:

«Hacer *japa* de forma escrita es una de las prácticas más efectivas. De hecho, si hay algo como un atajo hacia Dios, podría ser esta atención perseverante en la que ojo, mano, mente y respiración están en armonía con el Nombre escrito».[15]

Muchas veces me preguntan si uno puede inventarse su propio mantra, hecho a medida en función de las necesidades personales. Creo que la respuesta ya se intuye, pero aprovechemos la ocasión para explicar que, según la tradición, un mantra consta de tres energías o *shaktis* que lo hacen válido. Especialmente aquellos mantras cuyo objetivo fundamental es de carácter espiritual, en el sentido de servir de herramienta para el camino a la liberación. A saber:

- La energía de la deidad del mantra: todo mantra, incluso los monosilábicos y aun siendo intraducibles, invoca a una deidad particular.
- La energía del linaje del gurú que da el mantra: en la tradición hindú se considera que para que un mantra se active por completo y cumpla su función debe ser recibido de un maestro genuino y competente.
- La energía de la propia práctica: uno debe mantener vivo el mantra en su vida a través de su repetición regular.

Desde esta perspectiva tradicional, si uno crea su propio mantra con palabras que le gustan o calman, entonces le servirá como herramienta de concentración e inspiración, aunque no como fórmula sonora sagrada para sintonizar con su esencia. La transmisión del gurú se considera fundamental. En caso de no tener gurú, uno puede elegir un mantra que le parezca apropiado y repetirlo con devoción y fe.

En realidad, no se puede ser tajante en el hinduismo porque siempre existen versiones contrapuestas para cubrir las diferentes circunstancias y necesidades de cada ser. Lo único certero es que, sea el que sea, cuanto más se utilice el mantra, más se experimentarán sus beneficios. Nuestra esencia es vibración cósmica y, para empezar a reconocerla, el mantra es la gran herramienta.

La vibración de AUM

Om es el sonido original del universo, esa primera vibración sonora que da forma al mundo y que todavía está reverberando en el fondo de cada uno de nosotros. También se conoce como *pránava*, «reverberación», como *omkara*, «realización de *om*» o como *udguita*, «canto elevado». Su relevancia en el hinduismo es tan grande que, en muchas ocasiones, *Om* es sinónimo de Dios, especialmente en su aspecto sin atributos. Dice la *Mandukya Upanishad* en su primer verso:

> «Esta sílaba es todo este mundo. Todo el pasado, el presente y el futuro son solo la sílaba *Om*. Y todo lo que trasciende estos tres tiempos es también tan solo la sílaba *Om*».[16]

Al tratarse del sonido primigenio, todos los demás sonidos surgen de *Om* y, asimismo, es la semilla a partir de la que los otros mantras florecen. Algunos linajes monásticos hindúes no recomiendan la repetición regular de *Om* pues se considera una práctica solo para renunciantes, ya que consiste en utilizar el mantra básico, es decir, el sonido mínimo conocido que, por tanto, tiene la capacidad de «destruir» la manifestación material, lo cual sería terrible para una persona de familia, por ejemplo. Sin embargo, otras escuelas menos ortodoxas sí que recomiendan repetir *Om* de forma constante para cualquier persona, justamente por ser el mantra más universal. De hecho, con frecuencia *Om* es utilizado como prefijo a otros mantras y, aunque su sentido es etimológicamente intraducible, una posible traducción es «sí», ya que la sílaba creadora está cargada de energía positiva. En esta línea, en una clase de *hatha yoga* –el yoga más físico basado en posturas y respiración– siempre se canta *Om* al inicio para crear la atmósfera propicia y ajustarse a la tradición.

A este respecto me gusta la anécdota que cuentan los fundadores norteamericanos del estilo Jivamukti Yoga, que nació en Manhattan en los años 1980, y que a pesar de ser muy moderno trata de ser fiel a la tradición. En un verano de la primera época, cuando el flujo de practicantes bajaba en todos los estudios de yoga neoyorquinos por las vacaciones y el calor, ellos estaban llenos. Entonces recibieron la llamada de la dueña de otra sala de yoga que les preguntaba qué tipo de aire acondicionado tenían para mantenerse tan activos. Ellos respondieron que no tenían aire acondicionado. La interlocutora, que tenía que cerrar su sala en verano por los pocos alumnos, dijo asombrada: «¿Entonces qué hacéis?». La respuesta fue, un poco en broma pero bastante en serio: «Bueno, empezamos siempre cantando *Om*».[17]

Pocas décadas más tarde, la sílaba *Om* se recita en casi todas las clases de yoga, se reconoce popularmente, aunque sea
como un cliché de relajación o misticismo, y su puesta por escrito es el símbolo que se utiliza para representar la religión
hindú, al igual que la cruz para el cristianismo o la media luna
para el islam. En realidad, el símbolo ॐ es la forma de escribir el sonido *aum* en devanágari, el alfabeto más usado para
el sánscrito. Si se escribe en otro alfabeto indio, simplemente
cambia de forma.

Y aquí es interesante analizar que el ahora famoso *Om*, en
realidad, es *aum*, pues consta de tres partes. La pronunciación
om es la versión condensada de *aum*, y lingüísticamente, es la
desaparición gradual del diptongo como resultado de siglos de

uso y de economía del idioma, sumado a que, en sánscrito, la *a* y la *u* son más breves que en español. De hecho, si uno canta varias veces *aum* verá que, naturalmente, el sonido tiende a transformarse en *om*. Las dos variantes significan lo mismo y las dos son igual de válidas, aunque se dice que la forma tradicional de pronunciar la sílaba sagrada es diferenciando los tres fonemas: *a*, *u*, *m*.

A nivel lingüístico, los tres sonidos representan simbólicamente el comenzar, resonar y finalizar de todas las palabras de cualquier idioma y, por tanto, se consideran sonidos universales. A nivel natural, los tres sonidos se relacionan con el proceso cíclico de creación, mantenimiento y disolución del cosmos y de cada elemento. A nivel físico, y siempre ligado a lo anterior, se considera que cada sonido vibra en una zona diferente del cuerpo representando un estado de consciencia particular. El sonido *a* nace en el abdomen, donde se encuentra la voluntad y la verdadera fuerza creativa del ser humano. El sonido *u* vibra en la zona del pecho, justamente donde se encuentra la energía de preservación y de compasión. El sonido nasal *m* surge cuando apretamos los labios juntos, generando una intensa vibración en el cráneo, representando la capacidad de transformación, es decir, la destrucción de antiguos patrones para encaminarnos a nuestra fuente esencial y trascendente. Cada una de las tres partes debe durar el mismo tiempo.

Otro simbolismo muy difundido es que los tres sonidos representan los tres estados de consciencia ordinaria de cualquier persona. O sea: el estado de vigilia, el estado de dormir con sueños y el estado de sueño profundo. Si uno lo analiza, verá que estos son los únicos estados en que uno puede encontrarse y que su forma de conocer el mundo es a través de ellos. La filosofía hindú postula un cuarto estado llamado *turiya*, que es inefable y que tiene que ver con la trascendencia y el reconocimiento de nuestra esencia última. Se dice que el silencio que sigue a la recitación de *aum* representa ese cuarto estado de consciencia, que es el de la quietud absoluta. De ahí que se diga que la parte más importante del canto de *aum* es ese silencio y la vibración sutil que se genera después de repetir el mantra. Después de cantar *aum*, siempre hay que dejar una pausa en silencio para que la vibración del mantra haga su efecto. Dice la *Brahmavidya Upanishad*:

«Lo mismo que el sonido de una herramienta de metal se disuelve en el silencio, de igual manera, quien busca al Absoluto, deja que el sonido *Om* se disuelva en el silencio.

Pues allí donde el sonido *Om* se extingue, en esa paz está *Brahman*, el supremo. Sí, el sonido en sí mismo es *Brahman* y él conduce a la inmortalidad».[18]

Como es de esperar, la forma más poderosa de la energía cósmica se percibe en el silencio. Como paradójico método usamos nuestra voz para crear mantras que nos devuelvan a ese estado de quietud original. En medio de los polos, la dicha de la práctica es el camino.

Del monoteísmo al politeísmo sin escalas

En el año 1893, Swami Vivekananda, un gran filósofo-santo hindú del siglo XIX, dio una serie de discursos en el Parlamento Mundial de las Religiones de Chicago, que causaron sensación por su capacidad oratoria y su profundidad de pensamiento. Desde el punto de vista histórico se considera que aquellas exitosas conferencias del ahora famoso monje fueron un hito fundamental para la posterior difusión del yoga, y también para que el mundo occidental moderno empezara a tomar seriamente en cuenta la filosofía hindú. Entre las muchas cuestiones tratadas, Vivekananda dijo que «el hinduismo no es politeísta», quizás para diferenciarlo de las llamadas tradiciones paganas que, desde una perspectiva occidental moderna, eran consideradas inferiores a los grandes monoteísmos. De hecho, la tendencia de muchos gurús hindúes del siglo XX, especialmente de aquellos que viajaron a Occidente, fue la de afirmar que el hinduismo era monoteísta, ya que en el fondo hay una única realidad trascendente que sustenta el mundo. Esa única realidad recibe diversos nombres, de los cuales el más aceptado es *Brahman*, que se podría traducir como lo Absoluto y, según esta versión de los hechos, correspondería con el *Padre celestial* de los cristianos, el *Alá* del islam o el *Yahvé* del judaísmo.

Sin duda, detrás de todas las deidades de su populoso panteón, el hinduismo reconoce una única realidad, tal como describe un famoso pasaje de la *Brihadaranyaka Upanishad* en el que el sabio Yajnavalkya es preguntado por un erudito acerca del número total de dioses (*devas*). El sabio da un número amplio: 3.306.

Su interlocutor repregunta:

—Bien, pero exactamente, ¿cuántos dioses hay?

—Treinta y tres –dice Yajnavalkya, haciendo referencia a un número arquetípico para la tradición védica.

—Bien, pero exactamente, ¿cuántos dioses hay?

—Seis.

—Bien, pero exactamente, ¿cuántos dioses hay?

—Tres.

—Bien, pero exactamente, ¿cuántos dioses hay?

—Dos.

—Bien, pero exactamente, ¿cuántos dioses hay?

—Uno y medio.

—Bien, pero exactamente, ¿cuántos dioses hay?

—Uno.

Llegados a este punto, el erudito dice:

—Bien, ¿pero entonces quiénes son esos 3.306 dioses?

—Son solamente sus poderes –responde Yajnavalkya.

Y más adelante, después de una descripción detallada de esas divinas manifestaciones, la pregunta final del erudito es:

—¿Quién es ese único dios?

—Es el aire vital. Es *Brahman*. Lo llaman *Eso* –explica Yajnavalkya.

Para la tradición hindú, la realidad última, al ser infinita, eterna e inmutable, trasciende todo nombre y toda forma y, por tanto, es imposible de describir. Como la mente humana es limitada necesita de unos parámetros para comprender, aunque sea imperfectamente, esa realidad. Por ello los sabios de la antigüedad encontraron que el artículo demostrativo neutro *eso* era la mejor forma de referirse a esa fuente que, parafraseando las *Upanishads*, «no puede ser conocida por la mente, sino que es aquello por lo que la mente tiene la capacidad de conocer».

Esta inefabilidad de lo Supremo resulta, entonces, en diferentes nombres que lo expresan, aunque siempre de forma parcial y variable según cada escuela filosófica hindú. Para algunas será la Diosa (*devi*) o la Energía universal (*shakti*), para otros la Persona cósmica (*púrusha*), la esencia real (*atman*) o la sílaba primordial *Om*. Dentro del hinduismo popular, ese Absoluto inmanifestado se representa con deidades, muchas veces antropomórficas, que asumen diferentes roles en el desempeño del cosmos y a las cuales el devoto recurre para hacer sus pedidos u ofrendas materiales. A nivel mitológico destaca la tríada básica de lo que podríamos llamar el hinduismo moderno (es decir, desde hace unos 1.500 años) que componen Brahmá, Vishnu y Shiva, representando la creación, preservación y disolución del universo y, de hecho, de cada elemento manifestado. Para algunos devotos, estos dioses son meros, aunque útiles, aspectos de lo Absoluto, pero para otros son idénticos al Ser supremo y asumen todas las funciones. Así, de los poros del propio Vishnu nacen innumerables universos, o de la danza frenética del Shiva bailarín surge el cosmos y también se desintegra en ella. De hecho, el abanico de opciones es tan grande que dentro del hinduismo hay populares filosofías teístas, pero también otras que se suelen definir como ateístas, ya que no postulan la necesidad de lo que, en la tradición occidental monoteísta, se entendería como *Dios*. Y esto pone en evidencia que, ya desde su etimología, las etiquetas que estamos tratando de usar para definir la cosmovisión hindú, por simplistas, solo pueden entrar con calzador.

En las grandes religiones monoteístas, lo que llamamos Dios suele presentarse con rasgos personales –a veces intensamente humanos– y como un ente separado del mundo y de sus seres, que son su obra. Se trata, al decir de David Frawley,[19] de una formulación dualista en la que Dios es presentado como una «singularidad» más que como una universalidad y que, además, ostenta «exclusividad» en el sentido de que niega o rechaza otras posibles expresiones de «Dios».

Todo lo contrario encontramos en la base escritural védica de hace por lo menos 3.500 años donde aparece el famoso axioma:

«La verdad es una, los sabios la llaman de diversas maneras».[20]

Si bien es cierto que cada línea teológica considera que su versión es la más pura o la más directa o la más elevada, eso no quita que los demás caminos sean también vistos como válidos. De ahí que una de las definiciones más usadas para explicar esta visión sea la de **henoteísmo**, en la que se aceptan varios dioses, pero solo uno es considerado superior. Intentando mejorar esta definición, el pionero indólogo alemán Max Müller acuñó en el siglo XIX el término **katenoteísmo**, en el que la deidad considerada suprema va variando en función de las circunstancias o de los rituales que se le dirijan.

Por otro lado, dentro del hinduismo hay escuelas teístas con planteamientos similares a los monoteísmos occidentales, pero su idiosincrasia siempre es pluralista y de ninguna manera representa la totalidad del panorama en el que, como dijimos, se tiende a hablar de un Principio único impersonal y universal que no está separado de su creación, sino que, en muchos casos, *es* la misma creación en sus variados aspectos. Para el hindú, todo este mundo es sagrado ya que ve la presencia de lo Divino en ríos y montañas, árboles y animales, la tierra que pisamos y el aire que respiramos. De ahí que otra de las etiquetas más recurridas sea la de **panteísmo**, donde la naturaleza, el mundo y Dios son lo mismo. De nuevo, aunque la definición pueda tener algo de acierto, no se ajusta fielmente a la concepción hindú que considera que efectivamente el universo es Dios, pero que Dios, dependiendo de la vertiente filosófica, es diferente o está más allá del universo. Otros indólogos, por su parte, proponen el término **panenteísmo** (pan-en-teísmo), que significa que «todo existe *en* Dios»,[21] por lo que Dios es inmanente (inherente al mundo) a la vez que trascendente (más allá del mundo).

La dificultad de encontrar una buena definición yace en el hecho de que el hinduismo es una cosmovisión que trasciende la idea de religión institucionalizada occidental y no se puede separar de la vida cotidiana. Las diferentes líneas teológicas son solo un aspecto de las variadas formas de practicar el hinduismo, que también incluyen diversas bases filosóficas, principios éticos, reglas litúrgicas, técnicas espirituales o hábitos alimentarios, enmarcados en una forma de organización social y familiar particular.

Cada una de las etiquetas analizadas se podría ajustar en cierta manera a un fragmento parcial del hinduismo, aunque ninguna de ellas lo podría abarcar en su totalidad. Son meras aproximaciones; por tanto, utilizar estas categorías ajenas al hinduismo está destinado al fracaso, sobre todo porque omiten la mayor fuerza de la tradición espiritual, aún viva, más antigua de la Tierra, esto es: su pluralismo, su inclusividad y su afirmación de que los nombres y las formas son solo borrosos acercamientos a una realidad suprema que solo puede conocerse de forma interna, directa y experiencial.

El doble ritmo del tambor de Shiva

Cuando el panteón hindú se presenta de forma simplificada se suele decir que hay una trinidad fundamental, denominada *trimurti*, compuesta por Brahmá, el creador, Vishnu, el preservador, y Shiva, el destructor. De esta tríada de dioses, Shiva es el más complejo de entender porque su naturaleza está repleta de contradicciones aparentes, ya que es un asceta célibe ejemplar, pero también está casado y cumple el papel de esposo y jefe de familia. A la vez que tiene armas no es un guerrero, no encaja en ninguna de las cuatro castas originales y, si bien tiene muchos años, no podemos decir que sea anciano, pues no tiene vejez ni muerte. Esta ambivalencia se hace evidente en el mismo significado de su nombre: Shiva quiere decir «el benéfico», lo cual no deja de ser paradójico para un dios que se encarga de la destrucción, que dicho así a secas no suena como una tarea muy auspiciosa.

En esta misma línea, no es de extrañar que los emblemas de Shiva puedan tener un doble significado, a veces opuesto, al menos en apariencia. Por emblemas entendemos los símbolos que lo representan, de los cuales el más conocido es el tridente (*trishula*), que representa su dominio sobre los tres aspectos de la naturaleza material (*gunas*), de los que hablaremos en la Parte III: Filosofía. Otros destacados emblemas que ostenta Shiva son: la luna creciente en su cabeza como símbolo del tiempo que todo lo consume; el río Gangá manando de sus enmarañados cabellos, que es donde la historia cuenta que cayó al bajar del cielo y que veremos más en detalle en la Parte VI: Símbolos; una cobra haciendo las veces de collar, y una piel de tigre como única vestimenta, atributos de su valor y su control sobre los deseos inferiores... De todos estos, el emblema que ahora nos interesa es el tambor, junto con su doble simbolismo.

El tambor de Shiva es un instrumento pequeño, con un parche en cada extremo y cintura delgada, que se suele sonar con una única mano y que, por lo general, tiene dos cuerdas con pequeñas bolas para percutir en los parches cuando el tambor es movido de lado a lado, agarrado por el medio. En sánscrito, este instrumento se conoce como *dámaru*, que simplemente quiere decir «tamborcillo» y que etimológicamente parece estar relacionado con el verbo «sonar», aunque hay indicios de que el origen del término podría ser onomatopéyico, ya que se dice que *dam, dam, dam* es el sonido que hace el tambor cuando es batido. La particular forma del *dámaru*, que geométricamente se define como «bicónico» o como la «intersección de dos triángulos opuestos», se compara con frecuencia a la de un reloj de arena no solo por su similitud formal, sino porque es bastante aceptado que el tambor representa el tiempo, ya que es «símbolo del ritmo de las estaciones que pasan, de los ciclos celestiales y de las eras cósmicas».[22] A este respecto, y como explica el indólogo Alain Daniélou:

«El tiempo relativo mide el crecimiento, la decadencia y toda existencia. El poder elusivo que todo lo destruye es la medida de la existencia. Así pues, el tiempo es el poder de Shiva, el poder de la muerte, el destructor universal».[23]

De hecho, en su papel destructor Shiva es identificado con el tiempo (*kala*) con el epíteto de Mahakala, «el gran tiempo», es decir, el tiempo trascendente y absoluto, más allá del tiempo relativo. Por tanto, él es también el «destructor del tiempo» y por ello se le conoce como *Mrityunjaya*, el «vencedor de la muerte». En su aspecto de *mahayoguin*, de asceta máximo, Shiva representa la quietud, la calmada y total oscuridad original que queda después de la disolución del universo; la misma quietud mental que queda en el yogui cuando se disuelven todos los pensamientos, es decir, el regreso a la propia esencia a través de la introspección. Y visto así, como el eremita que retira su atención del mundo y la redirige hacia su interior, sin participar en la manifestación material, Shiva sería «destrucción».

Volviendo a la etimología por un momento, la palabra *dámaru* también parece estar emparentada con «ruido o tumulto». En este sentido, el sonar del tambor podría relacionarse con la destrucción, ya que uno se puede imaginar con facilidad un sonido atronador como preludio al cataclismo universal, similar al potente batir de tambores previo a una gran guerra. Por tanto, expuesto así, *dámaru* como sinónimo del paso del tiempo o la destrucción suena bastante coherente, ¿verdad? Quizás sería más cómodo dejarlo tal cual y darle un sentido unívoco al *dámaru*, pero es aquí cuando recordamos el carácter complejo y ambivalente de Shiva y nos enteramos de que para la mayoría de sus devotos el tambor es símbolo de creación a través del sonido; es decir, todo lo contrario, en apariencia, a la tan mentada destrucción.

Además de su representación como yogui montañés, el dios Shiva posee dos aspectos principales antropomórficos en los que el *dámaru* cobra un simbolismo más amplio al de elemento de destrucción: por un lado, como esposo de la diosa Párvati; y por otro, como Nataraja, el «rey de la danza» con cuatro brazos, los cabellos al viento y rodeado por un círculo de fuego. Si el asceta es símbolo de «negación» porque lleva sus sentidos hacia adentro y retiene su semilla debido a su carácter célibe, el hombre de familia es lo opuesto: procreador de hijos, motor de la progenie, contribuidor activo de la creación de este mundo. La unión conyugal de Shiva y Párvati no representa solo un aspecto creador de Shiva, sino también los dos principios complementarios e inseparables del universo: la pura consciencia subyacente, que se considera masculina, y la energía dinámica femenina en manifestación. Estos dos principios, citando otra vez a Daniélou,

«Se representan gráficamente mediante un triángulo con la punta hacia arriba y otro con la punta hacia abajo. Cuando ambos triángulos se intersectan [...] obtenemos la representación de la manifestación. Cuando se separan, el Universo se disuelve. El momento en que solo se tocan sus puntas es el punto-límite (*bindu*) a partir del cual comienza la manifestación. Esto se representa mediante el *dámaru*, del que surgieron todos los ritmos de la manifestación».[24]

En cuanto a Nataraja, que es Shiva en su aspecto más dinámico, la simbología es interminable y profundamente hermosa. Los devotos de Nataraja, que es un culto más tradicional del sur de la India que del norte, lo consideran el Señor del Universo y el encargado de todos los procesos cósmicos, los cuales lleva a cabo siempre en frenética danza. De hecho, en este contexto existe una desarrollada filosofía sobre los llamados «cinco actos» (*panchakritya*) de Shiva, que además de los tradicionales creación, mantenimiento y destrucción incluyen el ocultamiento y la revelación de la Realidad. Justamente, esta danza representa la fuerza de Shiva difundida en todas las direcciones, en su carácter de ser todo-penetrante. La idea de que todo en este mundo no es otra cosa que la danza de Shiva es grandemente evocadora y está llena de significados. Al decir del mitólogo Heinrich Zimmer:

«La danza es un acto de creación [...] Tiene una función cosmogónica en el sentido de que despierta las energías dormidas que a continuación pueden modelar el mundo [...] Las fuerzas acumuladas y proyectadas en el girar frenético y sempiterno [de Shiva] son las fuerzas de la evolución, conservación y disolución del mundo. La naturaleza y todas sus criaturas son efecto de su danza eterna».[25]

En su representación como Nataraja, el dios lleva, cómo no, el *dámaru* en su mano derecha superior, para marcar el ritmo; o sea, él crea el ritmo cósmico con su tambor. Para la visión hindú, que considera la vibración sonora como origen del universo, el batido del tambor es idéntico a la creación. Como expone Zimmer, el tambor «implica sonido, vehículo de la palabra, transmisor de la revelación, de la tradición, del conjuro, de la magia y la verdad divina». En su aspecto danzante, el emblema de Shiva que marca la destrucción no es el tambor, sino el fuego. E incluso en su aspecto estático, es generalmente aceptado que el tambor es símbolo de creación y más bien el tridente, que es un arma, el de destrucción.

El maestro hindú nacido en California Sivaya Subramuniyaswami (1927-2001) lo dice bellamente:

«La danza cósmica describe la visión hindú de la existencia, desde el primer estruendo del tambor en su mano derecha anunciando el comienzo, hasta las llamas finales que todo lo consumen en su mano izquierda pronunciando el final, las cuales, sin embargo, traen un nuevo comienzo. Así, danzar con Shiva es todo lo que hacemos, lo que pensamos y decimos y sentimos, desde nuestro aparente nacimiento hasta nuestra llamada muerte. Son el hombre y Dios por siempre involucrados en un movimiento sagrado».[26]

Echando una mirada final al tema uno podría replantearse la cuestión: si el tamborileo del *dámaru* no es otra cosa que el latido del universo, ¿refleja entonces la vida o el paso del tiempo? Así como los primeros latidos del corazón de un bebé son un símbolo de nacimiento y creación, ese mismo batido con el curso de los años, en un cuerpo ya adulto, puede ser sinónimo del paso del tiempo y del encaminarse a la muerte. El batido es, entonces, ritmo de vida que nace y, a la vez, el golpeteo recordatorio de un ciclo que llegará a su fin. De la misma manera que el uniforme tic-tac del reloj nos informa que la noche oscura se acaba en detrimento del alba, así el tic-tac acompañará la luz del día hacia el atardecer y hacia una nueva noche. ¿Es ese tic-tac creador o destructor? ¿Es el batir del corazón símbolo de vida o una cuenta regresiva hacia la muerte?

Si la respuesta no está clara, uno puede remitirse a una simple frase tradicional de los devotos shivaítas: «Como señor de todo, Shiva personifica todas las cosas».

Gáyatri mantra, el poder del Sol en palabras

La tradición hindú tiene un marcado componente solar en el que se honra al Sol como dador de vida y, simbólicamente, como Dios mismo manifestado de forma visible en el cielo. La luminosidad externa que ofrece el Sol se corresponde con la luz de la Consciencia que, además de omnipresente, brilla en el interior de cada ser. Reconocer ese esplendor divino y reconectar con él es el objetivo de las diversas escuelas filosóficas hindúes. Asimismo, el Sol es un símbolo de generosidad ya que nos ofrece su energía de forma permanente, sin esperar nada a cambio, y también es un perfecto ejemplo de cumplir con el propio deber, pues cada día sale y se pone sin importar las circunstancias.

Este milenario culto solar se remonta a los primeros himnos védicos, donde el Sol recibe la mayor cantidad de nombres diferentes de entre todas las deidades antiguas. Así como existe una leyenda que sostiene que los esquimales tienen decenas de palabras para describir la *nieve*, pues los antiguos indios sin duda tenían un amplio vocabulario para designar diferentes aspectos del Sol y su luz, elementos centrales de su cosmovisión.

El nombre sánscrito más conocido del dios Sol es *Surya*, especialmente famoso por la secuencia de posturas físicas llamada *surya namaskara* que se suele practicar en clases de hatha yoga como forma de calentamiento físico y como forma actualizada de reverencia a quien nos da vida, calor y luz. En la literatura védica, también se habla de los *aditya*, que son dioses luminosos considerados las personificaciones de doce aspectos del Sol, asimilados más tarde con los doce meses del año, y a los que se atribuyen mantras específicos que actualmente están relacionados con los movimientos físicos del mencionado «saludo al Sol».

De todo este abanico, el aspecto del Sol que es más reverenciado en los *Vedas* es Sávitri, que se suele traducir como «el vivificador», en referencia a la esencia creadora y también al poder de transformación inherente en el Sol. Sávitri es el nombre que recibe el astro rey justo en el momento antes de clarear, cuando se da el paso de la noche hacia el día que, espiritualmente, también es el paso de la oscuridad del ego hacia la luminosidad del Ser superior. Este aspecto transformador de Sávitri también es aplicable al mediodía y el atardecer, los otros dos momentos, junto al amanecer, en los que la ubicación del Sol en el cielo produce una división tangible del día. De hecho, es en estos tres momentos bisagra en los que los iniciados deben repetir la estrofa llamada *savitrí*, que loa justamente el «glorioso esplendor» de Sávitri. Los iniciados son las personas hindúes que pasan por la tradicional ceremonia religiosa de la imposición del cordón sagrado; un cordón de algodón que se coloca cruzado sobre el torso y que representa un «segundo nacimiento» en el sentido de nacer para la búsqueda del autoconocimiento. En este proceso ritual, los «dos veces nacidos» reciben la estrofa *savitrí* que se consideran las palabras más sagradas de los *Vedas* y, por tanto, es el mantra más usado en muchos ritos públicos y privados y también, como ya dijimos, en la primera adoración matinal al Sol.

Esta sagrada estrofa védica es popularmente conocida como *gáyatri mantra*, pues está compuesta en un tipo de verso cuya métrica se denomina justamente *gáyatri*, que quiere decir «instrumento de canto», o según otras versiones, «el triple canto», pues su metro está compuesto de tres líneas de ocho sílabas cada una. Por tanto, el terceto suma en total 24 sílabas, que es un número claramente solar e idóneo para este mantra que invoca la iluminación. A pesar de que entre los himnos védicos hay al menos cien estrofas más dedicadas al Sol y muchísimos versos compuestos en métrica *gáyatri*, es esta composición específica la que se considera el mantra más importante de los *Vedas*. Al decir del erudito David Frawley, el *gáyatri mantra* es como un panel solar, ya que «es una herramienta para atraer la energía espiritual del Sol hacia nuestra mente, corazón y cuerpo».[27]

El mantra original, tal como aparece en el *Rig Veda*[28] es así:

tat savitur vareṇyaṃ
bhargo devasya dhīmahi
dhiyo yo naḥ pracodayāt

En las *Upanishads*, que son textos posteriores, a los tres pies rigvédicos tradicionales se les añade un cuarto pie, que es una expresión ritual (*vyahriti*) formada con los nombres místicos de los tres mundos: la Tierra (*bhur*), el Espacio intermedio (*bhuvaḥ*) y el Cielo (*svaḥ*). El espacio intermedio, que está entre el mundo material y la trascendencia divina, a veces se denomina mundo astral o sutil, y es donde habitan los seres perfeccionados, es decir que han alcanzado su meta espiritual. En palabras del misticólogo Michael Gadish, también sería ese plano tan recurrente pero poco explicitado que engloba lo onírico, la imaginación y los símbolos.[29] Con la declaración inicial *bhur bhuvaḥ svaḥ* se implica que el Sol es el creador de estos tres mundos.

Al tratarse del mantra más sagrado del *Veda*, su simbolismo y sus niveles de lecturas tienen muchos recovecos que no podemos abordar por completo en este breve texto. De todos modos, lo importante es recordar que el *gáyatri mantra* es, en cierta forma, la manifestación sonora de la luz y que su repetición invoca la luminosidad, tanto externa como internamente. El mantra, tal como se lo conoce popularmente, quedaría así:

Oṃ bhūr bhuvaḥ svaḥ
tat savitur vareṇyaṃ

> *bhargo devasya dhīmahi*
>
> *dhiyo yo naḥ pracodayāt*

Y su traducción, al fin, sería:

> Om, ¡la Tierra, el Espacio intermedio y el Cielo!
> Meditemos en el glorioso esplendor de Sávitri,
> que él estimule nuestra inteligencia.

La importancia de esta estrofa en la tradición hindú se materializa en el hecho de que, con los siglos, el mantra se haya convertido también en una diosa, que no es otra cosa que la versión iconográfica de las palabras sagradas, y que se suele representar con cinco rostros y montada sobre un cisne blanco. *Gáyatri Devi*, entonces, es un claro ejemplo de cómo el sonido precede a la forma visual y un caso único en que una fórmula sonora termina transformándose en una imagen divina y antropomórfica. Se la considera la diosa del conocimiento espiritual.

Por otro lado, en textos posteriores de la tradición hindú, el metro *gáyatri* se ha seguido utilizando y con este formato de tres líneas de ocho sílabas y palabras similares podemos encontrar mantras a todas las deidades del panteón hindú, por lo que se habla del *Ganesha gáyatri mantra*, del *Vishnu gáyatri mantra*, del *Rudra gáyatri mantra*, y así de forma casi innumerable.

En cualquier caso, el *gáyatri mantra*, original es considerado como el recipiente que contiene la esencia de los *Vedas* y no es de extrañar que su repetición, otrora secreta y teóricamente limitada a hindúes iniciados, se haya difundido con profusión en el mundo moderno, al punto de encontrarse con facilidad versiones musicalizadas *online* y, en la India, como tono de llamada para los móviles. Si la efectividad de estas antiguas palabras sagradas pierde poder con esta popularización es motivo de debate entre tradicionalistas y modernos. Lo cierto es que el Sol, con su supremo fulgor, sigue saliendo cada día y su profundo simbolismo como la luz de la consciencia espiritual sigue actualizándose en las bocas de cientos de miles de personas que cada mañana invocan con reverencia el «triple canto» milenario. Que así sea por mucho tiempo.

El significado de la palabra *Namasté*

Quienes alguna vez han practicado hatha yoga o «yoga postural» probablemente se hayan percatado de que al principio o al final de la clase es muy frecuente que el instructor diga la palabra *namasté*. De la misma forma, si han estado en contacto con personas que tienen, digamos así, intereses espirituales, puede que, una vez más, el término namasté sea entre ellas de uso habitual. Puede parecer una obviedad, pero ¿qué significa esta palabra tan utilizada en el ámbito yóguico-espiritual? Para comenzar, estamos hablando de una palabra que pertenece a la lengua sánscrita, siendo namasté un saludo tradicional que utilizan los hindúes, tanto al encontrarse como al despedirse, y que acompaña al gesto de juntar las palmas de las manos frente al pecho. De hecho, en algunas ocasiones es suficiente saludar utilizando este gesto, llamado también *ánjali mudra*, sin necesidad de decir palabra alguna.

Desde el punto de vista del análisis lingüístico, el vocablo *namaste* está compuesto por dos términos. El primero es *namas*, un sustantivo que puede significar «reverencia» o «salutación» y que deriva de la raíz verbal *nam*, que significa «inclinarse» o «postrarse». La segunda sección de la palabra la compone el pronombre *te*, es decir «a ti». Por tanto, la traducción literal de la palabra namasté sería «salutaciones a ti» o «reverencias a ti».

Hay una variación de la palabra namasté, que es *namaskara*, y que se podría considerar como un saludo más formal. En este caso, el término *namas* es el mismo, pero cambia la segunda parte de la palabra que deriva del verbo *kr̥*, que es «hacer». De esta forma, *kara* es un sustantivo que significa «realización» y, por tanto, la expresión namaskara podría traducirse literalmente como «realización de reverencias» o «el acto de hacer reverencias».

Ante la pregunta de por qué esta palabra se utiliza tanto en el mundo del yoga occidental, la respuesta primera es que la disciplina yóguica proviene en origen de la India y muchos yoguis, aunque occidentales, han estado en contacto con maestros o linajes indios. Por tanto, puede resultar natural replicar la terminología india original, de la misma forma que se pueden decir los nombres de las posturas en sánscrito.

Desde el punto de vista filosófico, por otro lado, hay que tener en cuenta que, tradicionalmente, el saludo con contacto físico no es típico de la India, con independencia de que cada vez más se pueda ver a indios estrecharse la mano como un signo de occidentalización. Por tanto, saludar con el gesto de llevar las manos al pecho, sin la necesidad de tocar al prójimo, ofreciéndole reverencias, implica que no se trata únicamente de una salutación externa, sino que se saluda al «ser interior», más allá de la capa material. Si tenemos presente que la cultura hindú da por sentado que el cuerpo físico no es otra cosa que «vestiduras» y que el *atman* o ser esencial del hombre cambia de envoltorio en cada nuevo nacimiento...

«Así como el ser humano, tras haber abandonado vestiduras gastadas, toma otras nuevas; del mismo modo el alma, habiendo abandonado cuerpos envejecidos, acepta otros nuevos».[30]

... entonces entenderemos que el saludo entre las personas tiene, necesariamente, que ser también de carácter interno. Es decir, la base idiosincrática de las «reverencias a ti» va más allá del obvio concepto material, pues implica la creencia filosófica de que todos los seres poseemos una esencia que es inmortal y que no desaparece con la muerte física. Es importante notar, como veremos en la Parte III: Filosofía, que para la tradición hindú la reencarnación es una teoría muy aceptada que está relacionada con la creencia de la inmortalidad del alma. De todas maneras, esto no quiere decir que cada persona que dice la palabra namasté esté necesariamente sopesando esta cuestión y que se postre ante el «ser interior» del prójimo cada vez que le saluda. Queda claro, y más tratándose de un saludo tan extendido, que es normal que su profundo significado espiritual pueda perderse, al menos de manera consciente, para muchos de sus usuarios.

A nivel histórico, la palabra namasté o formas similares, como *namo'stu te*, fueron generalmente utilizadas para himnos de adoración a deidades o al maestro espiritual y no fue hasta el siglo XIX cuando se empezó a difundir como saludo interpersonal hindú gracias a la influencia de Swami Dayananda Saraswati, el monje hindú fundador del Arya Samaj, un movimiento con aires reformistas que promovía, en realidad, una visión monoteísta basada en la autoridad de los *Vedas* y alejada de la «superstición» en que, Dayananda consideraba, había caído el hinduismo. Según el Arya Samaj, todo el mundo es una gran familia, y por ello se exhorta a saludar con namasté que, según su traducción, significaría «me inclino a la divinidad tal como se expresa en esta persona».

Tradicionalmente, el saludo principal hindú siempre había sido un nombre de Dios, como *naráyana* o un corto mantra como *hari om* o simplemente *om*, el sonido esencial. Esto todavía es así en contextos espirituales o religiosos, pero a nivel general namasté y namaskara son los saludos más difundidos, con especial énfasis en Occidente donde lo podemos encontrar en la forma de variadas y larguísimas interpretaciones, de las que la versión más sintética podría ser: «me inclino ante tu alma», o hilando más fino: «mi alma se inclina ante tu alma».

Yo soy una persona bastante literal y amante de la rigurosidad, aunque es cierto que la lengua sánscrita tiene siempre la posibilidad de la doble o tercera lectura de sentido, debido a su fuerte basamento filosófico-espiritual. Por ello no es sorprendente que una palabra tan corta, y en apariencia común, como namasté tenga tantas interpretaciones posibles. Una de mis favoritas, nada literal pero sí un efectivo recordatorio, es: «que lo bueno en mí vea lo bueno en todos los demás».

Parte II:
Yoga

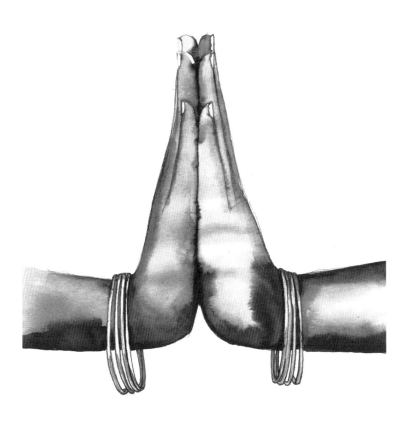

Anonimato y originalidad en la tradición yóguica

El yogui y maestro contemporáneo Sri Andrei Ram dice que el yoga es un método artificial para llevar al ser humano de regreso a su estado natural, el cual tradicionalmente se suele describir como *sat-chit-ananda*, es decir, «existencia, consciencia y dicha» eternas e incondicionadas. En la misma línea, el indólogo español Òscar Pujol dice que la práctica del yoga «es una actividad mental a contracorriente, puesto que implica invertir la dirección del flujo mental y volverlo hacia su fuente: hacer que la mente deje de mirar al exterior y pueda contemplarse a sí misma».[31]

Efectivamente, hace miles de años –cuántos miles es siempre motivo de debate– unos sabios indios «descubrieron» diversas técnicas de autoconocimiento a las que, con su correspondiente base filosófica y espiritual, podemos denominar *Yoga* en sentido amplio, y que han demostrado ser válidas y útiles a lo largo de diferentes épocas, en variados lugares y para todo tipo de personas.

Decir «descubrieron» es quizás inapropiado, pues se supone que a este conocimiento los sabios más bien lo «visionaron», y por ello se les conoce como *rishis* o «videntes», o mejor dicho lo «escucharon» en estados de consciencia trascendental, y de ahí que el corpus principal de las Escrituras sagradas hindúes se conozca como *shruti*, «lo escuchado». O sea, que lo recibieron como una revelación o como una intuición, pero de ninguna manera se trató de una «invención» o de una creación humana. Nada simboliza mejor esta carencia de *copyright* que el hecho de que los autores de las Escrituras hindúes sean, en su gran mayoría, anónimos. De hecho, cuanto más antiguo es el texto, más anónimos son los autores, como es el caso de los sabios a quienes la tradición atribuye la composición de los *Vedas*, que son más bien los nombres de las familias que los preservaron de generación en generación. En los casos en que el texto sagrado se atribuye a algún autor específico se trata, en general, de un nombre envuelto por la neblina de la vaguedad, la leyenda y la ausencia de datos biográficos, al punto de que uno sospecha que es intencional. De ahí que se diga que la explicación tradicional «no representa hechos sino arquetipos y por definición no resiste ni acepta el análisis histórico».[32] Textos de épocas muy distantes –miles de años distantes incluso– y estilos literarios muy contrapuestos se atribuyen a veces al mismo autor, que se convierte más bien en un título, un cargo atemporal o una «marca literaria» de prestigio, que en un individuo particular, entroncando así la enseñanza espiritual en una tradición que prioriza ser fiel a su origen y que trasciende los personalismos.

El famoso historiador del arte y filósofo indio Ananda Coomaraswamy lo explica mejor:

«El anonimato está en conformidad con la verdad, y es una de las distinciones más honrosas de la cultura hindú. Los nombres de los "autores" de las épicas son apenas sombras y en épocas antiguas era una práctica difundida de los escritores el suprimir sus propios nombres y atribuir sus trabajos a un poeta mítico o famoso, poniendo así mayor énfasis en la verdad que ellos afirmaban haber "escuchado" más que "producido"».[33]

Si la enseñanza revelada proviene de una fuente suprema, los *rishis* que la recibieron fueron entonces meros instrumentos «abiertos espiritualmente a la sabiduría inherente del cosmos; seres que, por su propio estado de consciencia, estaban capacitados para escuchar aquella revelación», al decir del monje español Swami Satyananda Saraswati.[34] Por tanto, se entiende, los sabios añadieron poco o nada de su cosecha a la enseñanza recibida, que se mantuvo así eterna y aplicable a todos.

Esta reproducción exacta de la enseñanza «escuchada» tiene su correlato práctico en el hecho de que la transmisión de las Escrituras tradicionales se haya realizado de forma oral durante varios milenios, siempre de maestro a discípulo, intentando mantener la pureza del mensaje y, no menos importante, su vibración sonora original. Un método de transmisión que implica un gran trabajo de concentración y memorización y, quizás sobre todo, total ausencia de importancia personal para no cambiar siquiera una sílaba. Sobre la conservación oral de los textos es interesante puntualizar, como dice el escritor Agustín Pániker, que posiblemente fue el desarrollo de la tradición escrita lo que dio origen al concepto de «autor», ya que «para los pueblos ágrafos, la memoria es un verdadero don de los dioses» y, en ese sentido, el recitador sería más un transmisor que un creador. Si lo importante es lo que dicen los textos, qué sentido tendría agregar la firma personal a la enseñanza y, con más razón aún, qué relevancia puede tener el año de nacimiento del autor, qué oficio desempeñaba o cuántos hijos tuvo.

Este atávico desinterés indio por puntualizar fechas o datos biográficos de los textos y sus autores chocó frontalmente con la mentalidad occidental moderna que, una vez empezó a investigar la cultura india, quiso catalogar sus «hallazgos» dentro de sus propios términos. Las historias antiguas que carecían de fechas o datos claros pasaron a denominarse «mitología» o, con suerte, «símbolos», y la validez y coherencia de la revelación védica fueron puestas en tela de juicio. En el ámbito de los textos sagrados, al decir del reconocido indólogo Patrick Olivelle:

> «La fidelidad de la tradición originaria de escribas y comentadores presenta un rotundo contraste con la alteración de dichos textos por parte de los investigadores modernos [...] Sin duda, los antiguos comentadores conocían la gramática sánscrita mejor que la mayoría de los académicos modernos y, sin embargo, no sintieron la necesidad de corregir formas o expresiones que algunos filólogos han calificado como "monstruosidades gramaticales"».[35]

Esto nos hace pensar en las pertinentes (y no inocentes) palabras del poeta y traductor Jesús Aguado cuando, en referencia a esos textos generalmente compuestos en métrica, dice que un buen asunto para discutir es «si la poesía como disciplina intelectual no le hace más justicia a los hechos históricos que la historiografía propiamente dicha».[36]

La cosmovisión moderna, que solía limitarse al llamado «mundo occidental», pero ahora es cada vez más global, presenta al individuo y su existencia personal como más importantes que cualquier tradición, linaje o siquiera comunidad, conceptos que ahora sirven para explicar el contexto sociocultural de una persona y algunas de sus tendencias, pero que parece que deban ser trascendidos para que cada sujeto haga su propio camino. De ahí que, en la actualidad, etiquetar a una persona de «tradicional» o «tradicionalista» sea más una crítica que un elogio. Esta tendencia moderna por desmarcarse de las ideas y normas del pasado, que comprende incluso –por influencia del psicoanálisis– renegar de la impronta de los propios padres, se materializa en la búsqueda constante de diferenciación y originalidad. Yo admito no estar exento de estas tendencias, pero a la vez siempre me he considerado un «tradicionalista», y supongo que por eso me gustan tanto las siguientes palabras, otra vez de Coomaraswamy:

«El hinduismo no justifica ningún culto por la expresión del ego, sino que aspira de forma consistente a la libertad espiritual. Aquellos que son conscientes de una satisfactoria vida interior se convierten en los más indiferentes hacia la expresión externa de cualquier personalidad cambiante, incluso la propia».[37]

Llegados a este punto de la reflexión, unos se lamentan por la supuesta pérdida de libertad individual que implicaría la tradición y otros se preocupan, con cierta razón, por el estancamiento que podría producirse en la sociedad humana si no hubiera avances ni cambios. Es aquí donde creo que es adecuado tener en cuenta la necesidad de actualización. Es decir, que mientras la esencia de la enseñanza espiritual se mantenga es válido, e incluso necesario, adaptarla al tiempo, al lugar y a las circunstancias.

La venerada *Bhágavad Guita*, compuesta quizás hace 2.000 años, recomienda meditar sentados sobre una piel de ciervo, lo cual es poco admisible (y asequible) hoy en día. Utilizar lana como asiento, por ejemplo, es una actualización y nadie le da más vueltas. En los textos clásicos de hatha yoga se ensalza *khechari mudra*, un gesto con la lengua que implica cortarse gradualmente el frenillo para que la lengua se estire y llegue a introducirse en la cavidad craneal, para poder saborear el néctar de la inmortalidad que allí supuestamente reside. Obviamente, pocos maestros actuales aconsejan ya esta técnica de automutilación, a menos que sean miembros comprometidos de los grupos ascéticos hindúes que residen en la India. Y yendo aún más lejos, gran parte de la filosofía, la cosmogonía y la dieta hindú basada en la sacralidad de la vaca y su leche se ponen en entredicho ante los abusos y el maltrato animal de la moderna industria lechera, redirigiendo a muchos yoguis hacia el veganismo, justamente por un renovado entendimiento del antiguo precepto de *ahimsa* o «no violencia».

Por tanto, se puede decir que, en general, hay acuerdo en la necesidad de adaptar y actualizar la enseñanza tradicional a los tiempos presentes. La gran pregunta es «¿cómo hacerlo?», y el gran debate siempre radica en dónde está la línea que divide la actualización necesaria o útil de la innovación caprichosa. Como era de esperar, la línea la pone cada uno donde le parece... pero eso no impide que, basados en nuestras tendencias tradicionales, busquemos pistas para no perder la esencia.

Como anillo al dedo nos vienen entonces estas palabras del editor y escritor español, afincado en la India, Álvaro Enterría:

«Las tradiciones [espirituales] empiezan en un momento dado con una "revelación" fulgurante, que luego se expande y desarrolla. En este proceso, asimila unas cosas del exterior y otras no. Pero solo asimila y se desarrolla en lo que está ya de alguna manera contenido potencialmente en el *bindu*, y no lo demás».[38]

Para entendernos, en la concepción hindú el *bindu*, que significa «punto», representa la totalidad de la energía cósmica en estado inmanifestado, es decir, poder máximo, aún latente y concentrado. Probablemente, en la antiquísima y védica adoración ritual al sol como representante de Dios en el cielo ya estaba la «potencialidad» de la más moderna secuencia física de calentamiento de hatha yoga conocida como *surya namaskara* o «salutación al sol». Asimismo, quizás en el *bindu*, la esencia o el corazón de un yoga milenario realizado en solitario y en cuevas estuviera oculta la potencialidad de las actuales clases de yoga *online* para practicar tranquilamente en el salón de casa...

De esta idea se desprende que cualquier innovación puede debatirse siempre y cuando sea fiel a la esencia de la tradición, es decir, no contradiga sus valores fundamentales. A este respecto me ha interesado grandemente la explicación que ofrece la cantante india contemporánea Ashwini Bhide-Deshpande sobre el funcionamiento de los *gharana* o estilos musicales clásicos indostaníes que han sido mantenidos durante largo tiempo por un mismo linaje. Ella dice:

«Este sistema pedagógico propio de nuestra cultura nació del hecho de que la transmisión del conocimiento musical se lleva a cabo, en un primer estadio, por imitación. El discípulo, inicialmente, ha de reproducir exactamente la música que su gurú produce. Es así como se aprende, por estricta imitación. De hecho, el discípulo, en esta primera fase, muy probablemente absorberá tanto las virtudes como los defectos de su maestro.

Una vez el discípulo ha absorbido el estilo propio de su maestro, se inicia una segunda fase [en que] el discípulo ya no se limita a repetir al maestro, sino que, habiendo ya absorbido su distintivo lenguaje musical, es capaz de crear música siguiendo esa misma lógica, ese mismo lenguaje y estética.

Una tercera y final etapa en el aprendizaje llega cuando el discípulo, basándose en todo lo asimilado, desarrolla un estilo musical propio que es, en mayor o menor medida, diferente del de su maestro».[39]

Esto me recuerda un aforismo atribuido al escritor inglés del siglo XIX Charles Caleb Colton, y que, siendo coherentes, tampoco debería ser de su invención: «La imitación es el más sincero de los halagos».

Por el contrario, en el mundo moderno, y no hablo solo de música, el único anhelo parece ser el de diferenciarse. Los emergentes hijos de artistas consagrados consideran el propio legado paterno como una pesada losa que deben trascender y no como una influencia sana e inevitable. En el impostado mundo de las redes sociales, nadie cita sus fuentes, pero no ya para reforzar el anonimato de una tradición, sino justamente para borronear al autor original en pos del destaque individual y de la primicia. El éxito consiste más bien en producir algo que se convierta en «viral», aunque efímero, que en prolongar un conocimiento construido, esencialmente, por otros. Por el contrario, en la tradición india y tal como expresa el artista hindú español Hari Das, «el artista sagrado no busca expresar algo personal, sino que Dios se exprese a través de él»[40] y, por ello, pide permiso a la divinidad antes de representarla a través de una escultura, una danza, una pintura o un poema.

Como es de esperar, la capacidad mimética no es vista por todos como una virtud, ni siquiera hablando de la tradición india. El escritor y político Pavan K. Varma hace un análisis de la idiosincrasia india en cuanto a la innovación científica y tecnológica y entre sus críticas figura también el ámbito académico, ya que al parecer los profesores plagian muchos de sus artículos publicados, basándose en el implícito lema de «la sabiduría reside en copiar». A la vez, agrega el autor, la estructura social jerárquica y poco flexible de los indios valora la «obediencia sobre la creatividad» y, por tanto, «pensar por uno mismo es considerado un acto subversivo».[41] Lo curioso, dice Varma, es que los indios que han emigrado a Occidente, especialmente a Estados Unidos, han demostrado que situados en una «nueva estructura de valores» poseen una gran capacidad de creatividad y talento. De allí que haya muchos indios destacados en el campo de la tecnología de última generación, tanto a nivel académico como empresarial.

Quizás son paradójicas situaciones como esta las que inspiraron al sanscritista francés Pierre-Sylvain Filliozat cuando habla de la peculiar forma de compromiso con ortodoxia y espíritu innovador de los *pándits* sánscritos, también válida para el resto de los intelectuales indios. Ya que conservación y creación son ideales por alcanzar que a veces entran en conflicto, «el creador, consciente de su originalidad, oculta de manera voluntaria su identidad personal y proclama su afiliación a la antigua herencia cultural que recibió de sus maestros».[42] Según Agustín Pániker, esta «apreciación es típicamente india: el sabio, el filósofo o el místico indio nunca dice innovar (¡aun cuando lo haga!); tan solo redescubre una verdad antigua, una experiencia posiblemente olvidada».[43]

En una de sus charlas, y hablando justamente de mantener la fidelidad a la tradición, recuerdo que el ya citado Swami Satyananda dijo que «los inventores están en California», y eso me causó mucha gracia. Efectivamente, los inventores están en Silicon Valley y también en los estudios de yoga californianos donde se gestó, por ejemplo, el conocido Bikram Yoga, un estilo de *hot yoga* en el cual las posturas físicas se realizan dentro de una sauna a 40 °C, al parecer para «reproducir el clima tropical de la India». Bikram Choudhury, el creador indio de este estilo, es conocido, entre otras cosas, por querer patentar la serie de posturas (*ásanas*) que él «inventó», cuando en realidad se trata de ásanas con cientos de años de antigüedad. De hecho, a muchos maestros les gusta decir que el hatha yoga, de formalización medieval, es una disciplina «milenaria», porque una práctica que se mantiene vigente durante tantos años tiene sin duda garantía de confianza, a la vez que estos maestros también se afanan en agregar su propia marca registrada a la legitimidad que da la antigüedad. Si los yoguis de antaño agregaron toques personales a la tradición puede debatirse, pero sin duda lo hicieron de forma muy reservada y sin esperar llevarse el reconocimiento masivo sobre una disciplina que es de dominio y beneficio público.

Ante avances con fines comerciales como los del estilo Bikram, y teniendo en cuenta que el yoga es cada día más popular en el mundo, el Gobierno de la India ha intentado dejar claro que el yoga y sus técnicas son una creación vernácula, a la vez que un patrimonio de la humanidad sobre el que nadie debería tener derechos de autor. Lo cual no quita que el propio Gobierno indio, ya desde 2010 bajo la tutela de Manmohan Singh, esté en proceso de patentar los ásanas clásicos para que, al menos así, no lo puedan hacer otras personas o empresas con objetivos meramente lucrativos. De hecho, del renovado impulso dado por el Gobierno de Narendra Modi hacia las disciplinas tradicionales surgió, en 2014, un Ministerio al completo para el desarrollo, difusión e investigación del Yoga y el Ayurveda entre otros sistemas de salud indios.

El auge y popularización del yoga en el mundo incita a acciones de todos los frentes y las diatribas a Bikram y su *hot yoga* son insignificantes si uno se detiene un momento a escuchar (mejor hacerlo sentado) acerca del nuevo yoga que inventaron en Berlín: *bier-yoga*, es decir, «cerveza-yoga». Lo curioso es que dicen tomarse en serio la filosofía del yoga y «uniéndolo al placer de beber cerveza» esperan alcanzar el estado más elevado de consciencia.

Retomando el hilo del comienzo, parece ser que los hijos de la (post)modernidad nos sentimos impelidos a innovar y, al mismo tiempo, a dejar nuestra huella personal como forma de trascendencia histórica. ¿Cómo se compatibiliza eso con la tradición india en la que mantener con fidelidad la enseñanza original es mucho más valioso que demostrar una supuesta originalidad? ¿Es posible aplicar ese modelo tradicional en nuestros tiempos y en tierras no indias?

Uno de los pilares del yoga clásico, tal como lo propone el sabio Patánjali, se llama *abhyasa*, la «práctica constante», que consiste en repetir una y otra vez los mismos principios y las mismas técnicas hasta alcanzar un objetivo, que es el aquietamiento mental para el consecuente (re)establecimiento de la consciencia en su esencia. Desde esta perspectiva, la originalidad está sobrevalorada, ya que el yoga es la virtud de la repetición. Al final no hay nada nuevo y lo importante es la práctica «ininterrumpida, durante largo tiempo y hecha con respeto».[44]

Occidente y sus habitantes aplican ese respeto según su propio tamiz sociocultural, en un *tira y afloja* entre tradición e innovación, buscando a su manera esa virtud tan preciada por todas las corrientes yóguicas: el equilibrio.

Yoga: ¿deporte o religión?

El Ministerio de AYUSH fue creado en 2014 para el desarrollo, difusión e investigación de los sistemas de salud tradicionales indios, que siguiendo sus siglas serían: Ayurveda; Yoga y Naturopatía; Unani; Siddha, y Homeopatía; más Sowa-Rigpa, la medicina tradicional tibetana. Hasta entonces, el AYUSH era solo un departamento secundario del Ministerio de Salud indio. El renovado y prestigioso estatus del Ministerio fue una de las decididas medidas que el Gobierno indio del BJP, encabezado por Narendra Modi, tomó para revitalizar la tradición india y potenciar su visibilidad. Gracias a la buena mano en política internacional de Modi, las mejores cartas de presentación del AYUSH son que la Unesco, en 2016, declarara el Yoga como Patrimonio Inmaterial de la Humanidad y anteriormente, en 2014, que la Asamblea de las Naciones Unidas proclamara oficialmente el Día Internacional del Yoga para cada 21 de junio.

Desde entonces, en esta jornada anual las Naciones Unidas reconocen que «difundir más ampliamente la información relativa a las ventajas que entraña practicar yoga sería beneficioso para la salud de la población mundial».[45]

La fecha elegida para la conmemoración no es casual, ya que se trata del solsticio de verano en el hemisferio norte, el momento en que el sol está en su posición más alta en el cielo y también el día «más largo» del año en cuanto a luz solar. Ya en la antigua cultura védica, el papel del sol, llamado Surya, era preponderante, ya que se le consideraba el representante de Dios en el cielo y, para algunos, es la imagen más cercana de lo Divino que se pueda concebir. A este respecto, en el antiguo *Sri Ishopanishad* encontramos un mantra pertinente que, en la poética traducción del orientalista y sanscritista mallorquín Joan Mascaró, sería:

> «¡Oh, Sol, dador de vida, descendiente del Señor de la Creación, profeta solitario del cielo! Derrama tu luz y aparta tu resplandor deslumbrante para que yo pueda contemplar tu forma radiante: este espíritu lejano que hay en ti es mi propio espíritu interior».[46]

La antigua cultura védica es, por tanto, solar, y se trata de una tendencia que sigue hasta nuestros días, en los que quienes reciben el *samskara* o sacramento de la imposición del cordón sagrado tradicional de las tres castas superiores deben recitar sus mantras tres veces al día: en la salida, cénit y puesta del sol. Asimismo, el punto cardinal Este es tan importante como el Norte, ya que es allí por donde surge la luz solar que simbólicamente representa el conocimiento del Ser. Por tanto, la adoración al sol a través de himnos, rituales, mantras y, quizás más modernamente, ásanas es inherente a lo que llamamos hinduismo. De ahí que *surya namaskara* sea el «calentamiento» considerado tradicional en la mayoría de los estilos físicos derivados del hatha yoga. Visto desde esta óptica es normal que muchas personas asocien el yoga con el contexto religioso del hinduismo y por ello, si bien la creación del Día Internacional del Yoga ha sido bien recibida en general, ha habido quejas de, por ejemplo, la población musulmana de la India, que se niega a conmemorarlo «saludando al sol» o «cantando OM», pues los considera elementos propios de la religión hindú.

El debate de si el yoga es religioso o no ya viene de largo y no solo en la India, sino principalmente en Occidente donde, por ejemplo, en 2013 una familia cristiana de California se quejó de que sus hijos recibieran «adoctrinamiento religioso» en clases de yoga de su escuela y donde, otra vez, el tema de adorar al sol con el nombre *Surya* generaba recelo. En 2015, un fallo judicial determinó que dichas clases estaban «libres de cualquier doblez religioso, místico o espiritual»[47] y que, por tanto, podían continuar. En una línea similar, en un excelente reportaje televisivo titulado *Who owns yoga?*[48] («¿A quién pertenece el Yoga?») se muestra el curioso caso de mujeres cristianas estadounidenses practicando ejercicios de yoga, a la vez que recitan versículos de la Biblia, con lo cual ellas consideran que lo que practican ya no es yoga o, al menos, no pertenece a la religión hindú.

Está claro que uno puede practicar yoga sin ser hindú, sin pertenecer a ninguna religión e incluso sin creer en Dios, y, de todas formas, obtendrá muchos o todos los beneficios básicos de la práctica: vigor, flexibilidad, calma mental, control de la respiración, concentración... A la vez, lo que en Occidente entendemos por «religión hindú» es un reduccionismo, pues el hinduismo es un fenómeno religioso, pero que también incluye una cultura, un estilo de vida, una organización social y familiar, y un conjunto de ideas espirituales milenarias que son anteriores a la noción de religión institucionalizada.

En cualquier caso, vivimos en un mundo moderno cada vez más laico y en donde la palabra religión tiene muy mala prensa, por lo que es normal que la mayoría de las personas no quieran estar asociadas a esa idea. De hecho, y en el contexto de la polémica sobre cómo festejar el Día Internacional del Yoga, el ministro de estado del AYUSH, al igual que otros políticos, llegó a decir que «el yoga no tiene nada que ver con la religión».[49] Sobre esto, en el vídeo titulado «Protocolo común de Yoga» que el AYUSH preparó para el Día Internacional del Yoga 2016 se dice que el yoga es «esencialmente una disciplina espiritual» y se hace referencia a su objetivo último de «unir la consciencia individual con la consciencia universal». Asimismo, se afirma que el yoga nació antes que las primeras religiones, pero, siguiendo la tradición, se dice que fue el Señor Shiva, una deidad hindú, quien primero transmitió esta «milenaria ciencia» a los *saptarishi*, los «siete sabios» considerados patriarcas de la religión védica.[50]

Buscando el difícil equilibrio entre lo políticamente correcto y la intención de preservar el trasfondo hindú del yoga, el mensaje público del Gobierno indio muestra algunas contradicciones naturales en la típica distinción entre religión y espiritualidad. Por tanto, se da la paradoja de que el Gobierno del BJP, una formación política que es etiquetada e incluso acusada de nacional-hinduista, diga que el yoga es laico y haga hincapié en que su objetivo principal está relacionado más bien con el «bienestar» (*wellness*) y la paz mental que con la búsqueda espiritual. Ante esto, no es de sorprender que uno de los 3.000 asistentes al *Free Yoga*, un evento anual en el centro de Madrid para difundir el yoga (y promocionar una marca de ropa), dijese que «nunca antes había practicado este *deporte*».[51]

Este rótulo no debería de extrañar si se tienen en cuenta los Reales Decretos de 2011 y 2012 con los que el Gobierno español ha intentado regular la instrucción del yoga en España, colocándolo dentro de la «familia profesional de Actividades Físicas y Deportivas». Esta catalogación es un desatino cultural para cualquier persona que conozca la historia y los propósitos de su vertiente clásica, donde el Yoga es considerado una de las seis escuelas filosóficas principales del hinduismo. Aún más flagrante se hace el despropósito cuando uno ve que, además de «instrucción en yoga», las formaciones especializadas que se establecen conjuntamente en los citados Reales Decretos son «iniciación deportiva en esgrima, golf, piragüismo y tenis»[52] o «balizamiento de pistas, señalización y socorrismo en espacios esquiables, o *fitness* acuático».[53]

Es probablemente esta confusión occidental para situar la disciplina del yoga en las categorías del mundo moderno lo que ha llevado a la peculiar distinción lingüística que hacen los indios: *yog*, en hindi y correspondiente al término sánscrito *yoga*, para referirse al yoga tradicional, y la relativamente nueva palabra yogá (*yogā*), para referirse al estilo estrictamente físico y más bien gimnástico que, después de pasar por Occidente, ha vuelto modificado a la India.

Si bien la palabra «yoga» sigue teniendo, para algunos occidentales, una reminiscencia místico-espiritual, parece claro que la mayoría de las personas que se acercan a practicarlo en la actualidad lo hacen por motivos de salud psicofísica. En el estudio encargado en 2014 por una plataforma española de clases de yoga *online*, se exponían los tres motivos principales que llevan a los españoles a practicar yoga: reducir el estrés, mejorar la salud y tener más calma o serenidad.[54] A la vez que por lo expresado en un reputado estudio estadounidense de 2016, los practicantes norteamericanos priorizan flexibilidad, alivio del estrés, buena forma física y mejora integral de la salud.[55] Aunque no se trata del afamado *samadhi* clásico (véase la Parte V), los beneficios arriba citados no son menores y eso explica, entre otros factores como las modas o la búsqueda de un cuerpo atractivo, por qué el yoga en su variante más física tiene cada vez más adeptos. Esta popularización y comercialización del yoga se ha visto acompañada del nacimiento de una miríada de nuevos estilos y denominaciones que, para los ortodoxos, son sinónimo de decadencia.

Uno entonces puede hacerse la pregunta: ¿Es mejor que unos pocos practiquen yoga clásico o que muchos practiquen un yoga simplificado y físico? Quizás la respuesta depende del interés de cada persona, pero lo cierto es que, como regla general, yoga, salud y deporte se entremezclan en la aldea global y la mayoría de practicantes no parecen preocuparse demasiado por la tradición o el legado clásico. De hecho, el estilo de yoga más practicado en Occidente es el denominado «dinámico», acorde con la vida mentalmente agitada y físicamente sedentaria de los urbanitas del siglo XXI, a los cuales raramente se les ocurre que estén practicando una disciplina religiosa. Es más, algunos yoguis occidentales legendarios y considerados ortodoxos como Ramiro Calle o Sri Dharma Mittra opinan abiertamente que el yoga no es religión. Para un buen número de hindúes, en cambio, el yoga es parte integrante y tradicional de su «religión», entendida en sentido amplio.

Como siempre, las opiniones discrepantes oscilan entre la adulteración de la esencia y la actualización útil. Seguimos buscando el equilibrio.

¿Por qué el Yoga se considera una ciencia?

Definir el Yoga con mayúsculas puede ser complejo y largo, aunque a nivel descriptivo se suele decir que es una «ciencia». Esta definición del «yoga como ciencia» puede sonar a frase hecha, especialmente en una sociedad moderna que se basa en el paradigma materialista y considera como único válido el conocimiento científico basado en criterios externamente objetivables y medibles. En este contexto, una disciplina que investiga la esencia trascendental del ser humano resulta, al menos, sospechosa.

Para empezar, creo que sirve ver la palabra sánscrita original que generalmente se traduce como «ciencia», es decir, *vidya*, que también puede significar «conocimiento» o «saber». La raíz verbal es $\sqrt{vid}$ que quiere decir «conocer» y está relacionada con «ver», en el sentido de que para saber algo no basta con creerlo, sino que hay que experimentarlo o, usando una expresión popular, «verlo con los propios ojos». Como se empieza a notar, esta idea no es muy distinta de la del pensamiento científico moderno.

Ya que estamos, veamos la etimología del término occidental «ciencia»: viene del latín *scientia* que quiere decir, ¡oh casualidad!, «conocimiento» y que deriva de *scire* y *scindere*, en el sentido de «distinguir, separar una cosa de otra». Hasta aquí hay similitudes. Sigamos entonces con la definición actual de ciencia según la RAE: «Conjunto de conocimientos obtenidos mediante la observación y el razonamiento, sistemáticamente estructurados y de los que se deducen principios y leyes generales con capacidad predictiva y comprobables experimentalmente».

Pues el Yoga, entendido en sentido amplio, se basa en la «autoobservación» (sin perder la relación con el cosmos), utilizando el pensamiento «racional» (aunque no limitándose a él), para obtener un «conocimiento» que ha sido diversamente «organizado» por diferentes corrientes filosóficas, presentando «reglas generales» que, durante milenios o centurias, han demostrado «repetirse y confirmarse» de forma directa y «experiencial» en el laboratorio psicofísico, energético y espiritual de miles de personas. Como ejemplo, veamos esta frase del yogui y maestro indio Yogi Gupta, que podría aplicarse a la más rígida de las ciencias exactas:

> «La filosofía del yoga comienza con la concepción de que cualquier idea que no sea confirmada por la experiencia debe mantenerse como mera especulación».[56]

Por más que uno esté muy seguro de lo que sabe, en general uno no tiene experiencia directa y personal de todo su acervo, sino que se basa en la deducción y, sobre todo, en la experiencia directa de otras personas. La mayoría de nosotros no hemos comprobado con un telescopio que la Tierra gire alrededor del sol; sin embargo, lo consideramos totalmente cierto. ¿Basados en qué? Mi experiencia de ver moverse el sol podría muy bien deberse a que es el astro rey quien gira alrededor de la Tierra, como se creía en Europa hace «solo» 500 años. Sin embargo, uno cree en lo que dicen los científicos porque ellos lo han confirmado empíricamente de forma directa. De la misma forma, las verdades que enseña el Yoga también están basadas en las experiencias directas de terceros, que en este caso no se denominan «científicos» sino *rishis* o yoguis, algunos de ellos milenarios, pero otros actuales y activos.

Parafraseando a Swami Vivekananda en su famoso libro *Raja Yoga*, se puede decir que en las ciencias exactas es más fácil encontrar la verdad porque su campo de estudio (visible, medible) es rápidamente identificado con las experiencias particulares de cualquier ser humano o con una experiencia universal de la humanidad. Es decir, la Ley de Gravitación es considerada verdadera porque, aunque nunca hayamos dejado caer una manzana al suelo adrede, sí hemos tenido experiencias similares de objetos caídos que la confirman.

En la «ciencia del Yoga», en cambio, esta base experiencial es más reducida ya que se trata de un ámbito menos tangible, menos visible y al que estamos poco educados a prestar atención, ya que va más allá de la percepción sensorial, tanto física como mental, e incluso más allá del limitado, aunque no por eso inútil, conocimiento intelectual.

La sociedad moderna, junto con su paradigma cientificista, solo acepta como cierto aquello que se puede ver y medir de forma externa. Para la tradición yóguica, sin embargo, el conocimiento externo es «conocimiento parcial», ya que no incluye la experiencia total, es decir, el conocimiento completo. Yogi Gupta dice al respecto:

> «La única forma de conocer algo tanto interna como externamente, por ejemplo una manzana, es identificarnos con eso, ser uno con eso».[57]

Los antiguos sabios, al igual que cualquier científico, afirman tener un método de investigación para esta ciencia del autoconocimiento, a veces llamada *atma vidya*, la «ciencia del propio ser», y cuya conclusión muchas veces es que «todo ya está dentro de uno». Este método incluye observación directa, pues de lo contrario no sería más que teorizar. Obviamente es más fácil observar el mundo externo porque hay instrumentos para ello (microscopios, telescopios, sismógrafos, aceleradores de partículas...), mientras que para investigar el mundo interno no hay casi herramientas de ayuda, excepto la propia mente, y hasta un cierto punto.

Asimismo, dice Vivekananda, que era famoso por su agudo intelecto, «uno debe usar su razón y su juicio; debe practicar y ver si estas cosas suceden o no», ya que «es errado creer ciegamente».[58] Y agrega:

> «Los sabios declaran haber encontrado una verdad superior a la que los sentidos nos ofrecen y nos invitan a verificarla. Nos piden que sigamos el método y practiquemos honestamente y entonces, si no encontramos esa verdad superior, tendremos el derecho a decir que no hay verdad en dicha afirmación, pero hasta no haber hecho eso, no somos racionales negando la verdad de sus aseveraciones».[59]

No hace falta ahondar en el tema, pero decir que no existe la Consciencia o el Ser porque no los podemos medir con el limitado instrumental científico actual puede ser tan irracional como decir que no existe el viento porque no podemos verlo con nuestros ojos físicos. Así como en la ciencia moderna existe una hipótesis que debe ser comprobada o descartada, y eso no debería ser un sesgo para la investigación, en el Yoga hay una «hipótesis» que es la existencia de una «verdad superior», también llamada «Espíritu» o «Dios» u «Orden cósmico», y, por tanto, hay una cierta creencia o fe previas que son el punto de partida para la búsqueda de esa verdad. Sin embargo, no son cualidades indispensables para confirmar la hipótesis, de la misma forma que no hace falta creer que la Tierra es redonda para darle la vuelta. En este sentido, en el Yoga se habla de experimentar más que de creer, convirtiéndose uno mismo en el «tubo de ensayo» para la investigación.

Así pues, la respuesta al título de este texto es que el Yoga es una ciencia porque sirve para «obtener conocimiento», sobre la base de la experiencia directa personal y siguiendo un método específico. ¿Conocer qué? A uno mismo, su propia naturaleza más allá del cuerpo físico y de la mente, la cual es siempre permanente, dichosa y en paz, según dicen los sabios. ¿Alguien tiene dudas? Pues que se dedique a hacer las pruebas de forma dedicada y honesta y, si corresponde, que traiga las refutadoras conclusiones bien redactadas que sin problemas le publicamos el *paper* en Kairós (siempre que el director editorial, que se está enterando ahora de esto, lo permita).

Por supuesto, cuando definimos el Yoga como una ciencia la intención no es realmente equipararlo a la ciencia moderna, sino hacer hincapié en que es una disciplina que funciona, es decir, que lleva a ciertos resultados si se siguen determinados pasos. Al mismo tiempo, no podemos ignorar que el Yoga también es un arte, ya que requiere constancia y destreza, se domina de verdad cuando hay intuición y, sobre todo, solo tiene sentido cuando hay inspiración o, mejor dicho, cuando hay gozo en su ejecución.

Los nuevos yogas

El escritor, yogui y maestro Ramiro Calle, conocido como el «decano del yoga en España», es un defensor acérrimo de lo que él llama «verdadero yoga» y opina que «los primeros maestros que empezaron a adulterar el yoga fueron los que llegaron a Estados Unidos desde la India y, para rentabilizarlo y mercantilizarlo, lo prostituyeron promocionando campeonatos de yoga, el culto al cuerpo, el *fitness*, el postureo y el barato contorsionismo».[60] Al mismo tiempo, la historia documentada de la revitalización y popularización del moderno yoga postural desde comienzos del siglo XX, tanto en la India como en Occidente, está marcada por fluidos encuentros entre el hatha yoga, la gimnasia y el fisicoculturismo. Actualmente, diferentes yoguis indios sostienen que la competición en el ámbito del yoga es un elemento tradicional y antiguo y, de hecho, la difundida –y poco probada– versión de la biografía del inventor indio del *hot yoga*, Bikram Choudhury, dice que él ganó tres veces el Campeonato Nacional de Yoga de la India en los años 1950 antes de que comenzara su «misión» en Occidente. La mayoría de los profesores de yoga, en cambio, es probable que en sus clases digan una, no por repetida, muy apropiada frase: «esto no es una competición».

Considero que las duras palabras del respetado Ramiro Calle sobre lo que él llama «pseudoyogas» tienen parte de verdad en cuanto que fue en la pujante nación del dólar donde se gestó el *boom* de un negocio ahora multimillonario y, a menudo, superficial. A la vez, la introducción del yoga en el contexto sociocultural occidental, tan ajeno a su origen, tenía que acarrear inevitablemente algunas modificaciones; al menos si su destino era volverse masivo, como es el caso. Por supuesto, cuando uno ve un ejemplo tan desnaturalizado como el «cerveza-yoga» le parece que la superficialidad ha llegado demasiado lejos. Buscando lo positivo –que se supone que es una actitud yóguica–, podemos decir que dentro del cada vez más amplio abanico de estilos modernos de yoga hay lugar para todos los tipos de personalidad y, por tanto, es una disciplina inclusiva. El maestro Sri Dharma Mittra, que enseña en el meollo de Manhattan desde hace 50 años, dice que al haber diferentes métodos de yoga siempre habrá uno que sea adecuado para cada persona y eso es bueno, aunque «muy pocas personas están cualificadas para la esencia del yoga».[61] En términos tradicionales y directos, la «esencia del yoga», esa elusiva piedra filosofal, se podría definir como el autoconocimiento supremo. Pero, como agrega el mismo Dharma Mittra, en el camino tiene su lugar incluso el «yoga para aquellos que no tuvieron éxito con el viagra».[62] Quizás suene jocoso, pero la realidad siempre supera a la ficción, como demuestra el caso del llamado *kink yoga*, algo así como «yoga fetichista», inventado en Australia y en parte inspirado en la literatura erótica del libro *Cincuenta sombras de Grey*, donde la instructora va vestida con cuero y una fusta, mientras los alumnos a veces se dejan atar y a través de sus fantasías sensuales «se llenan de endorfinas» que los dejan, al parecer, muy relajados y contentos.[63] Evidentemente, aquí no hablamos de una típica malinterpretación de la antigua tradición tántrica para reducirla al placer sensual, sino directamente de una ruptura consciente –y con buen ojo comercial– con la tradición. Algo similar a lo que ocurre con el simpático y moderno *chinchorro sutra*, la versión caribeña del famoso *kamasutra* hindú, donde se describen decenas de posturas para hacer el amor sobre una hamaca (o «chinchorro» en venezolano), supuestamente, al estilo Maya.[64] Y ya que estamos en un ámbito carnal, a nadie debe sorprenderle que por todo el mundo pulule el *naked yoga* o «yoga desnudo» que, en principio, no tiene nada de sexual, sino que se basa en una búsqueda de mayor libertad o naturalidad. A favor de este estilo se podría argumentar que los yoguis tradicionales apenas se cubren lo mínimo indispensable, quizás un poco por pudor, pero sobre todo por practicidad, ya que sin ese mínimo hay posturas que se volverían especialmente incómodas. Por supuesto, los *naga babas* o ascetas desnudos de la India realizan todo tipo de poses y proezas con sus partes íntimas a la vista, pero dudo que los practicantes de «yoga desnudo» incluyan en su rutina habitual el levantamiento de ladrillos con el pene o gestas similares. Una peculiar ramificación del «yoga desnudo» es el *kilted yoga* patentado recientemente en Escocia y practicado, según dejan ver, por hombres generalmente barbudos y musculosos que llevan la tradicional falda a cuadros escocesa y nada más.[65] Para las posturas invertidas no es especialmente útil, aunque en internet es una sensación, eso sí.

Pero no todo es quitarse la ropa entre los innovadores estilos modernos, pues algunas personas de Austin (Texas), por ejemplo, prefieren ataviarse con los colores y emblemas del *Colegio Hogwarts de Magia y Hechicería* para asistir, varita mágica en mano, a una clase de yoga temática basada en Harry Potter y la muerte de sus padres, ocurrida literariamente en la noche de Halloween. Por cierto, esta clase, como muchas otras, se hace en una cervecería.[66] Si al leer esto se le ha torcido el gesto, no se preocupe, también alguien ha pensado en usted y ha inventado el *face yoga* o «yoga del rostro», que es un método registrado por una experta japonesa que se centra en los movimientos y expresiones faciales y nos enseña cómo ejercitar los músculos de la cara para parecer 15 años más jóvenes y crear «unas líneas de expresión más firmes y delineadas».[67]

Evidentemente, mejorar la apariencia física es uno de los objetivos más buscados a través del yoga, sobre todo cuando es visto como un deporte, y por eso existen por doquier las sesiones de «yoga glúteos», «yoga abdominales», *power yoga*, o el híbrido de yoga y pilates conocido como *yoguilates*. Hablando de híbridos, las nuevas combinaciones, cada vez más normalizadas en todo el mundo, no paran de surgir e incluyen yoga y vino, yoga danza, *woga* o yoga en el agua, yoga ecuestre, yoga sobre una tabla de surf, el *combat yoga* que mezcla artes marciales, *yoga derviche* que utiliza danzas giratorias o el entrañable *flamenco yoga*, un orgulloso invento andaluz. Es verdad que los yoguis tradicionales tienen fama de ser un tanto serios y las nuevas tendencias son las de divertirse con la práctica, de ahí que surjan populares estilos como el *acroyoga* que se hace en pareja y tiene un gran componente acrobático, lo mismo que el «yoga aéreo» que se practica individualmente en hamacas o trapecios; sin olvidar el novedoso *twister yoga*, basado en el popular juego de «enredos» físicos con el tablero-sábana de círculos de colores en el suelo como *mat* (esterilla/colchoneta/tapete) grupal.[68]

Finalmente, ante la artificialidad y el aislamiento de la vida urbana moderna no sorprende que el gran furor sean las sesiones acompañadas de animales, empezando por el previsible *cat yoga* («yoga con gatos»)[69] y siguiendo por los más bucólicos *bunny yoga* («yoga con conejos»)[70] o *goat yoga* («yoga con cabras»),[71] que se practica en una granja y cuya lista de espera es larguísima, al menos hasta que pase la moda. Obviamente, con una cabra mordisqueándonos la colchoneta es difícil concentrarse o buscar en el interior, pero los participantes dicen que, de alguna forma, es una actividad terapéutica.

Si al lector tradicionalista esta enumeración le sigue tensando, no se alarme, pues también hay una solución para usted: *rage yoga* o el «yoga de la ira», ideado por una chica canadiense para canalizar su agitación emocional después de haber terminado una larga relación sentimental. La clase incluye gritar obscenidades, música *heavy metal* y, cómo no, hacer pausas para beber cerveza.[72] Generalmente se practica en un sótano.

Como ya dije en el primer escrito de esta sección, y es algo que se puede percibir en ciertos ejemplos del yoga moderno, la originalidad está con frecuencia sobrevalorada. Lo primero que dicen muchos yoguis cuando oyen hablar sobre estas actividades es que, por honor a la tradición y también para su propia tranquilidad, lo correcto sería no ponerles la etiqueta de «yoga», sino más bien de gimnasia, *performance*, terapia o entretenimiento; de la misma forma que una bebida vegetal de avena no tiene permiso para llamarse «leche», ni un vino espumante fuera de Francia puede denominarse *champagne*. No lo veo como una mala idea, aunque en la práctica parece que estamos en un proceso irreversible. La milenaria tradición yóguica de la India ha influenciado grandemente la sociedad occidental y, a la vez, los occidentales y su cultura han remodelado a su manera ese legado clásico. El maestro Dharma Mittra dice, con su sencillo humor, que «los diferentes estilos de yoga son como el zumo, todos tienen agua... Si no tienen al menos una pequeña cantidad de la tradición detrás, entonces no es yoga». Quién puede determinar esa «pequeña cantidad» siempre es motivo de controversia.

Mientras tanto, muchas veces ajenos a estos debates, cada vez se abren más estudios, se crean más formaciones de profesores, se ven más esterillas colgadas al hombro por la calle y, por más transformada que esté la disciplina que hoy analizamos, creo que hay que celebrar que el yoga esté más vigente que nunca. Sus beneficios psicofísicos son indudables y eso ya es positivo para cualquier sociedad. Además, siempre existe la posibilidad de que, en el contexto adecuado y según cada caso, una frase, una experiencia interna o hasta una simple postura física despierten en ese practicante el ancestral anhelo por conocerse a sí mismo. Entonces, el legado seguirá fiel a su esencia.

Shavásana, la postura más difícil de dominar

En esta época en que reina la imagen como forma de comunicación y en que cada día vemos a alguien haciendo una sofisticada postura de yoga en las redes sociales, el rol de *shavásana* está subvalorado. Shavásana es el nombre de la postura de relajación por excelencia con que se suele acabar la práctica más física de una sesión de yoga. Según el estilo de yoga que uno siga, es posible que también se utilice shavásana como postura de descanso y recuperación entre otras posturas más exigentes físicamente. De hecho, es esta cualidad de pose «fácil» y quieta la que hace que shavásana no sea considerada importante, ya que vivimos tiempos en que el yoga es sinónimo de sudar y saltar y, acorde a la sociedad «productiva» actual, nadie tiene tiempo de parar 10 minutos para «no hacer nada». De hecho, hay escuelas de yoga moderno en que el momento final de relajación es «opcional» y, como es de esperar, muchos practicantes se marchan con prisa sin darle la oportunidad al cuerpo de reorganizar todas las energías movilizadas por los ejercicios yóguicos.

A pesar de ser un ásana aparentemente fácil, los grandes yoguis están de acuerdo en que se trata de una postura difícil de dominar, incluso, dicen algunos, la más difícil. La palabra sánscrita *shava* quiere decir «cadáver» y, como indica su nombre, la postura consiste en yacer estirado en el suelo, boca arriba, sin moverse, simulando estar como muerto; de ahí que un nombre alternativo de la pose sea *mritásana*, ya que *mrita* significa «muerto». Parece fácil, ¿no es cierto? Ya volveremos a ello, mientras tanto veamos detalles contextuales.

Como postura de yoga, shavásana aparece por primera vez citada en la *Hatha Pradípika*, un famoso manual de hatha yoga del siglo xv, donde se dice que «elimina la fatiga y hace que la mente se detenga».[73] De todos modos, según explican algunos académicos, la primera referencia que aparece en un texto de hatha yoga sobre yacer en el suelo como un cadáver hasta que se disuelva la mente está en el *Dattatreyayogashastra* del siglo xiii.[74] En ese texto, más que como una postura se presenta shavásana, aunque sin ese nombre, como una técnica de meditación de base tántrica para «disolver» (*laya*) la mente, en el sentido de hacerla desaparecer, mediante su absorción en algún objeto, idea o sonido. A este respecto, una de las variantes para practicar shavásana es hacerlo relajando conscientemente cada parte del cuerpo, como forma de ayudarlo a soltar las tensiones acumuladas. A la vez, esta relajación consciente es útil para no dormirse durante la postura final, algo que no es ideal, pero que ocurre con frecuencia, sobre todo si la práctica ha sido intensa o si el practicante ha descansado mal. Es verdad que para relajarse completamente en shavásana, el primer paso es, muchas veces, ser capaz de dormirse, lo cual implica cierto aquietamiento mental; pero el punto buscado es una relajación total sin adormecerse.

En relación con esto, ahora está muy de moda la práctica llamada *yoga nidra*, o «sueño yóguico», que no es otra cosa que un largo shavásana acompañado de técnicas de concentración e interiorización, que si bien es algo antiguo, como vimos, se hizo especialmente popular en Occidente con el libro titulado *Yoga Nidra*, publicado en 1976 y escrito por Swami Satyananda Saraswati de Bihar (1923-2009) –no confundir con el monje español del mismo nombre y aquí citado varias veces–, y del que han nacido diversas variantes. En cualquier caso, cuando se habla de «sueño yóguico» no se trata de dormirse, sino de un «sueño psíquico» en que la mente abandona el cuerpo de forma temporal.

Este mismo resultado, explica Sri Dharma Mittra, puede lograrse con un profundo shavásana de apenas 15 minutos, que es tan restaurativo como «una noche completa de descanso». La palabra clave aquí es «profundo», lo cual implica «ralentizar la respiración y los pensamientos al punto de casi detenerlos». Por tanto, y como un detalle no menor, en shavásana uno no debería moverse para nada, evitando rascarse la nariz en plena relajación u otros movimientos similares que hacemos automáticamente. «Si el cuerpo descansa completamente –dice Dhármaji–, existe la oportunidad de que puedas perder la consciencia del cuerpo y te muevas más allá del cuerpo y de la mente», para así reconocer de forma gradual que eres mucho más que cuerpo o mente. El objetivo básico de shavásana es relajar y restaurar el cuerpo, por supuesto, pero hay un segundo y superior propósito acorde con la búsqueda eterna del yoga: aquietar la mente para ver que hay más allá de esa constante marea de pensamientos y emociones que nos ocupan todo el tiempo. Como resumen, Dharma Mittra siempre dice:

«La relajación es el mejor antídoto para las impurezas».

No casualmente, el maestro contemporáneo de yoga B.K.S. Iyengar (1918-2014), en su clásico libro *Luz sobre el yoga*, dice que shavásana es el «mejor antídoto para las tensiones de la civilización moderna», que es lo mismo.

Con frecuencia, los nombres tradicionales de las posturas de hatha yoga, como árbol, tortuga, montaña o cobra, evocan las cualidades que ese objeto o animal debe generar en el practicante. En el caso de shavásana, lo que se nos propone, como he dicho, es que imitemos a un muerto. En primera instancia parece que se trata simplemente de yacer inmóviles durante un rato en el suelo (lo cual no es poco), pero si la postura se llama del «cadáver» y no del «dormido» o del «palo», es porque implica también un estado mental de «muerte», tanto en el sentido de soltar todo lo que nos mantiene en el plano físico-mental, como en el sentido más profundo de simular abandonar este mundo. La mayoría de las personas, al referirse o practicar shavásana, prefieren hablar de «relajación» y no de «cadáver» pues, como sabemos, la idea de muerte no es popular.

Con su particular humor, Dharma Mittra lo dice claro:

«No te preocupes por las posturas, ¡cuando seas viejo la única pose que te quedará será shavásana!».

Obviamente, con el paso del tiempo la máquina corporal se desgata y solo nos quedará practicar tumbados, pero Dharma también está diciendo que, al final, todos moriremos. Y lo que hay que entender es que, para morir «relajados», hay que soltar todo y aquietar la mente. Desde esta perspectiva, *shavásana* es, en el fondo, una preparación para el momento de nuestra muerte. Una preparación «consciente» que en las tradiciones budistas y tántricas siempre ha existido. Y si bien, como dice el yogui y filósofo Joaquín García Weil, «puede parecer una práctica tétrica, por el contrario invita, por paradójico que pueda parecer, al vitalismo, a valorar, gozar y aprovechar cada instante de esta preciosa vida».[75]

Sobre esto, en la tradición hindú se explica que la muerte es el momento más importante de la vida; es decir, es el acontecimiento para el que uno se prepara toda la vida, ya que es el momento que determina la próxima encarnación de cada ser, o incluso la liberación de la siempre girante rueda de muerte y renacimiento. Esto es así porque se dice que, en el instante de la muerte, cada ser revela su verdadero estado de consciencia, el cual sencillamente está basado en el tipo de vida que haya llevado y el tipo de pensamientos que haya alimentado durante ella. En palabras del famoso monje hindú Swami

Nikhilananda (1895-1973), uno de los grandes difusores del hinduismo en Norteamérica:

«Los pensamientos recurrentes de toda una vida, ya sean buenos o malos, se presentan vívidamente en el momento de la muerte».[76]

Sobre esto, Swami Satyananda Saraswati –ahora sí el respetado renunciante español– explica que «la muerte no es un buen momento, sino que es el *gran* momento», ya que «es el momento de la verdad, donde no puedes camuflar nada y surgen tus tendencias reales». Y citando las palabras de su propio maestro, Swami Muktananda, nos da una importante enseñanza:

«Un yogui se conoce no por cómo vive, sino por cómo muere».

Con esto en mente, su conclusión es muy clara: «Si pensáramos en la muerte pensaríamos en cómo vivimos y entonces utilizaríamos la vida para algo más...».[77] En la misma línea, Swami Premananda (1951-2011), maestro hindú nacido en Sri Lanka, explica que «muchas personas consideran la muerte como un acontecimiento terrible en el que no hay que pensar para nada. No obstante, tan solo contemplando la naturaleza de la vida y la muerte, de dónde venimos, por qué nacimos y el hecho de que todos vamos a morir algún día, podremos comprender la Verdad en esta vida».[78]

Pero ¿qué es esa Verdad? Quizás nadie puede explicarlo mejor que el gran santo indio Ramana Maharshi (1879-1950) que la experimentó directamente fingiendo su propia muerte, y entonces su vida cambió para siempre. En sus propias y famosas palabras:

«Estaba sentado en una habitación en el primer piso de la casa de mi tío. En raras ocasiones me sentía enfermo y en ese día no había nada malo en mi salud, pero un repentino e inmenso miedo a la muerte se apoderó de mí. No había nada en mi estado de salud que lo justificara; y no traté de justificarlo ni de averiguar si había alguna razón para el miedo. Solo sentí "voy a morir", y comencé a pensar qué hacer con ello. No se me ocurrió consultarlo ni con un médico ni con mis mayores ni mis amigos. Sentí que debía resolver el problema yo mismo, en ese momento.

»La conmoción del miedo a la muerte dirigió mi mente hacia el interior y mentalmente me dije a mí mismo, sin ni siquiera pronunciar una palabra: "Ahora ha llegado la muerte; ¿Qué significa esto? ¿Qué es lo que se está muriendo? Este cuerpo se muere". Y en el acto dramaticé el acontecimiento de la muerte. Me acosté con los miembros estirados y rígidos como si se hubiera producido el *rigor mortis*, y para darle mayor realidad a la indagación hice que mi cuerpo se asemejase a un cadáver. Contuve la respiración y mantuve mis labios bien cerrados para que no pudiera escaparse ningún sonido, de forma que ni la palabra "yo" ni ninguna otra pudieran ser pronunciadas. "Bien –me dije a mí mismo–, este cuerpo está muerto. Será llevado al campo de cremación y allí será quemado y reducido a cenizas. Pero con la muerte de este cuerpo, ¿muero yo también? ¿Soy 'yo' el cuerpo? Está silente e inerte, pero siento toda la fuerza de mi personalidad e incluso la voz del 'yo' dentro de mí, separadas del cuerpo. Así que Yo soy el Espíritu que trasciende el cuerpo. El cuerpo muere, pero el Espíritu que lo trasciende no puede ser tocado por la muerte. Esto quiere decir que Yo soy el Espíritu inmortal".

»No se trató de un pensamiento ligero, sino que se proyectó a través de mí tan vívidamente como la vida real que yo percibía directamente, casi sin pensarlo. El *Yo* era algo muy real, la única cosa real en mi estado presente, y toda la actividad consciente conectada con mi cuerpo se centró en ese *Yo*. A partir de ese momento, el *Yo* o el Ser centraron la atención en sí mismo con una poderosa fascinación. El temor a la muerte se desvaneció de una vez por todas. La absorción en el Ser continuó desde entonces ininterrumpidamente».[79]

Evidentemente, después de una intensa práctica física uno se tumba en shavásana con satisfacción, pero si además uno tiene la perspectiva de una experiencia gloriosa como la de Ramana, uno se sitúa en su papel de cadáver con mucho mayor anhelo. Estarse quieto, entregando el peso del cuerpo, sin controlar la respiración, ni dejándose arrastrar por los pensamientos, y además sin dormirse, es sin duda un gran logro. Adentrarse en el profundo silencio de nuestro ser, soltando todo apego y toda expectativa, dejando morir al pequeño *yo* en busca del verdadero e inamovible autoconocimiento, eso ya es pura valentía.

Después de todo esto, ¿todavía crees que shavásana es una postura fácil y que solo se hace para descansar?

El Yoga y la gestión del tiempo

En la calle, en la oficina, en el bar (de zumos verdes, claro) y hasta en la escuela de yoga se oye mucho, entre suspiros, la misma frase: «Necesitaría que el día tuviera más horas». Como padre de dos niñas, esposo, practicante diario de yoga, tallerista y escritor, fregador de platos diario y (muy) esporádico limpiador de baños, yo soy el primero en emitir la gran queja moderna: «No hay tiempo». Curiosamente, cuando no tenía hijas también tenía esa queja y también cuando no tenía trabajo. Lo cual me lleva a la pregunta, ¿si el día tuviera 25 horas, sería suficiente o siempre necesitaría más?

Sin buscarlo, me viene a la cabeza la frase de un moderno grupo de música pop que resume, de forma simple, mis reflexiones:

«Ya sé que es irreal esto de que no hay tiempo, / pero es lo que siento».

Con otras palabras, y poniéndome más erudito, el sabio indio Patánjali, que vivió hace casi 2.000 años, expuso que el tiempo no es más que una continuidad ininterrumpida de instantes y que dicha continuidad ocurre solo en nuestra mente, pues fuera de ella nunca podremos juntar dos instantes en el mismo momento. Por tanto, según la visión yóguica, solo existe el momento presente, y eso sí que es real, pero la verdad es que ya estamos a jueves y no he hecho mi *pranayama*, tengo que ir a comprar fruta para las nenas, solucionar la mancha de humedad del salón, contestar ese importante *e-mail*, leer el manual para mi curso, pensar los regalos de Navidad, ingresar el IVA, escribir otro libro y, por supuesto, iluminarme...

Hace unos años leí un texto de la yóguini y maestra Sharon Gannon, cofundadora del estilo Jivamukti Yoga, sobre el tema «gestión del tiempo» y me pareció revelador. Algunos años más tarde, tras haber puesto en práctica algo de esas enseñanzas y todavía pasando, con éxito relativo, por la prueba de fuego de la paternidad, me veo inspirado a profundizar en la cuestión. Para empezar, Sharon propone que como yogui uno busque el «origen de su insatisfacción» y también de reiteradas sensaciones como «si yo hubiera estado listo, los tiempos hubieran sido buenos»; «si hubiera tenido más tiempo, lo hubiera hecho mejor»; o «no hay tiempo suficiente para hacer todo». Según ella, el problema subyacente es siempre «decepción y desprecio hacia uno mismo por pensar que no somos lo suficientemente buenos, que nos falta algo o que deberíamos lograr más».[80]

Y sigue:

«Si teñimos nuestros esfuerzos con un sentimiento constante de no haber hecho lo suficiente, de que nos fallamos a nosotros mismos, de que hay una forma mejor y de que si yo la supiera o si alguien pudiera ayudarme todo estaría bien, entonces experimentamos el sufrimiento del tiempo».

Evidentemente, la culpa y la autoexigencia desempeñan un papel importante en este sufrimiento, e igual de relevantes son, según mi experiencia, las largas listas de propósitos y temas pendientes que uno nunca llega a cumplir. En una sociedad que pregona el «progreso» y los «logros» incesantes como sinónimo de felicidad es casi inevitable sentirse un desgraciado al final de cada jornada, no importa cuántas cosas hayas hecho. Por ello es tan normal que las personas no puedan quedarse quietas y a veces ni siquiera cerrar los ojos en shavásana, la postura de relajación en la que no hay que hacer absolutamente nada. De ahí que la práctica de la «pose del cadáver», y ni qué decir de la meditación, sean muy útiles para este proceso de gestionar con satisfacción el propio tiempo.

Una vez leí el consejo de un gurú zen que decía que en tu lista de tareas diarias no hay que poner más de tres cosas, primero para poder cumplirlas y, segundo, para aligerar un poco la mente. Esto es útil desde el punto de vista práctico externo, aunque el enfoque yóguico que me interesa es mucho más profundo y transformador. De manera simple, Sharon explica la solución al problema de la falta de tiempo:

«Lo que estamos haciendo en este mismo momento y cómo lo estamos haciendo es exactamente lo que deberíamos estar haciendo; no hay ninguna otra cosa que hacer ni ninguna otra forma de hacerla».

Suponiendo que uno llegara a ese punto de aceptación y satisfacción con uno mismo y sus propias acciones, la pregunta que naturalmente podría surgir sería ¿qué pasa entonces cuando uno hace todo bien pero no cumple con sus objetivos por «culpa de los demás»? Quizás debido a un atasco de tráfico, un despertador que no sonó, la imprevista gripe de tu pareja o ese pedido de última hora de tu jefe... Pues la respuesta es la misma y por si acaso me la repito: «lo que estás haciendo en este mismo momento y cómo lo estás haciendo es exactamente lo que deberías estar haciendo».

Si esto no alcanza, yo agregaría el «factor gratitud», que consiste en pensar en todo lo que tenemos y somos, lo cual, en general, nos hace tomar una lúcida perspectiva respecto a nuestra «trágica» situación actual en medio del embotellamiento. En su entrañable autobiografía, el activista y editor indio Satish Kumar recuerda una cándida enseñanza que recibió de su madre cuando él tenía prisas y que es digna de tener en cuenta:

«Cuando Dios hizo el mundo creó tanto tiempo, ¡que no hay por qué preocuparse!».[81]

Ya sea con tiempo o sin tiempo, en todos los casos y como es lógico, la premisa es hacer siempre lo mejor que uno pueda, incluso sabiendo que eso quizás no es suficiente para cumplir las expectativas. ¡Ajá! Por fin aparecieron las famosas «expectativas» o, como diría la *Bhágavad Guita*, los «frutos de la acción». De hecho, estudiando el mensaje de la *Guita*, sin duda el texto sagrado hindú más difundido, también he encontrado grandes enseñanzas que me ayudan en la vida diaria. En uno de sus versos más famosos tenemos la primera clave:

> «Solo tienes derecho al trabajo, no a sus frutos / Que esos frutos jamás sean el motivo de tu acción, ni te quedes aferrado a la inacción».[82]

Como dice el monje bengalí Swami Vijoyananda (1898-1973) –pionero en difundir la filosofía hindú en América del Sur– en su clásica traducción al español:

> «Cualquier trabajo que se hace movido por el deseo es muy inferior al que se hace con la mente no perturbada por los esperados resultados. Refúgiate en esta tranquilidad. Desdichados son los que trabajan ansiando los resultados».[83]

La arraigada tendencia que todos tenemos de «ansiar los resultados» se expresa cotidianamente en desear «que llegue lo siguiente». Todos vivimos esperando que llegue el viernes, las vacaciones o incluso la jubilación, como si más allá nos esperara nuestra real vida en plenitud y el ahora fuera solo un ensayo. Deseamos que se acabe ya nuestro viaje en el transporte público, que lleguen los postres, o que se apague el llanto de nuestro hijo, y entonces con la mente corremos cada vez más rápido hacia ese idílico futuro donde todo estará bien. Ante la incesante lista de tareas cotidianas y la angustia de sentir que esto nunca se acaba, hace ya años que me repito otras útiles palabras pronunciadas por Sri Krishna en la *Guita*:

«En verdad, nadie puede permanecer sin actuar ni un momento».[84]

Pero aun aceptando la naturaleza de este mundo en movimiento, la cuestión es: ¿cómo mantener esa actitud yóguica de presencia y contentamiento ante los obstáculos de cada día y las tendencias negativas de la mente? Sharon Gannon ofrece una idea:

«Tenemos que encontrar alguna manera que nos funcione para que cada mañana, o al menos en algún momento del día, nos ofrezcamos como instrumentos de la voluntad Divina, porque si nosotros –en el sentido de nuestra limitada personalidad individual– pensamos que tenemos que hacerlo todo, se vuelve agobiante y estamos destinados a fracasar».

Es decir, en lugar de pensar que yo soy el «hacedor», asumo el rol de alguien que realiza acciones por un bien superior o simplemente, como dice Sri Dharma Mittra, «porque deben ser hechas». Por eso Sharon cita otro verso relevante de la *Guita*:

«Abandonando el apego por el fruto de sus actos, siempre contento, sin depender de nadie / el sabio, aunque esté ocupado en la acción, en realidad no hace nada».[85]

Esta quietud interna en medio del fragor, al igual que esta aceptación de ser «instrumento» más que «agente», requieren mucho entrenamiento, pero creo que son gran parte de la solución al dilema. Además, mi método es el de intentar ofrecer mis acciones a una causa superior e inspiradora, que puede ser Dios, el gurú, la Madre Tierra o incluso «todos los seres que ahora están sufriendo». De esta forma, ese paso a paso de cada acción, además de mantenerme en el presente y no dejarme agobiar por lo-que-falta-por-hacer, me fomenta la devoción, la compasión y la conexión conmigo y con el todo.

Evidentemente, el tictac del mundo continúa, la vida es corta y hay que practicar mucho, pero al final lo que tenemos ahora es solo este momento, esta acción, y si pudiéramos poner todo el corazón en ella, no importaría nada más, ya que nunca llegaríamos tarde, aunque las inclementes agujas del reloj dijeran lo contrario.

De ladrón a santo
en 8.400.000 *ásanas*

En *La lotería de Babilonia*, un famoso cuento de Jorge Luis Borges, el autor presenta una sociedad en que el azar y otros tejemanejes misteriosos determinan el destino de cada individuo, haciendo que cada tres meses una misma persona cambie su papel y pueda pasar de «esclavo a procónsul o de condenado a muerte a miembro del concilio de magos».[86] De esta forma, una persona pasaría por casi todos los escalafones sociales, oficios y estados psicológicos disponibles, viviendo cientos de vidas en una sola.

En el *Goraksha Shátaka*, un manual de hatha yoga del siglo XIII, se dice que hay tantos ásanas o posturas «como especies de seres vivientes».[87] Y se especifica que el dios Shiva enseñó ni más ni menos que 8.400.000 ásanas, dando a entender que cada manifestación de este universo es, en cierta forma, una postura, una posición que adopta lo Divino para expresarse. Esta idea ya la vemos en la *Bhágavad Guita* cuando Sri Krishna despliega su forma universal frente a los maravillados y a la vez aterrados ojos del arquero Árjuna, diciendo:

«Mira mis centenares y millares de formas divinas, de diversos tipos, colores y figuras».[88]

Trazando una relación con la teoría de la reencarnación, se suele explicar que un alma, antes de nacer como ser humano, debe pasar por millones de nacimientos o «encarnaciones» que incluyen el reino animal, el vegetal y hasta el mineral, junto con otros menos difundidos como el de los espíritus o incluso el de los dioses. Al parecer, tal como recoge el *Mahasihanada Sutta* del canon pali, el Buda dijo al respecto: «Es imposible encontrar un reino en la rueda [de reencarnaciones] por el que yo no haya pasado en este largo viaje».[89] Y en la misma línea, el gran santo tamil Manikavasagar dice en uno de sus poemas:

«Hierba, gusano, árbol, bestias innumerables, pájaro, serpiente, piedra, hombres, demonio necrófago, *asuras* crueles, sabios y *devas*: yo he nacido bajo todas estas formas de fauna y flora, y ahora me siento completamente exhausto».[90]

Si uno acepta la idea de la trasmigración de las almas, entonces necesariamente también debe aceptar la llamada ley del karma que, mucho antes que Newton, postula que toda acción tiene consecuencias; es decir, que las deudas o beneficios acumulados en las vidas pasadas deben ser pagados o cobrados en las siguientes. Por tanto, en principio se necesita nacer muchas veces para equilibrar la balanza de todos nuestros actos pasados y, en este sentido, «un único nacimiento resulta inadecuado para juzgar a un hombre».[91] Como dice con humor el yogui Sri Dharma Mittra: «Pensad en el hombre de las cavernas. Qué injusto sería para él no tener la oportunidad de renacer y poder civilizarse, tomar una clase de yoga, quitarse todo ese pelo y ponerse bonito como nosotros».[92]

Cuando uno nace como humano, y más teniendo en cuenta que hay otros miles de millones de humanos, el hecho no le parece nada especial y mucho menos lo ve como una gran fortuna. Lo ve, más bien, como un derecho natural, incluso fruto del azar, pero no como el resultado de cientos, miles o millones de vidas previas de aprendizaje y quizás sufrimiento. De la misma forma, si uno es una persona relativamente «buena», que cumple de forma aceptable con los códigos morales de la sociedad, no se le ocurre pensar que, en otra vida, o incluso en otro momento de esta vida, uno no cumplía con esos estándares. Así como los ancianos se molestan por la algarabía de los jóvenes, los ciclistas urbanos reniegan de los peatones, y a los exfumadores les asquea el humo, todos observamos y juzgamos el mundo desde nuestro estado actual, como si fuera inmodificable y el único correcto.

Por el contrario, la filosofía espiritual de la India explica que para ser un santo primero hay que haber sido, entre otras cosas, quizás un asesino, un ladrón y también ese vecino que pone la lavadora a las once de la noche. Si bien el alma o la chispa interna de cada ser es siempre divina, el nivel de consciencia puede ser muy bajo y debe ser pulido y mejorado con el paso de la(s) vida(s). En este sentido Dharma Mittra habla de «almas viejas» para referirse a las personas que, después de muchas encarnaciones, empiezan a tener interés por temas espirituales y por el bienestar del mundo en general.

Incluso suponiendo que uno mismo fuera un «alma vieja», lo que sea que uno haya hecho en vidas previas en realidad solo lo puede imaginar, y dicen que es mejor ni saberlo. Y sobre todo, no sabe qué vicisitudes le faltan por pasar para equilibrar las cuentas y evolucionar. Por ende, es un tanto osado colocarse en una posición de «superioridad» por la circunstancial situación actual. De hecho, es muy posible que a uno le queden varios estadios para llegar a la meta que, según la escuela filosófica que uno siga, podría ser la unión con lo Supremo o, menos dualista, el directo conocimiento de la propia esencia.

Volviendo a los 8.400.000 ásanas «enseñados» por el Señor Shiva, que son equivalentes al número tradicional de «matrices» (*yonis*) por las que un alma transmigra, es por lo menos curioso que un estudio científico del año 2011 postulara que la cantidad estimada de especies en el mundo es de 8,7 millones,[93] muchas de ellas aún desconocidas pero inferidas por modelos estadísticos. Retomando el concepto de la infinitud de papeles que adopta un alma, si aceptamos la idea de que cada ásana tiene un estado de consciencia, uno logra comprender que, en el ámbito del hatha yoga, una postura física bien hecha, durante el tiempo suficiente, pueda comunicarnos y darnos la experiencia de, por ejemplo, «el arado» o «la cobra» a nivel universal. En el linaje de Dharma Mittra Yoga se dice que si uno pudiera hacer una postura de forma plena, entonces se ahorraría vidas, o al menos periodos de vidas, porque ya estaría pasando por esas experiencias y estados en este mismo momento. Es decir, si uno pudiera entrar plenamente en la consciencia de coraje, determinación y fuerza de una postura de lo que llaman «guerrero» (*virabhadrásana*), quizás se ahorraría una encarnación como soldado. Asimismo, y de forma menos lineal, si uno puede experimentar de forma real la consciencia de las posturas del árbol (*vrikshásana*) o del lagarto (*prishthásana*), no necesariamente se ahorraría esas encarnaciones –por las que quizás ya pasó–, pero sí lograría conectar con el reino vegetal o el de los reptiles de forma no mediada, como si fueran verdaderamente parte de uno mismo.

Esta misma idea ya está en los milenarios *Yoga Sutras*, el libro de Yoga clásico más autoritativo, en donde el sabio Patánjali viene a decir, hablando del dominio de diferentes formas de concentración, que «meditando sobre la fuerza del elefante, se consigue la fuerza del elefante, meditando sobre la fuerza del águila, la del águila; sobre la fuerza del viento, la del viento ...».[94]

Esta capacidad, que con frecuencia es interpretada como la consecución de poderes sobrenaturales (*siddhis*), para muchos yoguis sería una clara evidencia de que los «otros» son manifestaciones igual de esenciales de ese gran todo del que uno se considera parte, al menos en la teoría. Desde esta perspectiva, en que uno entiende, experimenta o al menos cree que cada ser, móvil o inmóvil, de este universo es una expresión divina –una postura de Shiva–, nada ni nadie puede ser subvalorado. Como dice la *Bhágavad Guita*:

> «Los sabios miran con iguales ojos al brahmán dotado de saber y virtudes, a la vaca, al elefante, al perro, o al hombre que se alimenta de perros».[95]

Sabiendo que todas las manifestaciones son divinas y que Dios está de igual forma en todas ellas, las diferencias que puedan existir entre los seres solo son el resultado de factores relativos, contingentes. Uno mismo ha estado entre los anónimos granos de arena del desierto, durante eones. Por eso el sabio no es capaz de menospreciar a nadie.

Y toda esta reflexión viene porque cuanto más «espiritual» se considera uno, se cree con más derecho de juzgar lo que es correcto e incorrecto, lo que está bien y lo que está mal, como si por hacer yoga o ser vegetariano uno hubiera alcanzado el pináculo evolutivo. Y en realidad, nos dicen los sabios, la única cúspide y la gran prueba de santidad es ver al Uno en todos y, además, aceptarlo, mirarlo y tratarlo con verdadero amor, más allá de cualquier apariencia externa. Si como seres humanos no podemos identificarnos con el hambre, el frío y el miedo del prójimo solo porque ahora no tenemos hambre, frío o miedo, entonces tenemos que hacer un esfuerzo mayor por cultivar la compasión, es decir, ponernos en el lugar del otro.

Entender que uno ya estuvo o quizás estará en ese mismo lugar, millones de veces, es una forma de empezar a ablandar el corazón.

El yogui y la copa de vino

Yo hace muchos años que no bebo alcohol y no me supone ningún esfuerzo porque en general no me gusta su sabor, ya sea vino, cerveza, *champagne* u otras bebidas espiritosas. De hecho, el único interés que alguna vez –especialmente en la adolescencia– tuve en el alcohol era por su capacidad de alterar la mente y fue justamente ese factor alterador el que me hizo dejarlo por completo: no quería condicionantes externos para encontrar mi felicidad interna.

En esta decisión seguramente influyó que mis padres no tomaran bebidas alcohólicas y quizás también el hecho de que para la tradición ortodoxa de la India la droga peor considerada sea el alcohol. De hecho, la casta sacerdotal de los brahmanes tiene prohibida la ingesta de bebidas alcohólicas «ya que su mente debe estar despierta y lúcida a fin de poder memorizar los versos sagrados de las Escrituras y alcanzar los estados de concentración y meditación».[96]

Esta prohibición tiene su base, además, en una historia mitológica que cuenta que Shukra, el gurú de los *asuras* o demonios, conocía el poder mágico para revivir a los muertos y eso le daba gran ventaja en la guerra contra los *devas*. Briháspati, el gurú de los *devas*, desconocía el poder de resucitar y eso era motivo de preocupación por lo que decidió enviar a su hijo mayor, Kacha, a descubrir y robar la magia de Shukra. Para ello, la estratagema consistía en hacerse discípulo de Shukra y posteriormente seducir y conquistar a su hija, Devayani. Kacha fue aceptado como discípulo y pasó 500 años de estudio y celibato, a la vez que conquistaba secretamente a la joven. A esas alturas, los demás demonios sospechaban de Kacha y para proteger el conocimiento mágico lo atraparon cuando estaba en el bosque y lo mataron cortándolo en pedacitos pequeños como semillas de sésamo que dieron de comer a los chacales. Al notar que su amado no volvía, la joven Devayani se dirigió a su padre diciendo que no podía vivir sin Kacha y, complaciente, Shukra utilizó la magia de la resucitación; y al invocar a Kacha este apareció ileso. Al poco tiempo, los demonios pulverizaron a Kacha y lo mezclaron con el agua del océano y otra vez Devayani se quejó amargamente ante su padre, que recurriendo a su poder volvió a resucitar al discípulo. En la tercera ocasión, los demonios atraparon a Kacha, lo quemaron reduciéndolo a polvo y lo pusieron en la copa de vino de Shukra, que se lo bebió inocentemente. Cuando su hija le pidió que resucitara al joven, Shukra hizo la invocación a desgana y se sorprendió al escuchar la voz de Kacha saliendo de su propio estómago para advertirle de su paradero. Ahora Shukra estaba en un dilema: si revivía a Kacha, él mismo moriría destripado; si lo dejaba muerto, su querida hija sería

infeliz. Para solucionarlo, Shukra enseñó a Kacha el conocimiento mágico con la condición de que una vez fuera de
su barriga también lo reviviera. Entonces Kacha salió vivo
del vientre de Shukra e inmediatamente cumplió su palabra
y revivió a quien a fin de cuentas era su maestro. Puede que uno
fuera un *deva* y otro un *asura*, pero hay reglas éticas que son
universales. La cuestión es que Shukra, que era un brahmán de
nacimiento, comprendió que había sido engañado por beber
vino, se enfureció y, para que eso no volviera a suceder, de-
claró que a partir de entonces cualquier brahmán que bebie-
ra vino estaría yendo en contra del orden natural y sería des-
preciado.

Al respecto de los alteradores de la consciencia, es bien conocido que muchos *sadhus* indios fuman *cannabis* y, aunque
sea con fines espirituales un tanto debatidos, se lo acepta como
una ayuda para liberar la mente. El alcohol como herramienta
espiritual, en cambio, está reservado únicamente a algunos ascetas radicales que rompen todas los tabúes sociales como una
forma de destruir y trascender el ego individual. De allí que
para su whisky utilicen como copa, por ejemplo, un cráneo
humano rescatado del crematorio. En este contexto, beber alcohol sería lo de menos, claro...

Volviendo a Occidente y a nuestras vidas encuadradas en
establecidas reglas sociales y culturales, he notado que muchos practicantes de yoga beben alcohol, especialmente vino,
y en copas de cristal. Este hábito, que según mi tradicional
escala de valores es impropio de un yogui, me generó sensa-

ciones encontradas a medida que fui conociendo a personas que considero genuinos buscadores espirituales y que, con mayor o menor frecuencia, bebían su copita de vino. Cuando digo vino también podría decir cerveza o mojito, aunque supongo que por influencia cultural beber vino tiene un mayor pedigrí que otras bebidas, y por ello es lo más difundido.

Entre los nuevos yogas hace tiempo que existe, especialmente en los Estados Unidos, un «estilo» llamado *yoga & wine* que conjuga los beneficios del yoga con el disfrute sensual de beber vino, en general después de la clase. El vino tiene buena prensa, es antiquísimo, es bastante natural y, en teoría, requiere cierto paladar para ser degustado. Quizás por ello son pocos los yoguis que se jactan por ahí de beber cerveza, que para muchos da la idea de estar tirado en el sofá mirando la televisión, aunque, como ya vimos, en Alemania hayan inventado el infame *bier-yoga*.

Para mí sería fácil ridiculizar o enjuiciar la ingesta de alcohol, así que después de investigar y conversar con diversas fuentes, he decidido ampliar un poco mi perspectiva en busca de respuestas para un fenómeno muy actual. En general, todos los yoguis parecen estar de acuerdo en que el alcohol, o mejor dicho el etanol, es una neurotoxina, es decir, una sustancia que afecta adversamente al tejido nervioso, pero que bebido con moderación no es grave. Evidentemente, uno estaría mejor sin él, porque «impide el trabajo de purificación que se hace con la práctica de yoga» y también porque el alcohol «no te permite centrarte bien en las sensaciones y emociones que en ese momento estás viviendo». O sea, es una «distracción» o una «interferencia».

Si el yogui busca tener una mente y un cuerpo sanos, el vino no ayuda, de acuerdo, pero según el saber popular beber una copa a la semana no debería ser tan terrible para el sistema nervioso o, en realidad, es similarmente terrible que beber Coca-Cola o café. Incluso el té negro es considerado un estimulante no siempre bien visto por los yoguis, ni qué decir de los meditadores serios. De hecho, si el vino me relaja y aligera la mente, el café o el té me estimulan, me despiertan o me activan. ¿No es esa también una «interferencia»? ¿Una forma de alterar la propia consciencia?

Obviamente hay yoguis estrictos que prescinden del café, del alcohol y en general de cualquier placer sensorial, fieles a la tradición más ascética del yoga. Si la idea es controlar los sentidos, mejor no darles cuerda con chocolate y otros manjares. En este punto entra el azúcar, el gran infiltrado de todas nuestras comidas (incluso las «saladas»), y al que muchos recurrimos periódicamente para «alterar» nuestras emociones, es decir, para sentirnos más satisfechos, más alegres y completos. Chocolate, galletas, helado, dátiles, yogures... cada uno sabe de lo que hablo. Si para sentirme bien cada noche yo tengo que comer «algo dulce» antes de ir a la cama, ¿qué diferencia hay con beber una copa de vino?

Puede que el vino y hasta el café afecten más la mente, mientras que el azúcar vaya más al cuerpo físico, pero al final sus razones básicas de consumo son las mismas: placer del paladar; hábito psicofísico; intolerancia de las propias sensaciones, búsqueda externa de satisfacción... Si empezamos a hilar fino sobre lo que uno ingiere, vemos que cada alimento tiene sus cualidades y ayuda a generar ciertos tipos de pensamientos. Cualquiera que haya hecho algún tipo de ayuno o dieta desintoxicante habrá notado que la parte psicológica y emocional es mucho más difícil que la parte física, pues el solo pensamiento de que uno no va a comer nada (o «eso» que le gusta) pone a la mente en un estado de ansiedad hasta entonces desconocido. Solo haciendo ayuno uno se da cuenta de cuánto rato nos pasamos pensando en la comida. Pero yendo más allá, la necesidad de mirar los mensajes del móvil cada 10 minutos o una serie televisiva de moda por la noche, ¿no son también formas de escapar a nuestras sensaciones? ¿No son también parte de lo que los yoguis llaman «apegos»?

Ya ven que esto se está complicando, así que vuelvo al inicio, a la vida de los practicantes de yoga que beben vino sin cráneos y comen azúcar cada tanto. Si una posible definición de yoga es «aquietar la mente», el reprimirme de forma forzada va a llevarme, en general, a producir más actividad mental, *vrittis* en la jerga yóguica. Es decir, si me niego a comerme el helado de chocolate porque tiene azúcar, pero toda mi meditación gira en torno a ese sabroso cacao tropical, su frescura y su crujiente cucurucho, quizás es mejor comerse el helado y meditar en paz. De la misma forma con el vino. A este respecto (no del vino, sino de los deseos reprimidos), habla la *Bhágavad Guita*:

«Aquel que permanece sentado controlando sus órganos de la acción, pero recordando con su mente los objetos de los sentidos, con su ser sumido en el error, aquel es llamado un hipócrita».[97]

No hay que olvidar que el ser humano, por más yogui que sea, necesita disfrutar. Eso no es malo; de hecho, es bueno. El objeto de disfrute de un yogui puede ser, en algún momento, una copa de vino, aunque quizás con la práctica y los años ese mismo disfrute lo pueda encontrar en algo más *sáttvico*, es decir, un objeto cuya cualidad principal sea la luminosidad, el equilibrio y la pureza. Efectivamente, un aspecto importante que hay que tener en cuenta es la fase del camino espiritual en que se encuentra cada persona, que tendrá sus correspondientes vicios o apegos y que, con la práctica regular, se irán debilitando gradualmente. Con su particular humor, el maestro Sri Dharma Mittra dice que si uno toma heroína debe pasarse a la cocaína, si toma cocaína a la marihuana, si fuma marihuana al tabaco...

Con el mismo criterio, y para no caer en un puritanismo antinatural, es relevante sopesar la dosis, es decir, la cantidad o frecuencia con la que consumimos el elemento en cuestión. Evidentemente, no es lo mismo tomarse una copa de vino a la semana, que emborracharse con mucha frecuencia. Como buena alternativa yóguica a los alteradores de consciencia, Dhármaji dice que practicar la respiración alternada conocida como *nadi shódhana* durante media hora es como un «porro espiritual». Y lo mejor, agrega, «es que estás a salvo de la policía».

Al mismo tiempo, un estudio global realizado por más de 500 investigadores entre 1990 y 2016 contradice la divulgada idea de que tomarse un vaso de vino por día es sano y afirma que para reducir el factor de riesgo para la salud que implica beber alcohol «el nivel de consumo seguro es cero».[98]

Buscando alguna conclusión, me gustaría agregar algo clave que, como explican algunos yoguis, tiene que ver con la actitud a la hora de reprimir o satisfacer esos deseos que incesantemente surgen. Lo importante, parece ser, es que si al consumir ese producto (alcohol, café, azúcar, TV), sea el que sea, uno está establecido en o conectado con su «centro», su consciencia plena o su «corazón espiritual», entonces podrá saber por qué lo hace, para qué le sirve y, además, cuándo parar. Si hay una base doctrinal, filosófica o espiritual para sustentar el comportamiento o hábito que realizamos, entonces estamos en cierta forma protegidos y, sin duda, más conscientes. Si, en cambio, simplemente lo hacemos de forma irreflexiva, para la autocomplacencia del ego y la reafirmación de los patrones de siempre, entonces más que libertad quizás estamos sembrando condicionamientos. Y eso no merece un brindis.

Parte III:
Filosofía

Ahimsa es el deber supremo

La palabra sánscrita *ahimsa* ha sido popularmente traducida como «no violencia», en especial con relación al *mahatma* Gandhi y sus métodos político-espirituales en favor de la independencia de la India. De todos modos, creo que dicha traducción, aunque no incorrecta, no expresa de forma completa el significado de un concepto muy importante en el hinduismo, como así también en el budismo y el jainismo. Si vamos a la etimología, proviene de una raíz verbal que significa «lastimar, dañar, herir, golpear, matar, destruir». Si le preguntáramos de forma aleatoria a cualquier persona en la calle, la mayoría diría que está en contra de la violencia, por supuesto, pero siempre tomando «violencia» como una agresión física. Cuando uno dice «no violencia», generalmente no piensa en otras formas de violencia menos visibles, ni en violencia verbal o, más sutil aún, violencia de pensamiento. Esa es la razón por la que encuentro que la traducción «no dañar» es más apropiada para expresar la idea completa y espiritual incluida en ahimsa. En este sentido, en la tradición hindú existe una máxima sánscrita:

ahiṁsā paramo dharmaḥ

Cuya traducción posible sería:

«No dañar es el deber supremo».

Si bien esta máxima fue muy difundida por Gandhi, su origen textual se remonta al poema épico del *Mahabhárata*, cuya composición tiene al menos unos 2.000 años de antigüedad. En dicha obra, la frase aparece en diversas ocasiones y sobre distintos temas, como cuál debe ser el comportamiento de un brahmán, qué es la conducta virtuosa o la no necesidad de utilizar animales para sacrificios rituales. En el contexto de abstenerse de ofrecer o comer carne aparece el consejo del gran patriarca y sabio Bhishma que, en su lecho de muerte –y justo en medio de una guerra–, dice:

> «No dañar es la ley (*dharma*) más elevada. No dañar es el autocontrol (*dama*) supremo. No dañar es la caridad (*dana*) suprema. No dañar es la autodisciplina (*tapas*) suprema. No dañar es el ritual de sacrificio (*yajna*) supremo. No dañar es la fuerza (*bala*) suprema. No dañar es el amigo (*mitra*) supremo. No dañar es la felicidad (*sukha*) suprema. No dañar es la verdad (*satya*) suprema. No dañar es la enseñanza revelada (*shruta*) más elevada».[99]

Obviamente, el primer paso para poner en práctica ahimsa es evitar la violencia física, lo cual incluye la abstención de comerse otros seres. Por tanto, en el hinduismo el vegetarianismo es considerado un requisito ineludible para todo aspirante espiritual serio. Teniendo en cuenta el estado actual de la industria láctea, incluso ser vegetariano puede ser insuficiente, ya que el daño que se causa a otros animales consumiendo su leche y sus derivados es muy grande, entre ellos: el inyectado de hormonas; los embarazos constantes y forzados de las vacas; la separación del ternero recién nacido de su madre; la extracción continua y antinatural de leche; encierro y mínimo espacio para moverse... Sin hablar, por ahora, de las consecuencias ecológicas para el planeta.

Por ello, algunos maestros sostienen que la dieta vegana, que no incluye ningún producto de origen animal, es la que en estos tiempos mejor respeta la enseñanza de ahimsa. En el caso de consumir lácteos, se recomienda entonces que sean de la industria orgánica o «bio», para reducir el impacto. Como vegetariano que soy –y casi cien por cien vegano–, más de una vez me han hecho la clásica pregunta: «¿Y acaso las plantas no sufren cuando las comen?». Pues claro que pueden sufrir. De hecho, el mismísimo Gandhi dijo:

«El hombre no puede vivir ni un minuto sin cometer, consciente o inconscientemente, daño (*himsa*). El solo hecho de vivir (comer, beber, moverse) necesariamente implica algo de *himsa*, destrucción de vida, aunque sea ínfima. Por lo tanto, quien ha hecho el voto de *ahimsa* (no daño) permanece fiel a su voto si la fuente de donde nacen todas sus acciones es la compasión, si evita lo mejor que puede la destrucción de la criatura más minúscula, trata de salvarla y así incesantemente se esfuerza por liberarse de la espiral de *himsa*».[100]

Por supuesto, la comida y la violencia física son solo la «punta del loto» y practicar el no dañar en palabra y pensamiento es seguramente más difícil. Lo que pasa es que uno, en general, empieza desde lo más burdo a lo más sutil, aunque los dos niveles puedan entrelazarse en el camino. En cualquier caso,

para mí la palabra clave es compasión y, basándome en las enseñanzas de mis maestros, creo fundamental desarrollar esa
cualidad tanto para poder desarrollarme espiritualmente, como
para que los demás seres sean más felices y para que yo mismo sea más feliz. Actuar siempre desde el amor y la compasión, sin guardar rencor, envidia ni otros malos sentimientos,
debe ser hermoso y liberador. A por ello.

El vegetarianismo como solución global

En general nunca he sido un activista, ni he intentado convencer a nadie de modificar sus hábitos, más allá de emitir mi simple opinión en el caso de que sea solicitada. La única excepción es el vegetarianismo. Hubo una época en que una comida con personas desconocidas era un terrible plan para mí pues sabía que me preguntarían «¿por qué eres vegetariano?» y cuestiones similares. Ahora casi me gusta que me lo pregunten, aunque con mis respuestas trato de ser siempre muy delicado.

Cuando nací, mis padres se acababan de volver ovolactovegetarianos por elección propia debido a su involucramiento con el yoga y la filosofía espiritual de la India. Por tanto, mi hermano y yo fuimos criados con esa dieta, al menos en nuestra tierna infancia. Pero no se trataba de simplemente no comer carne, sino que la alimentación que recibimos estaba basada en una dieta naturista que incluía muchas frutas y legumbres y en la que la cocción de las verduras era generalmente al vapor, cuando no crudas; además de evitar productos industrializados, azúcar o harinas refinadas. Es verdad que aquellos batidos de remolacha cruda con zanahoria pueden haber dejado alguna mella de trauma en mi inconsciente infantil, pero quien peor lo llevaba era mi hermano, que en su momento pronunció una famosa frase familiar: «Cuando sea grande comeré hasta iguana».

Más allá de estas anécdotas, también recibimos las típicas indulgencias pueriles de golosinas y helados, y para nada creo tener alguna represión de aquellos tiempos. Lo cierto es que soy un ejemplo de que un niño criado bajo dieta vegetariana puede crecer sano físicamente y que, para ello, la carne no es fundamental como sostienen muchas personas.

Basándose en sus lecturas –especialmente *La Ciencia sagrada* de Swami Sri Yukteswar–, mis padres estaban convencidos de que el ser humano, por razones anatómico-fisiológicas, no nació para ser omnívoro, sino más bien frugívoro, justamente por sus diferencias con el resto de los animales que sí son naturales comedores de carne. Entre estas diferencias se enumeran la forma de la dentadura, el tamaño de los intestinos, la carencia de garras, y también la natural repulsión a la carne cruda que tenemos los humanos, tanto al gusto como a la vista.

Pasó el tiempo y yo ya tenía unos 10 años cuando mis padres abrieron un nuevo negocio: un restaurante. El detalle es que no se trataba de un restaurante vegetariano, pues en aquel entonces, y en una zona rural de Argentina, no tenía ninguna posibilidad de triunfar. De a poco, el restaurante empezó a funcionar y, también de a poco, me fui relacionando con la comida no vegetariana. Si bien la dieta familiar se mantuvo siempre básicamente vegetariana, nuestros hábitos alimenticios cambiaron gradualmente y comencé a comer carne (también mi hermano, que de todos modos nunca llegó a probar iguana). Aun así, yo tenía muchas manías: la carne tenía que estar muy cocida, casi quemada; prefería la carne blanca que la roja, y además era muy conservador, sin llegar a probar ciertas partes del animal que me parecían muy explícitas (entrañas, sesos, lengua), por más deliciosas que me dijesen que eran.

Para cualquier persona nacida y criada en Argentina, donde tradicionalmente se comía carne cada día, ser vegetariano era considerado algo raro. De hecho, durante mi adolescencia fue la época en que más carne debo haber comido, sobre todo como forma de sentirme parte de un grupo, que es lo que todos los adolescentes necesitan sentir. Cuando empecé la universidad seguí comiendo carne, sobre todo comida chatarra como hamburguesas y los famosos choripanes cordobeses, parte fundamental de la dieta de cualquier estudiante. Fue solo después de mi primer viaje a la India, a los 24 años, cuando definitivamente abandoné la carne, sin realmente ningún tipo de esfuerzo, seguramente debido a mi infancia vegetariana.

Mi vegetarianismo nunca estuvo basado en la mera búsqueda de buena salud física, aunque ya está ampliamente demostrado que ese beneficio también existe. En 2015, la propia Organización Mundial de la Salud (OMS) divulgó un informe que decía que el consumo excesivo de carne –y muy especialmente de carne procesada– está asociado con una mayor incidencia de varios tipos de cáncer, sobre todo el colorrectal y, en menor medida, el cáncer de páncreas y de próstata y quizás de estómago, sumado a los ya conocidos riesgos de enfermedades del corazón o diabetes. De todos modos, la OMS no recomienda dejar de comer carne; sino más bien moderar su consumo, pues considera que también «tiene beneficios para la salud». Todo informe tiene su contrainforme y las discusiones sobre la dieta suelen ser incluso más viscerales que las religiosas o políticas, pues en un día normal generalmente uno come mucho más de lo que le reza a Dios o piensa en la reforma fiscal.

Por ello, el primer motivo por el que dejé definitivamente de comer carne fue el mismo que había movido a mis padres a modificar su dieta: la necesidad de purificar el cuerpo físico, claro, pero también el cuerpo energético. En palabras de mi maestro Swami Premananda:

«Cuando se mata a cualquier criatura, su cuerpo se llena de miedo y terror. Se liberan entonces ciertas sustancias químicas, tal como la adrenalina. Más tarde, si comes esa criatura, también estás comiendo la misma energía de miedo y las mismas sustancias. Así que, ahora has puesto trozos de cadáver en tu estómago. Has convertido tu estómago en un cementerio [...] ¿Piensas que es bueno enterrar animales, pescados y aves muertas en tu cuerpo? ¿Cómo puedes volverte puro en cuerpo y mente si los estás llenando de carne muerta que se descompone? Es sin duda muy difícil».

En la misma línea, el yogui Dharma Mittra explica que si uno come carne no puede progresar en su práctica de meditación, ya que el cuerpo energético está contaminado o bloqueado. Esta visión está legitimada en las antiguas escrituras hindúes llamadas *Upanishads*, donde, por ejemplo, se dice:

> «El alimento que se come se divide en tres. Su ingrediente más tosco se transforma en excremento; su ingrediente mediano, en carne; su ingrediente más sutil, en mente».[101]

En la tradición hindú, la popular idea de que «somos los que comemos» va más allá de lo físico, pues se dice que «el ser humano está hecho con la esencia del alimento».[102] La esencia o ingrediente sutil de cada alimento no siempre es evidente, aunque en la tradición yóguica está bien estudiado y entonces una fruta fresca de estación redundaría en un estado de equilibrio interior, un bulbo como la cebolla, con sabor fuerte y picante, implicaría una mente agitada, y la carne muerta tendría unas cualidades de oscuridad, torpeza o pesadez.

Pero antes que la meditación, en mi caso influyó mucho el hecho de involucrarme con rituales tradicionales hindúes, ya que para realizarlos se aconseja, entre otras cosas, no haber comido carne al menos los tres días previos al ritual. Si uno hace rituales dos veces por semana, como era mi caso en aquel momento, en lugar de estar contando los días que faltan o ya pasaron, uno deja de ingerir carne y es mucho más práctico. Por tanto, se podría decir que mis razones principales, ya fuesen físicas o energéticas, estuvieron motivadas por el interés personal, es decir, buscando un beneficio para mí.

Con el paso del tiempo, por mi mayor implicación en la práctica de hatha yoga y por rodearme de diferentes buenas compañías me fui haciendo consciente de que el vegetarianismo tenía también un fuerte componente ético y compasivo con los animales, al punto de ir más allá de la dieta y prescindir de artículos de proveniencia animal como vestimenta, utensilios, medicamentos o productos de cosmética.

La influencia del maestro Dharma Mittra fue fundamental para que yo pasara a un estilo de vida casi totalmente vegano, intentando no consumir nada que significara explotación o sufrimiento para los animales aunque no implicara su muerte, lo cual incluye productos lácteos, huevos, miel y, en lo posible, actividades como ir al zoológico o a un circo con animales. Para la tradición ortodoxa hindú, que es lactovegetariana, el huevo no se come, incluso estando no fecundado, porque contiene «potencia de vida», pero los productos lácteos, especialmente derivados de la vaca, son considerados fundamentales y es una dieta que ha probado ser buena durante al menos los últimos 20 siglos, sobre todo cuando los vacunos no eran tratados de forma industrial y su leche estaba libre de hormonas.

En realidad, no se trata de afirmar que necesariamente la dieta vegana sea la más natural para el ser humano de todos los tiempos, sino de decir que, en esta época, con todos los recursos del mundo moderno, uno puede tener una dieta muy saludable y equilibrada sin productos animales. La razón primera es justamente reducir el sufrimiento de los seres animales.

Para mí tiene sentido que, si uno está en un proceso de autoconocimiento, no meta cadáveres en su cuerpo, ya que dicha búsqueda implica estar en armonía con uno mismo, con el mundo, con los otros seres y con la vida. Swami Premananda lo dice claro:

«Todos habláis de "amor" y "compasión", o decís: "El plan de Dios es defectuoso y hay demasiado sufrimiento". ¿Quién causa el sufrimiento? El hombre causa el sufrimiento. Y él lo comenzó matando a sus semejantes para comerlos. Decís que sentís amor en vuestro corazón. ¿Cómo podéis pensar en el amor si, porque os agrada el sabor, sois capaces de comer otra criatura?».[103]

Y agrega un consejo:

«Si quieres cambiar tu estilo de vida y hacerte vegetariano, puedes hacerlo de forma gradual. Convierte ciertos días de la semana en días de verduras. Lentamente aumenta esos días [...] Obsérvate interiormente. Notarás la diferencia en tu cuerpo y tu mente».

El discurso de Swami Premananda es fuerte y lo he elegido a propósito porque creo que este es un tema que necesita claridad. En la espiritualidad siempre se habla de flexibilidad y de adaptar las enseñanzas a la propia personalidad y necesidad. Por eso existen tantos caminos diferentes y tantos maestros distintos. Sin embargo, todos los textos yóguicos y los maestros espirituales de la tradición hindú son bastante unánimes en este punto: comer carne es romper con el precepto básico de ahimsa, de «no dañar».

Por supuesto, en la historia mundial, incluyendo a la India, ha habido santos que no fueron vegetarianos, por lo que alguien puede esgrimir que no es un requisito indispensable para desarrollarse espiritualmente. Le doy la razón. A la vez creo que, si un hijo de vecino como yo quiere avanzar en el camino espiritual, es mejor que siga el camino marcado por los preceptos espirituales universales y no intente ser una excepción. Pero incluso a los que quieren salirse de la regla les tengo una noticia importante, que quizás ya sepan: el terrible efecto que el consumo de carne está provocando en los recursos naturales del planeta.

Por ejemplo: «La ganadería industrial realiza una contribución al calentamiento global que es un 40% mayor que la de todo el sector del transporte junto, lo que la convierte en la principal responsable del cambio climático».[104] O sea, que hay personas que dejan de viajar en avión como forma de activismo ecológico y sería más efectivo dejar de comer carne.

Otros datos: «Para producir un filete de vaca de unos 200 gramos se precisan unos 45 cuencos de cereales» o «se necesitan 1.500 litros de agua para producir un kilo de maíz, y 15.000 para un kilo de carne».[105] Al parecer todos decimos tener consciencia ecológica y llegamos a convertirnos en extremistas del reciclaje; sin embargo, no sé hasta qué punto sabemos que el consumo de carne es el mayor factor contaminante del mundo, a la vez que es el principal destino de los cada vez más escasos recursos terrestres. En las últimas décadas, el consumo de carne aumentó el doble que la población del mundo. Curiosamente, la mitad de la comida que la humanidad consume cada día es arroz, y un cuarto más, trigo y maíz. Por tanto, son solo unos «pocos» quienes pueden permitirse el lujo de consumir animales. De hecho, para el pensamiento moderno, basado en la ilusión del «progreso material», comer carne es un símbolo de estatus socioeconómico. Todo lo contrario al mayor prestigio social y religioso que otorga el ser vegetariano en el hinduismo tradicional.

Y si bien un buen porcentaje de hindúes son vegetarianos, tampoco se puede idealizar a la sociedad india que hace varias décadas que, imitando a los invasores británicos, empezó a comer carne como símbolo de modernidad y elitismo. Ahora, ya independientes y emergentes, los indios, especialmente de clase media, ven en los productos cárnicos otro estandarte de éxito. Sin ir más lejos, y atención al sorprendente dato, la India encabeza la exportación mundial de carne de vacuno, que en el periodo 2010-2014 «aumentó en un 44%». Estos números se refieren específicamente a «carne de búfalo», que es legal, y no de vaca, que es considerada sagrada, por lo que la exportación de ternera está prohibida. Sin embargo, como explica el periodista español y excorresponsal en la India, Jordi Joan Baños, «dicha prohibición es burlada a diario en la frontera entre India y Bangladés, por la que son transportadas de contrabando, para ser sacrificadas, cientos de miles de reses indias cada año», para consumo musulmán.[106] Que esto suceda en la India es desalentador y también una muestra de cómo las narrativas modernas de progreso hacen mella en todos los ámbitos, sin pensar en las consecuencias para el planeta. Justamente por ello es por lo que abogamos por el vegetarianismo como solución global.

Para algunos puede sonar utópico, pero los activistas vegetarianos sostienen que detener, o al menos reducir, el consumo de carne eliminaría el hambre del mundo y daría esperanzas al planeta de no quedarse sin recursos ante el imparable crecimiento demográfico. Por un lado, «casi un tercio de la superficie terrestre se dedica al ganado»[107] y, por otro, «grandes cantidades de cereales son producidas en países en los que sus habitantes viven por debajo de la línea de pobreza para que esa producción sea exportada a países ricos e industrializados para alimentar animales que produzcan carne barata».[108] De hecho, la iniciativa ecologista llamada *Lunes sin carne* es un gran ejemplo de cómo una mínima reducción del consumo de carne podría beneficiar al mundo. El esfuerzo es pequeño: que nadie coma carne los lunes. Esta propuesta que hoy puede parecer innovadora, ya existía antiguamente en países católicos como España en los que, por razones religiosas, no se comía carne los viernes.

Ya sea por motivos de salud, medioambientales o espirituales, adoptar una alimentación vegetariana no es complicado en condiciones normales y lo ideal es hacerlo de forma gradual, empezando por la dieta ovolactovegetariana, permitiendo que el cuerpo y la mente de adapten. Si bien se sigue oyendo en algunos círculos que la dieta vegetariana es deficiente, a nivel alimenticio la base, además de frutas o verduras, son los cereales y las legumbres que en conjunto son una combinación ideal para proporcionar los nutrientes necesarios. Si a esto le sumamos frutos secos, semillas, aceites, algas, incluso alimentos fermentados (chucrut, vinagres, miso) o, si corresponde, suplementos vitamínicos, entonces la transición es factible.

Por supuesto, siempre hay casos particulares que rompen la regla general y así como existen personas que se hacen veganas de la noche a la mañana, también hay cuerpos que, aunque intenten dejarlo, por su metabolismo necesitan mantener el pescado o el pollo en su dieta. En caso de duda, lo seguro es consultar a un nutricionista especializado en dieta vegetariana. Lo importante, en todo caso, es reducir el consumo de productos animales, sobre de todo de carne.

Ahora, imaginemos por un momento que el tan terrible cambio climático, la contaminación global y la agonía de la Madre Tierra no dependieran más de las osadas intervenciones de Greenpeace o de las dudosas decisiones de unos gobernantes presionados por *lobbies* cegados por la codicia, sino que cada uno de nosotros pudiera hacer algo tan simple como cambiar su alimentación para salvar el mundo. No estamos hablando de hacerse célibe, tejer en una rueca o caminar descalzo como Gandhi. No estamos hablando de salir a la calle a protestar o enfrentarse a la policía, ni estamos hablando de donar todas tus pertenencias, de cambiar de religión o de marcharte al exilio. Simplemente sentado en el sofá de tu casa, mirando la televisión, si quieres, cambias tu dieta y cambias el mundo, para mejor.

¡Oh, *yeah*! Ya puedes alegrarte, la revolución que tanto anhelabas está aquí, en tus manos y en tu plato.

Karma y reencarnación

Hace ya tiempo que la palabra karma aparece con regularidad en la sección deportiva de los periódicos, en famosas canciones de *rock & pop*, en nombres de discotecas y, más recientemente, en la campaña de comunicación de la empresa de transporte público de Barcelona, España, que creó un personaje femenino llamado «la Karma» para cumplir el rol de «prescriptora del comportamiento señalando las infracciones y las actitudes incorrectas» bajo el lema: «todo vuelve».

Justamente, el concepto original de karma, tal como se entiende en el hinduismo, se podría definir como la «ley universal de causa y efecto» según la cual cada acción realizada por un ser genera una consecuencia correspondiente para sí mismo. Una vez un maestro puso el ejemplo de un hombre que nació cojo porque en la vida anterior le había pegado una patada a su propia madre. Sin dar reglas tan lineales ni ponerse tan específico, el respetado y clásico *Yoga Bhashya*, compuesto por el sabio Vyasa en el siglo v habla de que, más que cada acción particular, es el balance global de las acciones que realiza cada individuo lo que establece, básicamente, las condiciones de su nacimiento (especie, raza, lugar, familia, clase socioeconómica), la duración de su vida y las experiencias –placenteras o dolorosas– por las que ha de pasar. La ley del karma, entonces, remite al resultado de las propias acciones pasadas, tanto positivas como negativas, que marca la consciencia y condiciona el futuro de cada ser.

Volviendo a la raíz, la palabra sánscrita *karman* significa literalmente «acción», ya que son los actos que uno realiza durante su vida los que generan un «depósito» donde se acumulan las improntas de dichas acciones, las cuales verán su fruto tarde o temprano y que, en sánscrito, se denomina *karma phala* o «frutos de las acciones». Curiosamente, en Occidente predomina la acepción de karma como «destino», en el sentido de que es algo que se acepta pasivamente con resignación, en general como un estigma o una carga a la que uno está ligado de manera, digamos, inevitable y un tanto ilógica. Por ello oímos decir: «Esta enfermedad es un karma que tengo que limpiar» o «Yo nunca gano nada, es mi karma» o «¡Qué karma tiene el Aleti con las finales!». De hecho, si uno agrega el adjetivo «mal» antes de karma, en general siempre cuadra.

A pesar de estas difundidas interpretaciones, para la filosofía yóguica el karma puede ser tanto malo como bueno, mezclado o incluso neutro y, sobre todo, tiene una perfecta lógica que en la cultura occidental se traduciría en el proverbio bíblico: «Cosecharás tu siembra». Otro factor que generalmente falta en las interpretaciones occidentales es el componente «activo» del karma, pues si bien uno no tiene más opción que recibir los efectos de sus actos previos, tiene al mismo tiempo la capacidad de crear su propio destino mediante cada una de las acciones que está realizando en el presente. De hecho, en la filosofía hindú se suele hablar de tres tipos de karma:

1. El «acumulado» (*saṁcita*), que dará sus frutos en el futuro, cuando sea el momento adecuado, y que, al ser potencial, podría neutralizarse mediante ciertas prácticas religiosas.
2. El que «ya está iniciado» (*prārabdha*), es decir, que está dando frutos al determinar nuestras condiciones actuales y, por tanto, no puede modificarse. Podría ser un equivalente de lo que llamamos «destino».
3. El que «estamos haciendo» (*kriyamāṇa*), o sea, las acciones que estamos realizando ahora mismo y con las que estamos modelando nuestro propio futuro. Este es el único karma que realmente podemos manejar, pues depende del momento presente y de nuestro libre albedrío.

Si bien en el hinduismo no hay cielo e infierno eternos, tal como se entienden, por ejemplo, en el cristianismo, sí hay cielos (*svarga*) e infiernos (*náraka*) limitados en el tiempo, donde uno recoge los frutos de las acciones que no se pueden recoger en la Tierra. En cualquier caso, los actos buenos y malos de cada ser se ven reflejados en esta vida o en las posteriores, ya sean terrenales, celestiales o infernales. De este modo, el actuar de manera incorrecta siempre, a la larga o a la corta, acarrea sufrimiento para uno mismo; quizás no en esta vida, pero sin duda en el futuro. De la misma manera, el actuar de manera correcta tendrá su recompensa. Lo que pasa es que las consecuencias visibles de nuestros actos pueden aparecer mucho tiempo después de su realización, es decir, meses, años o incluso vidas después, y eso, desde nuestra visión individual actual, dificulta que podamos identificarlos y relacionarlos.

Yo creo que el inconsciente colectivo occidental está inclinado a aceptar la ley energética del karma, pero este nexo entre causas y efectos, a veces aplazado y no siempre aparente, nos detiene de abrazarla por completo. A este respecto, se suele decir que cuanto más rápido se recibe el efecto, bueno o malo, de una acción pasada, mejor es nuestro karma, pues no lo estamos acumulando para el futuro, sino que lo estamos «quemando» en esta misma vida. En esos casos, además, la relación entre la acción y su consecuencia es mucho más evidente.

Como ya habrán notado, la ley del karma implica otra creencia básica del hinduismo que es la reencarnación y que se considera fuera de discusión. De hecho, gran parte de la estructura filosófica del hinduismo tiene su asidero en esta creencia.

Intentaré ser claro y conciso: según la filosofía hindú cada ser posee una esencia eterna (a veces llamada *atman*), que según la escuela que uno siga es manifestación o porción o igual con la gran esencia cósmica. El único interés, entonces, que tiene cada *atman* individual o *jivatman* es regresar a su origen o redescubrir su naturaleza original. Debido a que cada *atman* individual ha sido cubierto por las condiciones y la situación particulares de cada existencia individual, ya no somos plenamente conscientes ni de nuestra naturaleza esencial ni de nuestro objetivo en la vida. Al identificarnos con un cuerpo físico temporal, con nuestro estatus y trabajo, con nuestras pertenencias y relaciones personales, o con nuestras ideas y gustos, es como si añadiéramos capas de tierra a un diamante que, aún sin ser visto, está brillando. Lo que somos de verdad no tiene ninguna relación con lo que tenemos, ni con lo que creemos, y ni siquiera con lo que pensamos. Por tanto, se requiere de un intenso proceso de purificación para quitar las capas de barro que cubren la brillante joya que somos.

Aunque no lo sepamos, cada acción que realizamos es impulsada por esta necesidad profunda de reconectar con la fuente, que con otras palabras llamamos la «búsqueda de la felicidad». En esta búsqueda, no es el *atman* el que evoluciona, ya que la esencia es siempre perfecta y pura, sino que es más bien el nivel de consciencia de cada ser el que se puede ir puliendo, ampliando y elevando. La forma en que la consciencia evoluciona es pasando a través de distintas vidas. Esto es lo que, en sánscrito, se conoce como *samsara*, es decir, la rueda siempre en movimiento de muerte y renacimiento por la que debe pasar, inexorablemente, toda alma durante millones de vidas, al menos hasta encarnarse en un cuerpo humano. Sí, ¡millones de vidas!

De todos modos, una vez que uno nace como ser humano todavía tiene mucho camino por recorrer, pero sin duda tiene la posibilidad de desarrollar la consciencia al máximo para autoconocerse y, como consecuencia, dejar la rueda del *sam-sara*. Por tanto, el propósito fundamental de esta rueda no es el de acumular buen karma, sino el de purificarse para salir de ella. Incluso el buen karma genera nuevos nacimientos y, aunque sean mejores que los anteriores, la meta última es dejar de pasar por los altibajos inevitables de la vida material e identificarse totalmente con la esencia real, eterna y dichosa que yace en nuestro interior; lo que a veces se conoce como liberación (*moksha*) o iluminación o despertar.

Para mí, las teorías del karma y de la reencarnación explican muchos cabos sueltos de la vida, es decir, muchas de las cuestiones que, por lo general, son las consideradas «injustas» de este mundo, como por qué algunas personas nacen ricas y otras pobres; por qué algunas personas tienen terribles enfermedades; por qué dos hermanos gemelos tienen personalidades opuestas; por qué ocurren ciertas catástrofes naturales...

En este sentido, se podría decir que los hindúes aceptan lo que sucede como su «propia obra» y no como el arbitrario capricho de un voluble Dios. Por supuesto, siempre habrá voces que reprochen a esta actitud una forma de «pasiva resignación», carne de cañón para los poderes interesados en profundizar las graves asimetrías socioeconómicas del mundo. Ante esto es importante decir que la ley del karma no implica que, a la hora de vivir, uno no tenga derecho a hacer todo lo posible por mejorar su situación presente o por luchar contra las injusticias materiales, si corresponde. Esta actitud reformista, sin embargo, no debe eclipsar el entendimiento esencial de que la situación presente de cada individuo es el resultado de sus propias acciones anteriores y no depende de la suerte, de las condiciones históricas de producción material, del complejo de Edipo, de la globalización, de la genética ni de la carta astral.

Sobre esto son pertinentes las palabras del gran poeta indio Bhartrihari:

«Nos inclinamos ante los dioses y, sin embargo, ellos están también sujetos a la fuerza del destino. Deberíamos en su lugar adorar al destino, pero este, por su parte, solo puede otorgar los frutos que han sido previamente ordenados por el karma. Si el fruto depende del karma, ¿qué importancia podrían tener los dioses y el destino? Adoremos, pues, al karma que no puede ser gobernado ni por el destino».[109]

Si aceptamos esta idea, entonces debemos sopesar con cuidado cada acción que realizamos, por pequeña que sea, pues la propia felicidad futura está en nuestras poderosas y creadoras manos.

La importancia del último pensamiento antes de morir

En el hinduismo se considera que, en su condición de sujetos y objetos finitos, todos los componentes de este mundo fenoménico y material están ineluctablemente destinados a desaparecer. Solo aquello que es eterno e infinito, aquello que no ha nacido ni tuvo principio puede, entonces, no tener muerte ni fin. Esta cualidad inmortal pertenecería al *atman* o esencia espiritual que todos llevamos dentro como parte inseparable de un espíritu universal, también eterno e infinito. Todo lo demás, como decía, está condenado a desaparecer. Cuando esto sucede, el *atman* o chispa divina pasa a otro envase y continúa con el proceso evolutivo de esa consciencia particular.

Teniendo en cuenta esta concepción, la tradición hindú dice que al nacer uno ya comienza a morir. No se trata tanto de una visión pesimista, sino más bien de una exposición cruda de los hechos. En efecto, nadie puede negar que todo lo que es material y perceptible a los sentidos es perecedero y mortal. La ecuación es simple: si nace debe morir. Para la filosofía de la India, basada en una concepción cíclica del universo, la ecuación anterior tiene su contraparte natural: si muere debe nacer.

Por más que, en general, las personas veamos nuestro nacimiento humano como lo más natural y obvio del mundo, e incluso haya personas que lo consideren como una condena, para la tradición hindú se trata de una gran fortuna. Esto se debe a que únicamente como ser humano uno tiene la capacidad para conocer su verdadera naturaleza espiritual y, además, tiene la posibilidad de realizar los pasos necesarios para experimentar de forma directa esa naturaleza que, según explican las Escrituras sagradas, es el objetivo fundamental de todo ser.

Ya que un cuerpo humano es fundamental para alcanzar la «liberación» o «iluminación», es importante no desaprovechar la oportunidad que cada uno tiene. Como se trata de un proceso que lleva muchas vidas, nadie sabe si este auspicioso nacimiento será o no el definitivo, pero lo inteligente es actuar como si lo fuera y llevar a cabo una vida con el máximo posible de dedicación espiritual.

A este respecto, en el hinduismo se dice que la muerte es el momento más importante de la vida; es decir, es el acontecimiento para el que uno se prepara toda la vida, ya que es el momento que determina la próxima encarnación de cada ser. Esto es así porque se dice que, en el instante de la muerte, cada ser revela su verdadero estado de consciencia, el cual sencillamente está basado en el tipo de vida que haya llevado y el tipo de pensamientos que haya alimentado durante la misma.

En el transcendental diálogo que forma el popular texto sagrado llamado *Bhágavad Guita,* Sri Krishna explicita así esta importante enseñanza a su amigo y discípulo Árjuna:

«Cualquiera sea el objeto en que un ser humano piensa en el momento final, cuando deja su cuerpo, eso mismo obtiene, Oh Árjuna, por haber estado siempre absorto en él».[110]

El respetado Swami Nikhilananda, de quien he tomado la traducción del verso anterior, explica que «el estado mental en el momento de la muerte determina el futuro del alma [... ya que] nuestro ser interior se convierte en aquello en lo que pensamos insistentemente con fe y devoción».[111]

Sabiendo este dato, uno podría especular con esperar al momento de morir para simplemente pensar en Dios, en Jesús, en la Luz Universal o en cualquier otro objeto espiritual, para convertirse en un ser iluminado y salir así de la rueda de muerte y renacimiento. El problema es que, en el lecho de muerte, según se explica, no es posible pensar en lo Divino o en cualquier idea elevada si uno ha pasado su vida con la mente centrada en aspectos no espirituales ni elevados. Como agrega Nikhilananda:

«Los pensamientos recurrentes de toda una vida, ya sean buenos o malos, se presentan vívidamente en el momento de la muerte».

Sobre este proceso, el prestigioso Swami Sivananda de Rishikesh (1887-1963), que incluso da nombre a un acreditado linaje de yoga moderno, explica:

«El pensamiento que más importancia haya tenido en esta vida
ocupará la mente en el momento de la muerte. La idea que se
impone en el momento de la muerte es la que atrajo más la atención durante la vida normal [...] Los deseos no tienen fin. El ser
humano no puede satisfacerlos en una vida. En el momento de la
muerte se agita todo el depósito de impresiones y deseos, y el deseo más destacado, fuerte y que más se ha alimentado aflora a la
superficie de la mente [...] Este deseo más fuerte atrae la atención
buscando satisfacción inmediata. En la hora de la muerte solo se
piensa en eso [...] Si no se satisface este deseo la mente queda
saturada de él y espera satisfacerlo en la siguiente vida. Este deseo será muy importante en la siguiente vida».[112]

Esta profunda ley espiritual tiene su correlato mitológico más
famoso en la historia del gran rey Bhárata que reinó sobre la
India con gran rectitud y fue un devoto absolutamente pío.
Después de haber cumplido de forma impecable con todos
sus deberes de gobernante y hombre de familia, el rey divi-
dió sus riquezas entre sus hijos y se retiró al bosque. Allí, con
el corazón puro y teniendo visiones divinas, no albergaba el
mínimo deseo de disfrute material. Un día, después de realizar sus abluciones matinales, sentado junto al río cantado
mantras, el ahora asceta Bhárata vio a una cierva preñada que

se disponía a beber agua del río. Mientras estaba bebiendo, un león en las cercanías rugió con gran fuerza y asustó a la cierva, que se lanzó al agua con angustia y comenzó a nadar desesperadamente. Entonces, el bebé ciervo que llevaba en su útero salió de forma prematura y fue llevado por las aguas del río. La madre, asustada y afligida, apenas pudo alcanzar la otra orilla, donde murió. Viendo todo esto, Bhárata sintió gran compasión y como «un amigo sincero» rescató al bebé ciervo del agua y, sabiéndolo huérfano, lo llevó a su ermita. Gradualmente, el rey se encariñó tanto con el ciervo que lo trataba como a su propio hijo, al punto de que empezó a descuidar sus prácticas espirituales. Él, que había abandonado riquezas y familia por marcharse al bosque para encontrar a Dios, estaba ahora apegado a un ciervo y se preocupaba por él como si su verdadera felicidad dependiera de ello. Cuando a Bhárata le llegó el momento de morir, «el ciervo estaba sentado a su lado como su propio hijo lamentando su muerte». Como es de esperar, la mente del rey estaba absorta en el ciervo y, consecuentemente, después de morir reencarnó en un cuerpo de ciervo.[113]

Si bien la historia tiene algo de hiperbólica, las enseñanzas son dos: que lo que pensamos al morir es importante y, segundo, que incluso llevando una vida muy espiritual hay que tener atención en no descuidar esa práctica, pues las garras de los hábitos mundanos están siempre al acecho. El simbolismo del ciervo en el hinduismo es el de la mente agitada, siempre saltando de un lado a otro.

Para consuelo del lector cuento que el rey, debido a las prácticas de su vida pasada, no olvidó lo que había sucedido y pudo entender las razones de nacer como ciervo. Por tanto, cuando llegó el momento, tuvo un nuevo nacimiento como ser humano en el que logró el autoconocimiento pleno. Evidentemente, si lo que uno quiere es reconocer su esencia divina, o alcanzar a Dios, o iluminarse, o encontrar su Ser interior, hay que cultivar pensamientos elevados y espirituales. Volviendo a la *Bhágavad Guita*, se nos dice:

> «Quienquiera que, en el momento de la muerte, deje su cuerpo recordándome solo a Mí, llega a mi Ser. No hay duda acerca de ello».[114]

En este caso, «Mí» sería lo Supremo. A este respecto, es famoso el hecho de que cuando el *mahatma* Gandhi fue asesinado con tres disparos de pistola durante una aparición pública, sus últimas palabras fueron «Ram, Ram», que son una forma de referirse a Dios en el hinduismo. Tener la capacidad de pensar en Dios al morir asesinado inesperadamente no es casualidad ni suerte, sino el fruto de una vida absolutamente dedicada a la búsqueda espiritual, como es el caso de Gandhi.

Sobre las últimas palabras, hay un pasaje de la milenaria *Chandogya Upanishad* en que se dice que, en el momento de la muerte, hay que repetir tres frases específicas para protegerse:

«¡Tú eres el Imperecedero! ¡Tú eres el Inmutable! ¡Tú eres la verdadera esencia de la vida!».[115]

Asimismo, en varios textos yóguicos tradicionales se hace hincapié en que para volverse uno con el Absoluto, al abandonar el cuerpo se debe repetir el mantra *Om*, considerado como el primer y siempre subyacente sonido del universo.

Mi intención al escribir este artículo no es la de focalizarme en la muerte, ni tampoco dar consejos a personas moribundas. Por el contrario, mi intención es recordar(me) la importancia de vivir una vida espiritual, con la excusa de que será muy determinante para mi felicidad en el momento de mi muerte, pero también porque creo que es esencial para mi felicidad en el día a día. Muchas de las lecturas e investigaciones que hice para este texto son de alta estatura filosófica, en el sentido de su complejidad. Sin embargo, al escribir estas líneas me vino a la cabeza un discurso de Swami Premananda que, en el lenguaje simple y llano que caracteriza sus enseñanzas, para mí es un resumen perfecto del tema:

«A mucha gente no le gusta pensar en la muerte. La consideran como un acontecimiento terrible en el que no hay que pensar para nada. No obstante, tan solo contemplando la naturaleza de la vida y la muerte, de dónde vinimos, por qué nacimos y el hecho que todos vamos a morir algún día, podremos comprender la Verdad en esta vida.

»¡Mi primer consejo sobre la muerte es que dejes de preocuparte acerca de la muerte! La muerte es una experiencia gozosa. Sin embargo, solo puede ser así para los que tienen fe en lo Divino de un modo u otro. Los que trabajan con los moribundos pueden confirmar esto. Las personas que tienen fe en Dios y que piensan en Él durante sus últimos minutos mueren en paz y en felicidad. Las que quieren aferrarse a sus posesiones, a sus parientes y que luchan contra la muerte mueren con miedo y con dificultad. ¿Qué categoría prefieres?».[116]

Yo creo que la pregunta final que hace el Swami es importante. De hecho, puede ser la clave para decidir qué tipo de estilo de vida queremos tener. No solo por lo fundamental de nuestro momento final, lo repito, sino por el bien de nuestra felicidad actual.

El número cuatro como regidor de la vida

Las cuatro patas de una mesa son un claro signo de estabilidad y firmeza y, en la tradición hindú, para representar esa misma idea se habla más bien de las cuatro patas del toro que, en general, es mucho más fuerte que una mesa y, además, es un animal muy relacionado con el fundamental concepto índico de *dharma*. La palabra dharma puede traducirse de muchas formas según el contexto, pero lo que nos importa aquí es su raíz etimológica de «soporte», por lo que el dharma es aquello que sostiene el orden natural, ya sea del cosmos como de cada ser individual. De esta forma, el dharma del agua es mojar y el del fuego quemar, y si este orden se perdiera, el mundo entraría en confusión. De la misma manera, cuando el ser humano desconoce u olvida su dharma, su vida difícilmente será satisfactoria para sí mismo y tampoco útil para su entorno. Por ello en el texto del épico *Mahabhárata* se define dharma como «aquello beneficioso para todos los seres»,[117] y en la *Brihadaranyaka Upanishad* se dice que dharma es lo mismo que «la verdad».[118]

Las patas del toro, entonces, son la base de una vida plena y de una sociedad sana, ya que el número cuatro es símbolo de totalidad o plenitud. La simbología numérica está muy presente en toda la cosmovisión hindú, que ya desde su origen védico se nutrió de las matemáticas y la astronomía, por lo que se podría llenar todo un libro con las referencias y los matices de cada cifra. Para hablar del cuatro quizás alcance con decir que los *Vedas*, los textos revelados más antiguos y en los que se basa toda la tradición ortodoxa, se dividen en cuatro libros llenos de himnos de alabanza a diferentes aspectos de lo divino, fórmulas rituales, cánticos, oraciones e incluso encantamientos. O también decir que la cosmología hindú habla de cuatro largas eras o *yugas* por las que cíclicamente pasa el mundo y que se podrían corresponder aproximadamente con las edades griegas clásicas de hierro, bronce, plata y oro. A nivel mitológico podríamos referirnos a las conocidas representaciones iconográficas de deidades con cuatro brazos, que pueden simbolizar su capacidad de dominar las cuatro direcciones del espacio o puntos cardinales básicos, lo que les otorga más poder y alcance que a cualquier ser humano normal.

Asimismo, y en un plano mucho más terrenal, podríamos nombrar las cuatro castas o *varnas* principales, que si bien con los siglos han sido malinterpretadas y manipuladas, tienen que ver con las cualidades naturales de cada persona y, en cierta medida, con las actividades que estas desempeñan en la sociedad. De esta forma, tenemos personas con inclinación natural hacia los temas espirituales o, al menos, relacionados con el conocimiento intelectual, el estudio académico, la investigación y las preguntas de la vida, que en la tradición hindú antiguamente conformaban la casta sacerdotal o *bráhmana* y eran por lo general bien versadas en las Escrituras. Por otro lado, hay personas con capacidad de liderazgo y de dirección, que en la India antigua eran personificadas por los reyes y que actualmente incluirían a todos los gobernantes. El nombre sánscrito de este segundo estrato es *kshátriya*, y remite especialmente a los guerreros entrenados para defender el bien común y que en estos tiempos, además de a las fuerzas del orden público, podría también englobar a médicos, activistas o bomberos. Una tercera categoría, llamada *vaishya*, la forman las personas con cualidades para la administración y los negocios, encargadas de generar y mantener la riqueza material, que hoy en día encarnarían los empresarios, quizás los banqueros o agentes financieros y, a pie de calle, los comerciantes, o en cierta medida los agricultores. Finalmente, la cuarta división son las personas denominadas *shudras* que, en general, son mayoría y que forman la base de la pirámide, pues se encargan de mantener la estructura social realizando tareas rutinarias, que no implican gran responsabilidad, pero que de todas formas son muy necesarias, como la limpieza, la artesanía, la construcción, los oficios manuales y de reparación, o, en la versión moderna, las personas que realizan tareas de atención al cliente o trabajan para otros.

La cuestión de las castas es compleja y, al estar determinadas por el nacimiento, en el Occidente moderno se las ha visto más bien como una cadena de la que liberarse que como una posible guía social. Al mismo tiempo, en Occidente se ha arraigado la idea de que las castas más «bajas» son las más pobres, lo cual no es necesariamente así, y debido a este énfasis en el aspecto económico se llega a confundir la casta con el tipo de trabajo que realiza una persona. Esta simplificación pone en evidencia la idiosincrasia materialista del mundo moderno, a la vez que me hace pensar en lo desorientados que estamos incluso a la hora de elegir una profesión, ahora que uno de los eslóganes más repetidos por doquier es el de «seguir tus sueños». En la India tradicional, el hijo de un zapatero no tenía más opciones que ser zapatero (aunque algo parecido pasaba también en la Europa medieval) y podemos aceptar ese hecho como una limitación para el desarrollo personal. En la actualidad, el hijo de un zapatero puede convertirse en un emprendedor exitoso, y, como es natural, todos quisiéramos descubrir ese don que yace latente en nuestro interior. De ahí el gran auge de los *coachs* y de los orientadores vocacionales que desde hace décadas tienen vigencia y, como metodología de ayuda, hacen distinciones entre los tipos de personas según sus intereses y tendencias. En ese marco, un economista estadounidense postuló ya en los años 1950 una cuaternaria segmentación categorizando a las personas como «creativas, ejecutivas, administrativas o de *cadena de montaje*»,[119] que ciertamente tiene reminiscencias de la división védica que estamos analizando y que, con otros nombres y formas, muestra la pertinencia esencial de conceptos milenarios.

Sin dudar en que el sistema de castas indio puede ser una losa socioeconómica para muchas personas, y más que entrar en ese aspecto que no es el objetivo de este escrito, quisiera realzar su capacidad para recordarnos que, a nivel de personalidad, cada ser humano es diferente y posee unas tendencias propias que, bien encaminadas, deberían darle satisfacción. Así como en la India tradicional delimitar las opciones del hijo del zapatero podría no ser «sano» psicológicamente, para una persona occidental del mundo actual es quizás más nociva la miríada de posibilidades disponibles, que estimulan la avidez y la dispersión; sobre todo porque esta multiplicidad de opciones viene acompañada de la idea de «libertad individual», cuando en realidad nuestras decisiones –incluyendo las laborales– están más basadas en criterios económicos o de prestigio social que en nuestras inclinaciones innatas. El hecho de saber que hay diferentes tipos de personas y que, siendo todas imprescindibles en su individualidad y labor, no todos tenemos que estar en la aparente cúspide de la pirámide, generalmente marcada por la fama, el éxito o el dinero, es quitarse una carga que, justamente, nos puede permitir volcarnos en lo que realmente necesitamos para sostener el orden natural, tanto interno como externo.

En un clásico libro, el indólogo francés Alain Daniélou dice que el número cuatro «representa el cumplimiento de la manifestación en todas las esferas de la existencia»,[120] haciendo referencia a que la cosmovisión hindú postula cuatro etapas en el desarrollo de toda persona (*áshramas*) y también cuatro fines de la vida terrenal (*purusharthas*).

El primer estadio en la vida de toda persona se denomina *brahmacharya*, que literalmente habla de una forma de comportarse en concordancia con el ideal espiritual y que, muchas veces, se traduce como «estudiante» porque refiere al periodo de crecimiento y formación de los jóvenes. Tradicionalmente se dice que en esta etapa la persona debe ser célibe, de manera que pueda dedicar toda su energía a formar su carácter, adquirir conocimiento y desarrollar habilidades para su futura vida laboral y social. Una vez concluida esta fase, entonces la persona estaría lista para ingresar en la vida adulta (*grihastha*) y participar del «ciclo productivo» de la sociedad, formando una familia o, en todo caso, trabajando y contribuyendo a crear prosperidad material con cualquier actividad que haya elegido o le haya tocado, idealmente según sus cualidades. Este proceso de pasaje de la juventud a la edad adulta, inescapable y tan evidente históricamente, está sufriendo ciertos desajustes en la vida moderna en la cual las personas estudian durante más años, viven con sus padres hasta bien entrada la veintena, posponen el matrimonio y tienen hijos cada vez más tarde. De hecho, en un artículo publicado en 2018 en una revista médica británica algunos académicos sostenían que actualmente lo que entendemos por adolescencia debería extenderse hasta los 25 años,[121] a la vez que otros profesionales contraargumentan hablando de la creciente infantilización de los jóvenes y de la sobreprotección a la que están sometidos por sus padres. Pero estos nuevos paradigmas no se limitan a los jóvenes, pues personas adultas que incluso tienen una familia también estudian para «reconvertir su carrera» o simplemente porque ahora se dan cuenta de que la profesión u oficio que habían elegido en su momento no es fuente de satisfacción. Los tiempos cambian y las circunstancias también, pero la milenaria distinción de etapas que propone el hinduismo sigue siendo de utilidad para saber posicionarse en el propio momento vital. A mis 40 años sigo estudiando y la verdad es que me siento relativamente joven, pero al tener dos hijas me he dado cuenta de que no puedo pretender estar en otra fase de mi vida y entonces trato de priorizar mi deber de «padre de familia» y solo luego las cuentas pendientes de la juventud. Creo que aceptar que hay un cierto orden natural en todos los aspectos de la vida me ayuda a vivir en mayor armonía. Pero no he venido aquí a hablar de mí, sino de algo más grande, y todavía nos falta ver dos fases de la vida.

¿Qué pasa cuando uno cumple su etapa adulta? Es decir, ¿cuando ya ha contribuido al engranaje social y económico, cuando ha criado hijos, cuando ha plantado árboles? En la tradición hindú se habla de *vanaprastha*, es decir, el momento en que uno se retira de la vida activa y pública para «residir en el bosque», simplificar su existencia y dedicarse principalmente a realizar prácticas espirituales. Trayendo la idea a nuestra época, estamos hablando del momento de la «jubilación», en que la persona tiene, por fin, tiempo para ella misma, no tanto para jugar a la petanca o leer el periódico, sino para contemplar las grandes cuestiones de la vida y aprovechar su experiencia y sus últimos años de vida para profundizar en la búsqueda del autoconocimiento. Como la esperanza de vida en el mundo es cada vez más alta y debido al posible alargamiento de la adolescencia que comentábamos, uno puede llegar a su vejez y pretender ser todavía joven. Y si bien esa actitud puede ser positiva en cuanto al entusiasmo por la vida, es fundamental tomarse el tiempo para hacer balance y priorizar lo importante, que más allá de obvias cuestiones familiares es siempre conocerse uno mismo o, para los más teístas, conocer a Dios.

Con estas tres fases la mayoría de las personas tendríamos suficiente, pero, para quien lo requiera, la tradición presenta un cuarto estadio, llamado *sannyasa*, que es de total renuncia al mundo, ya sea porque uno se hace monje de forma oficial, o porque simplemente se retira por completo de la vida pública para realizar solo prácticas espirituales. En la India tradicional, el renunciante muchas veces se convierte en un monje errante, que ya ni siquiera tiene casa ni familia. En el mundo moderno, una persona podría ser un renunciante incluso viviendo en un apartamento de la ciudad, sobre todo porque la renuncia interior es más esencial que la exterior y porque lo importante es una genuina dedicación a la práctica personal.

Estas cuatro etapas o *áshramas*, que nos ayudan a situarnos a lo largo de la vida, están íntimamente relacionadas con los cuatro propósitos de la vida o *purusharthas* de todo ser humano. Una de las preguntas esenciales que se hace toda persona es «¿cuál es el sentido de la vida?», y las respuestas que uno puede encontrar son variopintas e incluso contradictorias. La visión hindú nos libera de vanas elucubraciones y nos dice que hay un objetivo principal y último que se denomina *moksha* y que podemos traducir como «liberación», ya sea de la rueda de muerte y renacimiento o de la ignorancia de nuestra verdadera naturaleza divina. Esta meta suprema no quita que, a la hora de vivir en el mundo, uno también tenga otros tres propósitos que son inevitables, válidos y deseables.

El primero es *kama*, que significa «deseo» y que refiere a la satisfacción de los placeres sensoriales o a disfrutar de las buenas cosas de la vida. Al contrario de lo que muchas veces se imagina, la tradición hindú no condena esta búsqueda pues es uno de los impulsos básicos del ser humano. Al aceptar este aspecto de la vida, la visión hindú demuestra su gran sentido común y también una concepción filosófica subyacente que no separa tajantemente lo sagrado de lo profano o lo espiritual de lo material.

De la misma forma, el otro gran fin de la vida humana es *artha*, que remite a los bienes y a la riqueza material que hacen posible el funcionamiento de toda sociedad. Si bien el objetivo último es de carácter «espiritual», el hinduismo tiene muy claro la importancia del plano material, que es donde todas las personas vivimos y del cual dependemos a nivel físico. Por tanto, generar riqueza, prosperidad o beneficios materiales a través de la economía, el intercambio de bienes, la agricultura o la política es considerado básico y legítimo, ya que de lo contrario el sistema social no podría funcionar. Por todos es sabido que, para poder pensar en buscar a Dios, antes una persona necesita llevarse un trozo de pan a la boca.

Si en el siglo XIX las teorías marxistas redujeron la sociedad al aspecto puramente económico-material y en el siglo XX las teorías freudianas redujeron la conducta de la psique individual a una pulsión sexual, podríamos decir que milenios antes la filosofía india ya había visto con claridad que «los bienes materiales» y «el deseo» eran parte inherente al ser humano y que no deberían ser motivo de conflicto, sobre todo si estaban enmarcados dentro del tercer *purushartha*, que a esta altura nos es familiar: el dharma. Toda acción de gratificación sensorial y toda actividad material son legítimas y positivas si están en concordancia con el dharma, es decir, con el orden natural que beneficia a todos los seres. En este contexto podríamos traducir dharma por «lo correcto», a veces en relación con la «ley» social, otras en el sentido de «religión», pero siempre buscando hacer aquello que mantenga la armonía general y que solo puede ser determinado con exactitud en cada circunstancia.

El dharma principal es, en realidad, idéntico al fin supremo de la vida, o sea, *moksha* o la liberación. En el camino hay muchos dharmas más o menos relevantes, como el familiar, el social o el laboral, que deben ser compaginados entre sí de la forma más armónica posible. Lógicamente, una de las disyuntivas más grandes que tenemos las personas es establecer qué acciones son las más correctas o dhármicas en cada situación, sobre todo aquellas problemáticas, que quizás son la mayoría. Entendiendo que cada caso es único y particular, pero sin caer en el relativismo ni mucho menos en el oportunismo, la máxima básica siempre es el beneficio global o, al menos, tomar la acción que cause menos consecuencias negativas. Por tanto, si bien «no dañar» es una regla que debe ser aplicada con el mayor rigor posible, su ejecución no será idéntica si uno es taxista que si es sacerdote o soldado.

Lo que actualmente llamamos hinduismo se autodenomina, en realidad, *Sanátana Dharma*, que sería el «orden eterno», pues afirma que sus enseñanzas y valores tienen un carácter universal y atemporal que subyace a todas las religiones verdaderas y a muchas civilizaciones tradicionales. No se trata de una creación exclusiva o siquiera milenaria, sino que las leyes naturales que sostienen el mundo y que garantizan la plenitud individual y colectiva han existido siempre, aunque no siempre estén en boga. Muchos textos sagrados del hinduismo, al igual que de otras tradiciones, son un repositorio de estas leyes de armonía, y, por fortuna, para tomar consciencia de ellas y seguirlas, nunca es tarde.

Los tres hilos de nuestra existencia material

Por más que crea que uno mismo se forja el destino, o que se puede entrenar la mente para pensar siempre lo adecuado, en la vida hay ocasiones, muy frecuentes, en que me siento como una simple marioneta cuyos hilos son movidos por un ente ajeno y no siempre benévolo. Determinadas resoluciones tomadas hoy son rotas mañana por fuerzas que no logro dominar; los hábitos negativos regresan una y otra vez a pesar de todos mis intentos por revertirlos; la sensación de comerme el mundo se diluye para transformarse en victimismo, o viceversa... ¿Acaso te suena familiar? Pues a mí me tranquiliza saber que no soy el único que pasa por estos altibajos, ya que están en la misma naturaleza del mundo y sobre ellos la filosofía hindú tiene una explicación muy clara.

Intentando simplificar pero no distorsionar diré que, en general, el pensamiento filosófico hindú cree en una realidad trascendente, que es absoluta e infinita y, por tanto, no puede manifestarse de forma plena dentro de los límites materiales del mundo. Este espíritu esencial, considerado de género masculino en la filosofía clásica del Yoga, es entendido como pura Consciencia –a veces llamado *Púrusha*–, la luz espiritual, siempre en quietud, que ilumina todo este cosmos.

Al mismo tiempo, el hinduismo pregona la indisoluble unión entre lo masculino y lo femenino, por lo que esa Consciencia de signo masculino se ve complementada por la Energía dinámica femenina –llamada *Shakti* o *Prákriti*– que es la que pone en movimiento efectivo el universo. Como el sol y sus rayos, estos dos aspectos no pueden ir separados, y se podría decir que la Consciencia es el «observador», mientras que la energía es la «hacedora». Por tanto, no hay nada de lo que percibimos, incluidas formas, olores y sonidos, emociones, nuestros propios pensamientos y nuestro sentimiento de «yo», que no sea una manifestación de la *Prákriti*; que es lo mismo que decir que todo lo que cambia, ya sea a nivel físico, mental, energético o espiritual, pertenece al reino de la dinámica energía cósmica.

Esta Naturaleza manifiesta que compone el mundo que percibimos posee tres cualidades fundamentales, llamadas *gunas*, que están presentes en todos los elementos del universo, ya sean burdos o sutiles, móviles o inmóviles, incluidos cada uno de nosotros. La palabra sánscrita *guna* significa literalmente «hilo», aunque se suele traducir como «cualidad» en referencia a las «cualidades de la naturaleza material», es decir, a las propiedades inherentes a todo elemento manifestado de este mundo. O sea, en todos los elementos hay una tendencia simultánea a la luz, a la oscuridad y a la actividad como fuerza intermedia. Técnicamente estos *gunas* son:

- *sattva*: todas aquellas acciones, objetos y estados que impliquen una tendencia ascendente para nuestro ser. Se relaciona con las cualidades de bondad, pureza, lucidez, equilibrio o conocimiento.
- *rajas*: todas aquellas acciones, objetos y estados que impliquen «impulsión expansiva»,[122] o sea, la tendencia a actuar, moverse y crear. Se relaciona con las cualidades de actividad, deseo, pasión, inquietud, agitación o agresividad.
- *tamas*: todas aquellas acciones, objetos y estados que fomenten una tendencia descendente para nuestro ser. Se relaciona con las cualidades de oscuridad, ignorancia, confusión, torpeza o pereza.

Se explica que, antes de la manifestación del universo, estas cualidades están en equilibrio, en su estado potencial, y cuando surge el deseo primigenio de creación, que pertenece a *rajas*, los tres *gunas* entran en movimiento, se desequilibran y generan la manifestación fenoménica de todo este gran baile que llamamos vida.

A nivel cósmico, cuando la cualidad de *rajas* predomina puede surgir una galaxia o un planeta; cuando predomina *sattva*, el ecosistema de ese cuerpo celeste se mantiene en buen funcionamiento y cuando predomina *tamas*, quizás se desintegra. A nivel individual, la cualidad de *rajas* nos ayuda a levantarnos de la cama para hacer lo que tenemos o queremos hacer, la cualidad de *sattva* nos mantiene centrados y calmos en el embotellamiento de cada mañana, y la cualidad de *tamas* nos permite desconectar de otro duro día para descansar por la noche. Todo elemento manifestado está formado por los tres *gunas* y en un nivel general, como acabamos de ver, los tres son necesarios, aunque siempre habrá uno que prevalecerá sobre los demás, dependiendo del momento del día y también del momento de la vida; los jóvenes siempre serán más *rajásicos* que los ancianos, por ejemplo.

Para la tradición yóguica, el *guna* que más conviene cultivar es *sattva*, ya que sus características nos llevan a un estado de lucidez y serenidad. Para ello, las prácticas espirituales, las lecturas inspiradoras, las buenas compañías o la comida sana son grandes aliados.

La cualidad de acción o *rajas* es fundamental para desarrollar curiosidad por el mundo, para formarse, para trabajar y procrear, pero exacerbada puede devenir en avidez material, agitación mental o incluso agresividad. Por ello, sin escapar al fragor de la vida cotidiana, *sattva* siempre es el faro que nos guía, buscando la quietud interna dentro de la actividad externa.

A nivel individual, *tamas* se relaciona con quedarse tirado en el sofá todo el día, con entrar en la espiral de hábitos negativos, con autojuzgarse, con echar la culpa a los demás y con falta de amor por la vida. A la vez, todos necesitamos un grado de *tamas* para dormir por las noches y también para ser capaces de saber cuándo parar, aunque la cualidad de *sattva* también nos ayuda en esto y, en realidad, llevados al extremo, los dos *gunas* se podrían confundir pues en ambos predomina la inactividad. Por ello, ante la supremacía de *tamas* lo primero que hay que poner es mucho *rajas*; esto es: hacer algo, ponerse un objetivo, encontrar un estímulo para vivir y salir de esa zona oscura.

En relación con la dieta, la teoría de los *gunas* se explicita claramente en la canónica *Bhágavad Guita*,[123] donde se enumeran las características de los alimentos que corresponden a cada una de las tres categorías. A saber: los alimentos *sáttvicos* «alargan la vida, dan vitalidad, fuerza, buena salud, felicidad y satisfacción» y son «sabrosos, grasos, nutritivos y agradables». Claramente estos adjetivos son susceptibles del gusto y de la interpretación personal, pero hay un alto consenso en que se trata de una dieta basada en frutas, verduras, legumbres, cereales y, en la tradición india, lácteos.

Por su parte, los alimentos *rajásicos* son aquellos que causan «dolor, sufrimiento y enfermedades» y están relacionados con los sabores extremos, es decir, «amargos, ácidos, salados, demasiado calientes, picantes, secos o ardientes». En esta categoría, que es bastante transparente, algunos yoguis incluirían la cebolla, ajo, jengibre, mostaza, café, carne o huevos.

Finalmente, los alimentos *tamásicos* son aquellos «sin sabor, mal cocinados, rancios, podridos». Algunos yoguis incluyen aquí cualquier alimento que haya sido preparado más de tres horas antes de ser consumido, ya que pierde sus cualidades nutritivas. O sea, que ni hablar de comidas congeladas o dejar las sobras de la cena para el *tupper* del día siguiente.

Todas estas directrices sirven para que nuestra naturaleza sea cada vez más *sáttvica*, que es el objetivo primero, aunque sin olvidar que en la filosofía hindú se hace mucho hincapié en trascender los tres *gunas*. Esto es porque en la medida en que uno esté identificado con alguna cualidad de la naturaleza material, por más luminosa que sea, estará sujeto a los vaivenes transitorios de esa misma naturaleza y será más difícil conectar con esa esencia espiritual que nunca cambia.

Una vez escuché al monje español Swami Satyananda decir que los tres *gunas* son como tres músicos, cada uno tocando un instrumento, que con sus ritmos nos mantienen siempre en movimiento, aunque sea a disgusto. El secreto, agrego ahora, no está tanto en salirse de la pista, pues es imposible, sino más bien en seguir bailando a sabiendas de que, aunque suene salsa, tango, un réquiem, *rock'n'roll* o un *raga* de sitar, nuestro ser interior, le guste la música o no, permanece siempre en dichosa quietud.

Los tres tipos de sufrimiento

El antiguo y famoso texto llamado *Yoga Sutras* dice:

«Para el sabio, todo es ciertamente sufrimiento».[124]

Perdonen que empiece tan crudamente, pero cuando tus visitas llegan antes que el demorado sofá-cama que encargaste hace dos meses, y además se resfrían tus hijas, el horno deja de funcionar y llueve mientras vas en bicicleta, uno tiende a ponerse fatalista. Y claro, si uno está familiarizado con las filosofías indias acepta con toda naturalidad que «la esencia de la vida es sufrimiento pues la suma final de las experiencias es siempre dolorosa, porque el placer es efímero y la vida termina sucumbiendo a la vejez, la enfermedad y la muerte».[125]

La buena noticia es que, después de este drástico diagnóstico, las filosofías indias también ofrecen diferentes métodos para liberarnos de dicho sufrimiento (*duhkha*). De todos modos, mi plan por ahora no es hablar de esas técnicas, sino ahondar en el sufrimiento. Aunque no en vano. Ténganme fe.

Las primeras palabras del texto fundacional de la filosofía Samkhya, considerada por la tradición hindú como la escuela filosófica más antigua, hablan de los «tres tipos de sufrimiento» que experimenta todo ser. La versión más difundida de esta ominosa tríada es la siguiente:

- *Adhyátmika*: «interno» o que nace «de uno mismo», ya que se refiere a los sufrimientos que surgen de tener un cuerpo y una mente, tales como hambre, sed, sueño, emociones negativas, indulgencia en placeres sensoriales, exacerbación de los deseos, insatisfacción mental o ciertas enfermedades derivadas de nuestros hábitos.
- *Adhibháutika*: «externo» o que viene de fuera, es decir, el sufrimiento que nos es infligido por el resto de los seres y objetos, como una guerra, el ataque de un animal o una epidemia.
- *Adhidáivika*: el sufrimiento que causan los «dioses», entendido por algunos como la influencia de lo sobrenatural (fantasmas, espíritus, magia), por otros como los decretos del destino (incluidos los factores hereditarios), y más comúnmente como los fenómenos climáticos y las catástrofes naturales, ya que en origen estos procesos estaban considerados jurisdicción de los *devas*.

De los tres tipos, el que más me interesa es el segundo, pues su reconocimiento ha cambiado la visión que tengo del mundo y mi actitud ante él. ¿Cuántas veces uno hace todo bien y, sin embargo, el resultado sale mal por «culpa» de alguien o algo más? Por ejemplo, uno encarga un sofá con mucho tiempo de antelación, le dan una fecha de entrega, no la cumplen y los invitados duermen en el suelo. Uno va cívicamente en bicicleta y un peatón distraído cruza inesperadamente en rojo, sin mirar, con los auriculares puestos y nos obliga a hacer una maniobra riesgosa. El Gobierno, al que ni siquiera he votado, adopta una nueva medida que perjudica mi economía individual. El horno deja de funcionar justo cuando iba a poner a cocinar la masa de las magdalenas caseras. Mi vecino decide escuchar música pop a buen volumen en el momento en que, al fin, me había sentado a meditar...

Yendo a la raíz, estos sufrimientos también se denominan karmas porque se da por sentado que todo lo que me sucede en la vida es, de una u otra forma, promovido por mis acciones previas, aunque yo ahora no encuentre la conexión y, por tanto, en última instancia no se le puede echar la culpa a nadie más. Al mismo tiempo, y a fines prácticos, la división tradicional en tres clases de sufrimiento me parece muy instructiva porque nos expresa que, del padecer actual, hay una parte que depende directamente de nosotros (*adhyátmika*), pero hay otras dos partes que están fuera de nuestro dominio.

Saber que hay una ley universal de causa y efecto me ayuda a entender ciertas situaciones de mi vida y del mundo en general. Saber que hay tres «hilos» inherentes a la naturaleza que nos mueven sin cesar me sirve para observarlos y buscar equilibrarlos. Y saber que existen tres tipos de sufrimiento me ayuda a aceptar que el mundo es dual, que en él conviven el placer y el dolor, y que no puedo controlarlo todo. Ya sea por el karma o por la simple naturaleza del mundo, nos llegará sufrimiento desde afuera aunque queramos evitarlo e incluso cuando, en apariencia, no hayamos hecho nada para recibirlo.

Algunas personas que llevan una dieta vegetariana se sorprenden (y ofenden) cuando tienen algún tipo de enfermedad; algunas personas que hacen yoga cada día no entienden cómo puede ser que les duela el cuerpo; algunas personas que pagan un buen dinero por un sofá se indignan porque el producto no sea servido a tiempo... Incluso los grandes maestros y santos, impecables en su pensar, hablar y actuar, pasan por situaciones llenas de dolor a causa de otros seres (*adhibháutika*). ¿Cómo entonces puedo yo pretender que la balanza esté siempre de mi lado y que este cuerpo hecho de materia no se desgaste o cambie? Obviamente, como tantas veces oímos, puedo aprender a mantener mi paz interior en toda situación, pero no puedo esperar que, por ser un yogui, el mundo cambie su naturaleza de constante movimiento.

Más allá del nombre que le demos a cada tipo de sufrimiento, lo primero que debemos entender es que nada que llegue del exterior, a través del mundo, la naturaleza o las cosas materiales, puede dar felicidad eterna. Por supuesto que puede dar placer temporal, pero siempre acaba en dolor, ¿o acaso alguien disfruta cuando se le acaba ese helado tan sabroso? Sobre esto, Swami Satchidananda (1914-2002), el monje hindú famoso por haber hecho el discurso de inauguración del festival *hippie* de Woodstock en 1968, dice:

«Incluso el disfrute de los placeres del presente es generalmente doloroso porque tenemos miedo de perderlos».[126]

Por ello no sorprende que los domingos al atardecer ya todos vivamos en un estado de congoja... Satchidananda continúa para darnos un novedoso punto de vista:

«El placer auténtico nace de desapegarnos completamente del mundo [...] No estoy diciendo que porque todo sea doloroso tengamos que dejarlo todo y huir. Eso no funciona. Donde sea que vayas, el mundo te sigue [...] El mundo es un campo de entrenamiento donde aprendemos a usar el mundo sin apegarnos. En lugar de decir: para el sabio, todo es sufrimiento, la actitud se convierte en: para el sabio, todo es placentero [...] Cuando uno se acerca al mundo sin motivos egoístas, empieza a usarlo con un fin diferente y entonces experimenta felicidad. Cuando uno no sabe nadar, el agua nos aterra. Te dices: "¿Y si me ahogo? ¿Qué será de mí?". Pero una vez que aprendemos a nadar, el agua nos encanta. El mundo es lo mismo».

La aceptación positiva de que todo lo que sucede –sea placentero o doloroso– es inherente a la naturaleza dual del mundo y, a la vez, la certeza de que detrás de cada cambio, cada disfrute y cada sufrimiento hay una realidad permanente y plena son los dos ingredientes básicos de una receta destinada a la ecuanimidad interior.

El vital rol del deseo

Se explica que, antes de la creación del universo, todas las fuerzas están en equilibrio, reposando en quietud. La potencialidad de crear el cosmos está ahí, latente, pero falta algo... Hasta que Brahmá, el demiurgo del panteón hindú, siente el fuerte deseo de crear y entonces comienza a dar forma al plan divino. Por tanto, para el hinduismo, el universo mismo nace del deseo, que es «una expresión de la voluntad divina»,[127] a la vez que, paradójicamente, el deseo se presenta como la raíz de todo sufrimiento.

El deseo básico, que las Escrituras presentan como «eterno», es el deseo de ser, de existir, y, a nivel individual, se refleja en la arraigada pero vital idea de «yo existo». En realidad, sin deseo nada se mueve y, para las personas ordinarias, el no tenerlo significaría estar muertos. Como en este mundo todos inevitablemente debemos actuar, los deseos son nuestro gran motor, desde querer un coche o un mejor trabajo, pasando por el impulso sexual o artístico, hasta el intenso anhelo por conocer a Dios.

La antigua *Chandogya Upanishad* dice: «Estos deseos son ciertos, pero están cubiertos con un velo de falsedad», en referencia a que nos impulsan a actuar, pero al mismo tiempo están cubiertos con la falsedad de su logro perecedero.[128] El postulado básico es que «la naturaleza del deseo es generar más deseo», y, por tanto, tenga lo que tenga, uno siempre querrá algo más, con la falsa impresión de que al obtenerlo alcanzará la satisfacción. Por supuesto, el deseo no se limita a «tener» objetos materiales o placeres físicos, sino también intelectuales, emocionales o espirituales. Incluso cuando uno está enamorado y en las nubes, en apariencia completo, suele murmurar la frase: «Quisiera que esto durara para siempre». Es decir, el deseo siempre tiene al futuro como ideal, nunca satisfecho en el aquí y el ahora más que por un fugaz momento; y en eso consiste su trampa y su atadura.

Todos los actos, palabras y pensamientos que llevamos a cabo en nuestra historia personal van marcando nuestra personalidad. Milenios antes que Freud, los pensadores indios ya sabían que la mente contenía una gran parte de procesos inconscientes. La forma en que la mente funciona y los caminos que suele tomar con preferencia sobre otros son determinados por los llamados *samskaras*, es decir, «impresiones subconscientes». Estos *samskaras*, invisibles para la consciencia, son como «huellas» o «surcos» mentales causados por repetidas experiencias y configuran las tendencias y líneas directrices de nuestro carácter y de nuestra personalidad. Desde el punto de vista indio, estos *samskaras* no son causados solamente por las acciones de esta vida, sino por las de innumerables existencias anteriores. Lo cierto es que si, en un momento de mi vida, pruebo un helado de chocolate y me gusta, en mi mente se genera la huella que relaciona el helado con el placer. Por ende, la próxima vez que veo a alguien comiendo un helado de chocolate por la calle se activa en mi mente la huella latente de placer y a mí también me dan ganas de comerme un helado. Hasta aquí todo bien. El problema más evidente surge cuando, por cualquier motivo, no puedo satisfacer el deseo de comer el helado y entonces me siento desdichado. Generalmente, lo que nos da placer deriva en apego, es decir, queremos tenerlo siempre a nuestro alcance o, de lo contrario, nos sentimos incompletos. Dice Swami Satyananda de Barcelona:

> «El objetivo de no tener deseos no es por motivos morales. El deseo es una forma de actividad mental que te hace sentir incompleto y eso te lleva a buscar fuera».[129]

En este sentido, el deseo se convierte en una atadura, ya que nuestra felicidad depende de tener «eso» que anhelamos, y de esta forma somos menos libres, nos convertimos en esclavos de nuestros deseos y vivimos condicionados por ellos. Esto se ve muy claramente en el fumador empedernido que se queda sin tabaco a medianoche, pero en realidad todos delegamos nuestra felicidad en elementos materiales y externos, ya sean la comida, el afecto de los hijos, el reconocimiento social o el disfrute estético. Sobre esto dice Swami Premananda:

«Entiende que desear cosas mundanas en última instancia trae infelicidad. Analízate y encuentra la causa de tus deseos. Tienes que llegar a la raíz de la cuestión y eliminar la razón de tu deseo. El sufrimiento volverá una y otra vez si no encuentras la causa del deseo y tratas de eliminarla».[130]

Para ahorrarnos tiempo de análisis, les digo que la causa raíz es que no tenemos ni el conocimiento intelectual ni, especialmente, la experiencia directa de que en nuestro interior está todo lo que necesitamos. Hemos sido entrenados para buscar fuera y, después de tantas vidas de aspirar a lo externo, tenemos unos profundos surcos mentales difíciles de revertir, por lo que luchar contra ellos o rechazarlos sirve bien poco. Ante la inevitable pregunta de cómo reducir los deseos, Swami Satyananda dijo una vez:

«Cuando uno cambia su foco de interés, gradualmente, aquellos objetos de deseo antiguos empiezan a caer por su propio peso, de forma natural. Ya no nos interesan tanto porque nuestra atención, anhelo o deseo han cambiado hacia algo superior».[131]

A Paramahansa Yogananda (1893-1952), el famoso maestro hindú y principal difusor de la filosofía yóguica en Estados Unidos al menos en la primera mitad del siglo XX, un día se le acercó un incipiente devoto, que era algo indisciplinado en sus hábitos, y le preguntó, preocupado por encontrar dogmatismo:

—¿Para venir de visita a este monasterio hace falta llevar una vida impoluta y dejar los vicios?

Yogananda respondió:

—¿Tú fumas?

—Sí.

—Pues no es necesario que lo dejes para venir aquí... ¿Bebes alcohol?

—Sí.

—Pues no es necesario que lo dejes para venir aquí... ¿Tienes sexo de forma promiscua, sin moderación?

—Sí.

—Pues no es necesario que lo dejes para venir aquí...

—Espere, espere... –interrumpió el hombre, viendo que se lo estaban poniendo muy fácil–. ¿Me está diciendo que puedo fumar y beber y tener una vida libertina y venir aquí sin culpa a gozar de su presencia y de sus enseñanzas?

—Así es –respondió el maestro–, pero lo que no te puedo prometer es que al venir aquí con frecuencia tu interés por esas cosas mundanas no vaya a desaparecer.[132]

Desde la perspectiva espiritual, los deseos arraigados en nuestro subconsciente no se pueden eliminar de una vez, pero sí pueden ser cumplidos de la forma más elevada posible para reducir nuestros condicionamientos mentales y reencauzar nuestros anhelos. Una técnica recomendada es utilizar esos deseos individuales que consideramos necesarios de cumplir para fines positivos, como una forma de dirigirlos hacia un bien superior. Por ejemplo:

- **Hacer acciones desinteresadas de servicio social**. A mí toda la vida me gustó mucho el fútbol y fantaseé con ser jugador o entrenador, llegando incluso a organizar mi cronograma social y laboral para no perderme los partidos importantes. Así que me ofrecí a hacer un voluntariado como monitor de fútbol para niños y jóvenes en riesgo de exclusión y me saqué gran parte de esas ganas acumuladas desde pequeño. De esa forma las dos partes salimos beneficiadas.

- **Entregar cada acto a lo supremo**. En lugar de identificarse con el fruto personal de cada acción, hacer el intento de ofrecerlo a un ideal supremo o inspirador. Entonces, al degustar ese helado que tanto me gusta, pensar: «Que todos los seres lo disfruten a través de mis sentidos». Al practicar yoga: «Que todas las personas con problemas respiratorios se beneficien de esta apertura de pecho». Al ser alabado por haber escrito un libro: «Que todos los seres sean apoyados en sus proyectos». Al tratar de criar con respeto a mis hijas: «Que todos los niños del mundo se sientan seguros y amados».

- **Desear positivamente**. Ya que no podemos dejar de desear, usar nuestro exceso de deseos para fines positivos, como: «Deseo el bien a los demás»; «Deseo mejorarme a mí mismo» o, por qué no, «Deseo reducir mis deseos». Hace años, en mi visita al *áshram* indio de Amma, la «santa que abraza», una persona le confesó que deseaba llorar por Dios pero no podía, y entonces le preguntó qué debía hacer para quitar esa aridez de su corazón. Amma dijo: «Si deseas llorar por Dios, entonces ya estás en buen camino».

- **Cumplir mis deseos de forma mediada.** Quizás siempre he querido visitar la Polinesia y eso me tiene mal, pero con un poco de empatía e imaginación, puedo convertir ese documental en alta definición sobre las cristalinas aguas de las islas del Pacífico en mi viaje soñado. Ya sé que parece un sustituto anodino, aunque teniendo en cuenta que los deseos tienen un origen básicamente mental, es posible apaciguarlos usando la misma mente, sin ejecutarlos de forma material. Desde joven me he visto asaltado por el fuerte deseo de comprarme libros y, si bien sucumbo con frecuencia a él, una técnica que aplico bastante es la de ir a la librería (o a la web de Amazon...), hojear muchísimos libros, ponerlos en la cesta de la compra, sopesar su necesidad, elegir los más vitales, repensar mis elecciones, e imbuirme hasta tal punto de la posibilidad de comprarlos que, finalmente, me voy sin nada pero con una sensación de saciedad extrema, casi como al acabar la comida de Navidad. Si uno tiene ganas de comer pasteles y mira el escaparate de la pastelería desde fuera, al principio el hambre se le acrecienta, pero si sigue mirando los pasteles, como saboreándolos con la vista por largo rato, y usando un poco la imaginación, empezará a sentirse lleno. No en vano un famoso texto tántrico propone la técnica de concentrarse intensamente en el deseo apenas nacido para así mitigarlo y hacerlo volver a su fuente.

En este punto creo que es importante decir que todos tenemos ciertos deseos que acarrean una huella mental tan fuerte que necesitan ser cumplidos para continuar nuestro proceso de madurez y desarrollo internos. Estos deseos a veces se entienden como «necesidades verdaderas», que pueden ser de todo tipo, pero la idea básica es que si uno tiene el deseo realmente profundo de tener un coche rojo y no lo satisface, puede meditar durante varias vidas en el Himalaya y llegar al umbral de la iluminación, pero hasta que no conduzca ese coche rojo no quemará el último vestigio de sus impresiones latentes. Una historia pertinente y muy famosa aparece en el libro la *Autobiografía de un yogui* en la que se cuenta que el gran yogui Lahiri Mahasaya se purificó por completo de sus deseos terrenos cuando su gurú le materializó, durante algunas horas, un palacio hecho de oro, lo cual era un deseo oculto en su subconsciente desde hacía muchas vidas.[133] De forma menos extraordinaria pero con la misma idea, otro venerado santo bengalí del siglo XIX, Ramakarishna Paramahamsa, relata que una vez se le ocurrió la idea de vestirse con costosas ropas bordadas en oro y de fumar en un narguilé de plata. Una vez satisfecho el deseo, el santo dejó de lado el narguilé y se quitó las ropas, para simplemente empezar a pisotearlas y escupirlas.[134]

¿Cómo saber entonces si «lo que me pide el cuerpo» es realmente bueno para mí y no es el reflejo de un hábito condicionado? Y yendo más allá del cuerpo, ¿cuándo saber si un pensamiento, una idea o una decisión, son puros y beneficiosos para uno o más bien el resultado de preconceptos, costumbres o, como dicen los yoguis, surcos mentales que solo refuerzan los patrones del ego individual?

Para intentar resolver el dilema me gustan las palabras del yogui contemporáneo Sri Andrei Ram, que explica que hay una gran diferencia entre la «intuición» y la «intención» que, como indica la palabra, no surge naturalmente, sino que tiene una motivación subyacente. La intención viene siempre de la mente, del cuerpo o de los sentidos y está «contaminada» por la información previa, la fuerza del hábito y la satisfacción del interés personal. De hecho, toda idea o acción que surge de la intención lleva a reforzar el ego.

La intuición, en cambio, no tiene relación con mente, cuerpo o sentidos y proviene de la comprensión y experiencia interna directa. Su gran ventaja es que una idea o acción que surge de la intuición nos lleva a lo que popularmente se llama estar «alineados con el universo», es decir, a respetar el orden cósmico y el bienestar propio y ajeno. Entonces, dice Andrei Ram, en el momento en que tomamos una decisión es importante analizar si se trata de una intuición real o de un reflejo que viene de la mente condicionada. Siguiendo con los helados, si uno decide no comerlos porque es un pedido meramente corporal, pero a nivel mental los está degustando en cada meditación, cada ásana y cada vez que se cepilla los dientes, entonces quizás es mejor pedir un cucurucho de tres bolas y satisfacer esa «intención» para bien. Obviamente, y como siempre dicen los maestros, hay que usar el discernimiento para saber identificar qué deseo es necesario y cuál no y, si corresponde, satisfacerlo de la forma más elevada posible. O como dice un popular dicho indio:

«El cuerpo es como un niño: hay que darle todo lo que necesita, pero no todo lo que pide».

Para desarrollar nuestra percepción y diferenciar, sin error, entre *intuición* e *intención* hay varias técnicas, que siempre empiezan con un poco de sincero autoanálisis, ya que todos tenemos dentro la llamada «voz de la consciencia» que nos guía de alguna forma. Luego, la meditación y el silencio son grandes ayudas para aquietar, observar e identificar los patrones mentales. Asimismo, las enseñanzas de los grandes sabios y la lectura de textos sagrados o inspiradores son un abrevadero en el que siempre encontraremos agua clara.

A esto, Sri Andrei Ram agrega un detalle importante: «La práctica de la compasión es la que hace desarrollar la intuición, porque es ponerse en el lugar del otro», y así empezar a estar en armonía con el orden cósmico. Por tanto, con el surgimiento de la compasión hay desarrollo de la propia consciencia y, a partir de ahí, se desarrolla la intuición.

Volviendo al inicio, el consejo general de los sabios es reducir los deseos y gestionarlos desde lo que la tradición hindú llama la «renuncia» o el «desapego», que más que un acto exterior es una actitud interior. Explica el historiador rumano Mircea Eliade:

«En la concepción de la India, la renunciación tiene un valor positivo. El que renuncia se siente, no aminorado sino, al contrario, enriquecido: porque la fuerza que se obtiene al renunciar a un placer cualquiera supera con mucho al placer al que se había renunciado».[135]

En la misma línea, un verso del clásico *Mahabhárata* afirma:

«El placer más grande que podamos experimentar en este mundo o el placer celestial más intenso no llega ni a una dieciseisava parte del placer que se deriva de renunciar a todos los deseos».[136]

Todos hemos experimentado la sensación de autoconfianza, plenitud y seguridad que nos otorga haber vencido, aunque solo sea por un día, el fuerte impulso de comer azúcar por las noches o el pesado hábito de quedarnos en la cama el fin de semana. La renuncia voluntaria, por simple que sea, otorga una libertad que sabe mejor que cualquier helado y, sobre todo, es mucho más duradera.

Arroz con queso y *samadhi*

Hace años leí un libro con discursos del Swami Vivekananda (1863-1902) que me marcó profundamente pues explicaba las cosas muy claras y directas, sin el deseo de complacer, sino más bien de despertar y aguijonear al lector. Varias de mis concepciones sobre la espiritualidad se vieron trastocadas al leer las palabras del gran monje bengalí, que fue pionero en difundir la filosofía hindú en Occidente. Una de las enseñanzas que me quedó grabada de esas lecturas decía simplemente que «en las cosas pequeñas no hay felicidad». Y para ilustrar su idea, el Swami presentaba un proverbio indio:

«Si quiero ser cazador, cazaré un rinoceronte; si quiero ser ladrón, robaré el tesoro del rey».[137]

Es decir, ¿de qué sirve robar a los pordioseros o cazar hormigas? En su discurso, Vivekananda hablaba de la devoción y de que, a la hora de amar, más vale amar a Dios que a los objetos mundanos. Trasladando el proverbio a la vida cotidiana, yo siempre lo encontré relacionado con los famosos «pequeños placeres de la vida», que tienen muy buena reputación entre todo el mundo, pero de los que muchas veces he descreído. Cada vez más me parece que «un café caliente por la mañana», «una siesta espontánea en el sofá», «un definitorio partido de fútbol en la televisión» o incluso «una buena cena con amigos» no tienen comparación con la felicidad última, entendida como aquella que «es independiente de condiciones externas», es decir, que se basta a sí misma pues su fuente es el propio Ser.

Ya sé que me estoy metiendo en un tema polémico y para que no me tiren piedras hago la aclaración: no estoy diciendo que no me guste o no disfrute hablando con amigos, descansando en una hamaca o ingiriendo chocolate y *chai* indio. Lo que digo es que, según mi punto de vista, estas «pequeñas felicidades» están magnificadas, por un lado, por la cultura materialista y hedonista en la que vivimos, y por otro, por nuestra mente, que difícilmente puede resistir la tentación que nos ofrece el placer fácil de una «cervecita por la tarde» en lugar de, por ejemplo, sentarse a meditar y buscar disfrute en nuestro, muchas veces turbulento, interior. Obviamente, cuando uno está agotado de trabajar, criar hijos, hacer las cuentas o estudiar, más necesita «desconectar», y entonces la atrapante serie televisiva o la copita de vino por la noche se convierten en el oasis de una rutina desgastante. El Yoga propone otros oasis que, por supuesto, pueden ser complementarios a los «pequeños placeres», aunque a la larga son más duraderos y suficientes en sí mismos. En el camino existen pequeños placeres con cierto prestigio espiritual como «recibir un beso de tu hija», «sentir el sol otoñal en la cara», «escuchar el canto de las aves», «ver pasar una estrella fugaz», «conversar con tu pareja» o «darle direcciones correctas a alguien perdido».

Sin duda, la felicidad basada en las cosas sencillas es positiva, pues uno de los objetivos del ser humano es ser feliz y eliminar el sufrimiento. A la vez es bueno tener claro que por más películas que yo vea o helados que me coma, eso nunca me llevará a una felicidad permanente, como todos ya hemos comprobado. Por ello, Swami Vivekananda, en uno de sus famosos discursos, se dirigió a los seres humanos como «hijos de la dicha inmortal» y dijo:

«Levantaos, ¡oh leones! Y sacudíos la ilusión de que sois corderos. Sois almas inmortales, espíritus libres, benditos y eternos. No sois materia, no sois cuerpo; la materia es vuestra sierva y no vosotros sus siervos».

Obviamente, estas palabras no son una exhortación para explotar los recursos naturales, sino para darnos cuenta de que los condicionamientos físicos y mentales nunca nos darán plenitud. Sobre esta invitación a dejar de lado lo superfluo, que tarde o temprano causa sufrimiento, para buscar la libertad interior, una compilación de antiguos poemas compuestos por monjas budistas nos ofrece impactantes metáforas:

Placeres o cuchillos, es lo mismo.
Placeres como espadas.

El cuerpo, los sentidos, la mente:

La tabla de madera

donde a trozos te cortan los placeres.[138]

Entre estos descarnados versos también encontramos una idea que ahora nos suena familiar, en la pluma de Sumedha, una monja que rechazó casarse con un rey para seguir la senda del Buda:

«¿Por qué tendría uno que renunciar a una gran felicidad por las pequeñas felicidades que los placeres de los sentidos prometen?».

Obviamente no estoy instando a nadie a volverse monje, tan solo comparto una serie de reflexiones sobre un tema que está en boga, como demuestra una lamentable columna de opinión que leí en un reputado diario y que me atrajo por su titular sobre «los placeres de la vida» que, como ahora sabemos, es una cuestión que me interesa. En el breve escrito, que no vale la pena ni leer, el autor se queja del «animalismo», que viene a ser la defensa de los derechos de los animales, y lo define como una ideología *fascistoide y algo enfermiza*. Por supuesto, el autor no es vegetariano y se jacta de no serlo, pero lo que me interesa es este fragmento:

«Lo siento por el cerdo que nació cerdo. Y por el percebe arrancado de una existencia plácida en las rocas. O por la angula, otro bicho asqueroso. Los placeres de la vida empiezan a sonar a pecado y esta vez no es la Iglesia católica, apostólica y romana. Es el animalismo...».[139]

Nunca me he considerado animalista más allá de mi vegetarianismo y de mi deseo de bienestar por todos los seres, así que no voy a debatir con el autor, sino más bien quiero destacar que los «placeres de la vida» están tan sobrevalorados que alguien puede llegar a decir, ¡con jactancia!, que el disfrute que uno experimenta en su paladar al comer jamón o *foie gras*, por ejemplo, vale más que la vida, generalmente sufriente, de un ser vivo, llámese cerdo, oca o trivial percebe. Por tanto, si creemos que nuestra existencia tiene un propósito superior a la «buena comida» o «los pequeños detalles», quizás estemos dispuestos a renunciar a las migajas e ir lo más directo posible a robar el tesoro del rey.

Eso no significa que, en el camino, uno no pueda saborear ese helado como si fuera la ambrosía celestial (en parte lo es), o jugar con sus hijos como si fueran la Divinidad encarnada (en gran parte lo son). Estoy de acuerdo con el maestro neotántrico Daniel Odier cuando dice que «aprender a gozar de los placeres simples nos libra poco a poco de la búsqueda de esos placeres intensos que perseguimos porque nos despiertan del sopor sensorial».[140] Para la filosofía hindú, una vida sencilla es el camino más directo a lo Supremo, y Dios está en todas las cosas, hasta las más pequeñas, pero si «los placeres de la vida» se convierten en un objetivo en sí mismos y, sobre todo, en aquello que nos redime de nuestra chata existencia, entonces se convierten en cadenas. Si, en cambio, los vemos como una manifestación más de la consciencia suprema, estos placeres son una bendición y, además, un buen campo de entrenamiento para el crecimiento espiritual.

En el *áshram* de mi maestro, al sur de la India, cada día se come arroz, y hay que decir que tener el mismo menú cada mediodía es un desafío para los paladares occidentales acostumbrados a variar diariamente. En uno de nuestros viajes, mi madre había transportado dentro de la maleta un kilo de queso «mantecoso» porque en la India el único queso que existe es el *panir*, que es similar al queso de Burgos o al *feta* griego y no se funde. Como se deduce, a mis padres les gusta mucho el queso en general. Ya en el comedor del *áshram*, con el queso fundiéndose en el plato de arroz, un miembro de la comitiva dijo exultante: «¡El arroz con queso es lo mejor del mundo!». La réplica de otro miembro del grupo, siempre focalizado en lo elevado, fue: «¡No! ¡Lo mejor que hay es el *samadhi*!», en referencia al estado místico por excelencia.

Y la moraleja que todos aprendimos fue que comer arroz con queso es un pequeño gran placer, pero nada comparado al propósito de nuestro viaje a la India, que era, en realidad, el mismo propósito de nuestras vidas: la plenitud interior permanente.

La crucial diferencia entre contentamiento y felicidad

Hay una famosa cita atribuida a John Lennon que dice:

«Cuando fui a la escuela me preguntaron qué quería ser de mayor. Yo escribí *feliz*. Me dijeron que no había entendido la tarea, y yo les dije que ellos no entendían la vida».

Entendiendo o no la vida, todos estamos buscando la felicidad permanente, incluidos los maestros que reprobaron a John, y todo lo que hacemos durante nuestra existencia no es otra cosa que seguir el método que, conscientemente o no, cada uno considera mejor para acercarse a esa meta. Definir qué es «felicidad» puede ser peliagudo y quizás depende de cada ser, pero aquí me refiero a la idea de estar siempre satisfecho, alegre y sin sufrimiento. Lograr un estado así, ya se habrán dado cuenta, es difícil o, como algunos sostienen, imposible. Alguien me dijo hace años, repitiendo una idea muy generalizada, que la felicidad total no existe y que, como mucho, uno puede ir encadenando pequeños momentos de felicidad. Yo me negué a creerle y, aunque las vicisitudes de la vida me contradigan, las enseñanzas espirituales me han confirmado que ese estado que yo buscaba sí existe, lo que pasa es que está camuflado, tiene otro nombre y está en los sitios donde yo no escudriñaba.

En el *Mahabhárata*, el extenso poema épico de la India, hay un famoso episodio en el que el recto rey Yudhishthira es interrogado por un *yaksha*, un espíritu del bosque, con una larga lista de profundas preguntas sobre ética, filosofía y espiritualidad. Entre ellas, el *yaksha* pregunta:

«¿Cuál es la máxima felicidad?».

Yudhishthira responde:

«La máxima felicidad es el contentamiento».[141]

Y aquí empieza la clave para entender uno de los métodos para ser siempre feliz. Veamos: la palabra sánscrita que usa Yudhishthira en el original es *tushti*, que deriva de una raíz verbal que significa «complacer(se)», por lo que se puede traducir como «satisfacción» o «contentamiento». En los *Yoga Sutras*, el gran manual del Yoga del control mental, el sabio Patánjali explica que una de las cinco observancias de la vida yóguica es *santosha*. Dicha palabra procede de la misma raíz que *tushti* y se refiere a la idea de «total satisfacción». Se suele traducir como «contentamiento» y la definición que da el texto es:

«A partir del contentamiento se obtiene la máxima felicidad».[142]

Según el Código de Manu, el tratado tradicional hindú más importante sobre la forma correcta de actuar en la vida, «el contentamiento y el autocontrol son el fundamento mismo de la felicidad».[143] Como vemos, según explica la tradición hindú, no puede haber felicidad (*sukha*) sin contentamiento (*santosha*). O mejor dicho, la felicidad que buscamos es, en realidad, contentamiento.

Para mí, el primer obstáculo para entender esta cuestión es lingüístico ya que la palabra «contentamiento», al menos en español, suena pobre en comparación con «felicidad». A primera vista, estar «contento» no es lo mismo, ni mejor, que estar «feliz». Sin embargo, para la RAE pueden ser sinónimos y en ambos casos se habla de «alegría y satisfacción». De todos modos, y aunque sus definiciones sean muy similares, hay una diferencia clave entre los dos conceptos: la felicidad es transitoria (al igual que el sufrimiento, claro), pero el contentamiento se mantiene estable ante esos inevitables vaivenes del mundo dual. El ya citado Swami Satchidananda lo explica mejor:

> «Contentamiento significa simplemente ser como somos, sin ir hacia cosas exteriores para la felicidad. Si algo llega, lo aceptamos. Si no llega, no importa».[144]

Efectivamente, por felicidad me parece que uno se imagina un estado en que se encuentra siempre alegre y sin sufrir. Pero, los sabios dicen –y uno, sin ser sabio, lo intuye– que tal cosa no existe y por eso en el respetado *Yoga Bhashya* del sabio Vyasa se equipara la «insuperable felicidad» que da *santosha* a la «desaparición del deseo». O todavía más amplio:

> «El contentamiento se logra no deseando nada más de lo que ya se tiene».[145]

La tradición cristiana también hace hincapié en la idea de contentamiento y, por lo que he notado, es una noción que a muchos les suena a «resignación» o «conformismo». En una sociedad moderna que pregona abiertamente el consumo y la obtención permanente de objetos y estatus; en la que la competencia se fomenta desde niños; en la que la palabra «progresar» repiquetea de fondo en cada decisión que uno toma, decir que la felicidad es contentarse con lo que se tiene suena a burla. Aquí son pertinentes las palabras del sanscritista Òscar Pujol:

> «El contentamiento no es la cualidad pasiva de la resignación, sino que incluye la virtud activa de la aceptación y de la renuncia voluntaria de los placeres».[146]

Alguien me dijo en broma: «lo importante no es tener dinero, sino no gastarlo». En la misma línea, aunque más profunda, ya conocen la popular frase de «no es más feliz el que más tiene, sino el que menos necesita». Y si bien la opinión generalizada es que no tener deseos significa convertirse en un ser anodino y mediocre, la verdad espiritual dice que llegar al punto de no desear nada, ya sean objetos, personas, situaciones o emociones, es sinónimo de paz y de plenitud.

Para mí, una forma básica de reducir los deseos y empezar a practicar el contentamiento puede hacerse a través de la gratitud. Uno da por sentado que estar vivo, tener alimento cada día, una cama caliente, o los ojos sanos para estar leyendo este texto son derechos connaturales a su persona, y rara vez se para a pensar en que la mayoría de los seres del mundo tiene mucho menos abundancia que uno. Como dice el maestro budista zen Thich Nhat Hanh: «Simplemente el respirar es un regalo». O como dice Swami Premananda: «Todos los días por la mañana deberíamos agradecer a lo Supremo que hemos sido privilegiados con una vida así. Solo entonces la utilizaremos sabiamente, con atención, cuidado, comprensión y concentración».

En conclusión, no es malo aspirar a tener felicidad, a estar siempre confortable y de buen humor, pero es fundamental entender que esos estados son transitorios y apegarse a ellos es una causa perdida. La verdadera –en el sentido de duradera– felicidad es «independiente de condiciones externas», llámense estas coche, pareja, arte, brisa en el rostro, café calentito o, incluso, sonrisa de bebé. En la tradición espiritual de la India se la conoce como *santosha* o contentamiento. Entenderlo y, claro, aplicarlo es la clave.

Parte IV:
Sádhana

La clave detrás de la práctica constante

En el hinduismo, los medios prácticos llevados a cabo por un individuo para llegar a la meta última, llámese esta liberación o iluminación, se conocen como *sádhana*, mientras que *sádhaka* se refiere a la persona que realiza dichas prácticas espirituales. Para alcanzar el éxito en cualquier disciplina espiritual o *sádhana*, todo aspirante, sin importar su escuela filosófica, debe cumplir con un requisito imprescindible que, en sánscrito, se conoce como *abhyasa*. La traducción más básica de este término sería «práctica».

Tanto en la *Bhágavad Guita* como en los *Yoga Sutras* se dice que *abhyasa* es el primer medio para controlar la mente y, de hecho, el sabio Patánjali enumera las tres características que debe tener esta práctica: ser realizada durante largo tiempo, de forma ininterrumpida y con respeto.[147]

Evidentemente, si uno quiere volverse experto en algo, ya sea su mente, tocar la guitarra o hacer ásanas de hatha yoga, debe practicar durante largo tiempo, pues no se puede esperar que el punteo de *Stairway to Heaven* nos salga el primer día.

Sri Swami Premananda siempre decía que todos estamos buscando «atajos» hacia la iluminación y que el primer paso en el camino espiritual es la paciencia. Por supuesto que hay personas que han tenido una «iluminación» espontánea, pero son excepciones, y conviene saber que la mayoría de los santos, maestros y sabios han pasado largos periodos de intensa práctica antes de «conseguir» algo.

En su ameno y entretenido comentario a los *Yoga Sutras*, Swami Satchidananda explica al respecto:

«Si te pido que repitas un mantra y te digo que por hacerlo te volverás más calmo y experimentarás hermosas cosas en tu interior, regresarás a casa, lo repetirás por tres días y luego me llamarás: "Lo he repetido durante tres días pero no ha pasado nada. Quizás este mantra no sea el adecuado para mí. ¿Puede darme otro diferente?". Por eso Patánjali dice "durante largo tiempo", aunque no dice cuánto tiempo».[148]

La segunda condición que se lista es practicar de forma ininterrumpida, pues si uno lo hace de forma esporádica, la fuerza de los arraigados (malos) hábitos antiguos supera los beneficios generados por la práctica y es muy difícil desarrollar un cambio. Tanto esta condición como la anterior son obvias, y, en parte por ellas, *abhyasa* se traduce muchas veces y directamente como «práctica constante». Sobre esto el yogui Andrei Ram dice:

«En el camino del yoga el secreto es la práctica constante, porque al final no hay nada nuevo. Los mismos principios y las mismas técnicas, practicados una y otra vez hasta ser totalmente dominados, y con ese dominio ocurre el autoconocimiento».[149]

La tercera condición, que es practicar «con consideración», es el tema que, en realidad, más me interesa tocar aquí. La palabra original es *satkara* y al traducirla por «consideración» hago una elección arbitraria de entre las múltiples traducciones posibles de la palabra original: «respeto», «seriedad», «veneración», «atención», «sinceridad», «cuidado», «presencia». Literalmente *satkara* sería «hecho con verdad». Como explica el sanscritista Òscar Pujol:

«Es importante que a la hora de practicar se haga con un cierto sentido de respeto y consideración por la tarea acometida: es decir, que no se practique rutinariamente o a disgusto, de un modo forzado ni aplicando de una forma demasiado violenta el poder de la voluntad».[150]

Teniendo en cuenta que la *sádhana*, sea de la escuela que sea, consiste en repetir una y otra vez lo mismo hasta dominarlo, es necesario que nos guste eso que hacemos. Conozco casos de personas que de niños fueron obligados a aprender un instrumento musical y que, si bien ahora sabrían tocarlo, no pueden ni verlo. Es decir, que esas personas practicaron durante largo tiempo y de forma constante, pero sin «corazón» y, por tanto, el resultado fue ineficaz, por no decir negativo.

Swami Satyananda Saraswati dijo una vez que, si uno está involucrado en una *sádhana* que le cuesta mucho, quizás debe plantearse que esa no es su *sádhana*. Obviamente debe haber un cierto esfuerzo personal, como levantarse temprano, controlar ciertas tendencias, encontrar el tiempo en esta vida agitada, y puede haber momentos o épocas en que uno no tenga especial entusiasmo, pero la idea que proponen los maestros es que cuando uno hace su práctica tiene que ser el mejor momento del día. Justamente apelando a la alegría en la práctica se dice que si un yogui es demasiado serio, en el sentido de estricto y forzado, no llegará lejos. Sobre esto afirma el monje suizo hindú Swami Jnanananda:

«La estricta disciplina sin duda da rápidos resultados, pero esos resultados no duran».[151]

Por ello, de todas las traducciones que he encontrado de la palabra *satkara* me ha gustado mucho esta, quizás no tan literal, pero sí muy expresiva de Swami Vivekananda, en su clásica obra *Raja Yoga*:

«La práctica queda firmemente establecida a través de continuos y constantes esfuerzos hechos con gran amor».[152]

Esta idea es importante porque le quita el componente de aridez que suele traer aparejado el concepto de disciplina. Un concepto, dicho sea de paso, poco popular en estos tiempos. No vamos a afirmar que *all you need is love*, porque también se necesita compromiso, esfuerzo y confianza. Pero sí podemos decir que si uno logra desarrollar *amor* por su práctica, sea la que sea, entonces es fácil que esta se vuelva constante, regular y duradera.

Apología de la rutina
y la monotonía

Todos estamos familiarizados con la vida sin pausa propia del siglo XXI, en la que la fórmula 24/7 genera la imposibilidad cada vez mayor de detenerse un momento, de estar desconectado. Por tanto, 24 horas al día y 7 días a la semana hay actividad, posibilidad de comprar o consumir, necesidad de producir, de comunicarse, informarse o de jugar *online*. Como dice el profesor estadounidense Jonathan Crary: «24/7 significa que no hay intervalos de calma, silencio, o descanso y retiro».[153] Aunque Crary analiza este fenómeno con el prisma económico, desde la espiritualidad y el yoga podemos llegar a unas conclusiones similares, y lo bueno es que podemos agregar que esos constantes estímulos externos que reciben nuestros sentidos pueden ser controlados. Como ya todos hemos notado, la mente es inquieta por naturaleza y, si la dejamos, tiene la tendencia a ir siempre hacia fuera. De hecho, en cuanto uno se queda solo en casa pone la radio, la tele o come mirando el móvil, sin ahondar en que todo esto también pasa cuando uno no está solo en casa.

En esta moderna forma de vivir, siempre hacia fuera, se encuadra naturalmente la necesidad individual de probar comidas exóticas, viajar mucho (mientras más lejos y recóndito mejor), ver la nueva serie, estar informado de todo, probar ese novedoso estilo de yoga... En este contexto, el adjetivo «rutinario» es, con frecuencia, un sinónimo de agravio. Es más, en una sociedad que subestima la pausa y la constancia, como esta en la que nos toca vivir, el adjetivo «monótono» es considerado, con seguridad, el peor de los pecados. Ya sé que me estoy metiendo en un tema poco popular, pero allá vamos.

En los manuales medievales de hatha yoga se habla de cómo debe vivir un yogui y se explica que si quiere tener éxito en su camino no debe «hablar demasiado ni socializar» y debe vivir en «una región donde impere la justicia, la paz y la prosperidad»,[154] lo cual le asegura una vida tranquila. Asimismo, se alaban, entre otras cosas, las «labores domésticas, la disciplina y la modestia».[155] Es cierto que cuando hablamos del hatha yogui clásico nos referimos a una persona que busca, en cierta manera y en palabras del historiador de las religiones Mircea Eliade,

«emanciparse de su condición humana al oponer al movimiento continuo del cuerpo su posición estática; a la respiración arrítmica, agitada, opone el control de la respiración; al flujo caótico de la vida psicomental responde con la fijación de la mente en un punto [...] Es decir, hace exactamente lo contrario de lo que la naturaleza humana nos obliga a hacer».[156]

Yendo aún más lejos, Eliade esboza la analogía entre el yogui en estado de concentración y una planta, dándole aparente razón a quienes rechazan la palabra «monotonía» por renegar de convertirse en un vegetal. Dice Eliade que el circuito cerrado y continuo de la vida orgánica, desprovisto de asperezas y de momentos explosivos, tal como se realiza en el nivel vegetativo de la vida, es para el imaginario indio un «enriquecimiento de la vida». De todos modos, aclara el historiador rumano para alivio de muchos, la simplificación extrema de la vida que promueve el yogui no busca dar ese «paso atrás» hacia lo vegetal, sino que tiene como objetivo «suprimir la multiplicidad y la fragmentación para reintegrar, unificar, totalizar».

Evidentemente, todos los seres, incluyendo las plantas, queremos disfrutar con plenitud de la vida, por lo que la idea de rutina o monotonía parece ir en contra de ese ideal. Hace un tiempo salió la noticia de un monje hindú de 120 años cuya fórmula para la longevidad sería, según el titular: «Nada de sexo ni especias y mucho yoga».[157] Aquí, la mayoría estará de acuerdo en la parte de «mucho yoga», pero lo demás seguramente sea motivo de polémica. «¿De qué sirve vivir 120 años si uno no puede comer con sal?», dicen algunos pensando en «vivir en plenitud». Lo curioso es que cumplidos los 60 años, el médico también te prohíbe la sal. Hay que tener en cuenta que aquí hablamos de un monje, y por supuesto que esperamos que sea célibe, eso no es noticia, aunque sea un título enganchador. La noticia, para quien quiera leerla más a fondo, es que el secreto del monje es «llevar una vida muy humilde y disciplinada». Y esto vale también para las personas de familia, o que viven en el fragor del mundo, que somos la mayoría, pues la moderación y el equilibrio son valores básicos para la búsqueda espiritual. Por ello, la filosofía del yoga recomienda una vida sencilla, sin grandes sobresaltos, bastante cerca del famoso «justo medio». A este respecto, el yogui busca una estabilidad mental que, en el plano intelectual, consiste en la concentración intensa y prolongada en un único objeto. Pero en el plano emocional «consiste en la serenidad de la mente, en la disminución, en volumen e intensidad, de la vida emocional».[158] Siguiendo esta línea, aunque desde otra disciplina, me parecen pertinentes las palabras del psiquiatra Claudio Naranjo sobre cómo cultivar el estado interior de felicidad:

«No identificándose ni con los pensamientos ni con las emociones. Idealizamos las pasiones: el orgullo, el amor. Queremos ser héroes, victoriosos o vencidos, somos muy vanidosos. Las pasiones son intrínsecamente egoístas y productoras de infelicidad. Hay que poner en paz a los animales que nos habitan. Hay que dejarse en paz».[159]

Desde una perspectiva que fusiona el cristianismo con la meditación zen, el sacerdote y escritor Pablo d'Ors escribe:

«Como muchos de mis contemporáneos estaba convencido de que cuantas más experiencias tuviera y cuanto más intensas y fulgurantes fueran, más pronto y mejor llegaría a ser una persona en plenitud. Hoy sé que no es así: la cantidad de experiencias y su intensidad solo sirve para aturdirnos. Vivir demasiadas experiencias suele ser perjudicial».[160]

Para rematar la idea desde el hinduismo cito una frase que le escuché a Swami Satyananda y que me parece digna de enmarcar:

«Cuanto más aburrida sea la vida de un yogui, mejor».

Puede sonar chocante, pero en realidad todos tenemos nuestras rutinas y es un aspecto fundamental para darle orden a la actividad diaria: el té de la mañana, la lectura antes de dormir, la lavadora de los sábados, la compra de los miércoles... Así como un niño necesita que se repitan los horarios para las comidas o se establezca la ceremonia de cepillarse los dientes, los adultos también tenemos nuestros redundantes ritos cotidianos que, a través de una uniformidad y repetición exterior, nos ayudan a encontrar calma interior. Siempre y cuando se trate de una rutina hecha de hábitos positivos, claro. Si mi costumbre es comerme cada noche media tableta de chocolate antes de acostarme, quizás más que una rutina estoy generando un apego o una dependencia. Si mi hábito es meditar cada mañana, es probable que esa rutina sea más provechosa, incluso si llegara a convertirse en un apego. Cada uno sabrá discernir su caso.

En cuanto a *sádhana* la rutina es indispensable, en el sentido de mantener nuestra práctica con disciplina y constancia, mientras que la monotonía es necesaria en cuanto los beneficios de cualquier técnica son proporcionales al tiempo que le dediquemos. Por ejemplo, la repetición de un mantra es algo monótono que puede parecer aburrido si únicamente nos centramos en el aspecto externo. De hecho, es normal que la mente se aburra y quiera escapar. Lo mismo pasa con la meditación, y justamente llegar a conocer nuestros «umbrales de aburrimiento» y trascenderlos es parte importante de la práctica.

Los medios de comunicación nos bombardean con imágenes de cambio constante y nos instan a probar nuevas experiencias llenas de adrenalina y emoción. Los propios científicos afirman que el universo está en incesante transformación y, por tanto, las nuevas e inesperadas experiencias son parte de la vida. Como consecuencia, el buscador del autoconocimiento debe esforzarse por ir hacia dentro, al menos para equilibrar la balanza. La búsqueda de armonía es inherente al ser humano y, en este sentido, la rutina diaria es una manera básica de armonizar nuestro entorno y, por consecuencia, nuestro mundo interno. La aparente monotonía de buscar hacia el interior, explican los sabios, si es hecha con constancia y apropiadamente, te puede proporcionar dicha y paz sin límites. ¿Acaso eso suena aburrido?

Bhakti, el sendero de la devoción

Si bien todos poseemos la misma esencia espiritual y, a largo plazo, pasamos por los mismos procesos vitales internos, también es verdad que cada persona es diferente en cuanto a sus circunstancias, intereses y necesidades. Con el entendimiento de que cada persona es un camino es que, bajo un marco básico general, el hinduismo ofrece y acepta una completa libertad de práctica individual. Dentro de esta variedad de posibilidades suelen destacar el camino del conocimiento (*jnana marga*), adecuado para las personas de tendencia más intelectual, el camino de la acción desinteresada (*karma marga*), para las personas más activas externamente, o el camino de la meditación (*dhyana marga*), para las personas más contemplativas. De todos los senderos disponibles, el más popular es el de la devoción y el amor o *bhakti*, ya que trabaja directamente con las emociones, las cuales están siempre muy patentes en nosotros con su capacidad de hacernos sentir en lo más alto o en lo más bajo de la existencia.

En Occidente, la *bhakti* tiene mala prensa porque aquí las personas en general somos especialmente «intelectuales», en el sentido de intentar conocer el mundo solo desde la mente racional. Sin embargo, incluso en el tradicional y elevado camino del conocimiento o *jnana yoga* se considera que la devoción es muy necesaria como una forma de purificar la mente.

El *bhakti yoga*, entonces, busca redirigir las emociones hacia algo Supremo e inspirador y, aunque se considera un camino apropiado, sobre todo, para personas de tendencia emocional, los maestros y los textos dicen que es el camino más fácil para la agitada y ruidosa época que vivimos, en la que muy pocas personas tienen la capacidad y la voluntad de recluirse o detenerse para dedicarse a la meditación, la contemplación o la autoindagación. La persona que sigue este camino es un devoto, en el sentido de que siente devoción hacia lo Divino en todas o alguna de sus variadas formas.

La palabra *bhakti* se puede traducir como «devoción» o incluso como «adoración», aunque proviene de la raíz sánscrita *bhaj* que significa «dividir, distribuir, compartir». Por tanto, en su origen hay un matiz de dualidad, que implica a más de un integrante en esa relación de amor, la cual generalmente se expresa en la «devoción amorosa» hacia lo Divino. Asimismo, en la etimología de *bhakti* se encuentra un doble camino de dar y recibir por parte del devoto, que se materializa en la apertura de generosidad para ofrecer su amor y apertura de humildad para aceptar la «gracia» divina. Para el *bhakta*, la recompensa es el gozo que conlleva la misma práctica de la devoción; el amor a Dios es el fin en sí mismo. Y esto se expresa vívidamente en los famosos *Bhakti Sutras*, texto atribuido al sabio Nárada:

«*Bhakti* consiste en ofrecer todas las acciones a Dios y en sentirse extremadamente miserable si, aunque sea por un segundo, uno se olvida de él».[161]

Las prácticas habituales en el sendero de la devoción son los rituales, la repetición de mantras, la oración, la peregrinación, los cantos devocionales, la escucha y lectura de historias sagradas y el servicio desinteresado al gurú o a la deidad elegida.

El concepto de «deidad elegida» (*ishtadévata*) se refiere a la deidad personal y favorita que cada devoto elige de acuerdo con sus inclinaciones y que, si bien se puede considerar un aspecto parcial de lo Divino, para dicha persona es la forma en que ve a Dios en su totalidad y que le sirve de inspiración y recordatorio espiritual, a la vez que es una ayuda para focalizar la mente en un único punto elevado. Puede incluso suceder que, con los años, uno cambie de deidad personal de acuerdo con su desarrollo espiritual o sus necesidades personales. Muchas veces me han preguntado cómo se hace para saber cuál es tu *ishtadévata*, así que si el autoanálisis no funciona, yo he pensado en una especie de juego-encrucijada en que hay que hacerse una simple pregunta: «Si me fuera concedida la posibilidad de tener una única visión de una deidad, ¿a quién elegiría yo ver?».

Para aquellas personas que no pueden conectar con una idea o imagen de Dios es importante saber que en el hinduismo también se contempla la posibilidad de adorar a lo Supremo sin cualidades. Conceptos abstractos y universales como la Verdad, el Amor o la Luz son aproximaciones populares al ideal sin atributos, especialmente antropomórficos, los cuales para muchas personas occidentales provocan reticencias.

Si bien, como ya hemos dicho, el hinduismo sostiene que lo Divino es absoluto, sin forma ni nombre, la adoración a imágenes y símbolos sagrados es una etapa de la evolución espiritual, al menos para quienes la necesiten. Es normal escuchar que la adoración ritual externa es la etapa más baja del camino espiritual, pues es más burda que los métodos yóguicos de interiorización, y en algunos casos ha sido criticada por darle atributos divinos a objetos inanimados, o por ignorar que la verdadera naturaleza de Dios es trascendente e inmanifestada. De todos modos, los grandes maestros espirituales hindúes coinciden en la validez y la importancia de los símbolos y su adoración ritual.

Teniendo en cuenta que el hinduismo concibe lo Divino como Uno en esencia pero como muchos en su manifestación, todas las deidades o formas existen de manera que cada persona pueda encontrar el aspecto de lo Divino que más le agrade y se acomode a su personalidad. Asimismo, se considera que las imágenes elegidas por el devoto como soporte para su práctica tienen un gran valor espiritual ya que fueron visualizadas, desde la antigüedad, por sabios en profundos estados de meditación. Los símbolos seleccionados, junto con la forma de realizar los rituales, ayudan a llevar la mente hacia lo Supremo, quitando la atención de sus preocupaciones cotidianas y materiales. No se trata de otra cosa que de una práctica espiritual, un entrenamiento espiritual, para llevar la mente a esferas superiores y sutiles de pensamiento.

Para un hindú indio, que vive entre estos símbolos desde su infancia, es fácil relacionarse con estas formas divinas, mientras que para el común de los occidentales es mucho más difícil sentir devoción por estas formas que, a priori, le son ajenas. De todos modos, para la mayoría de las personas sentarse a meditar tratando de observar o aquietar la actividad mental es muy difícil e incluso abrumador. El solo hecho de sentarse y simplemente aquietar el cuerpo es un reto para muchas personas que, a veces, genera todavía más ansiedad. Por tanto, aceptando que la meditación, la contemplación o el proceso de autoindagación son probablemente los puntos más elevados de la práctica espiritual, el buscador recurre a otros métodos más asequibles, como cantar los nombres divinos, visitar lugares sagrados o leer la vida de las encarnaciones de Dios.

Si uno es un principiante o no está lo suficientemente entrenado, ponerse cara a cara con sus demonios internos, así, sin más, puede ser brutal y nada placentero. El fin de la espiritualidad no es el placer, claro, pero es importante que, para empezar, el camino no sea árido ni especialmente doloroso. De ahí que la devoción sea un néctar fácil de beber, ya sea bailando o cantando alabanzas, cocinando para el maestro, viendo una obra teatral sobre la vida del príncipe Rama o tomando un baño ritual en las aguas de un río sagrado.

Al mismo tiempo que hacemos todo esto podemos, por supuesto, meditar y practicar el autoanálisis. Es más, será un resultado natural. Lo que no es natural es saltarse etapas que, quizás, nos toca pasar de alguna manera. Como dice Swami Premananda:

«¿Por qué todos asumimos, en nuestra arrogancia, que estamos listos de forma instantánea para lo más elevado? Adorar a Dios con forma es una práctica gloriosa y altamente benéfica, que lleva directamente a la meditación espontánea en una forma de lo Divino y más allá de lo innombrable, inefable y sin límite».[162]

Como cierre, me gustaría decir que todo acto de adoración genuina, en cualquier país del mundo o en cualquier religión, está regulado por el amor, por lo que afirmar que es innecesario o burdo sería negar, en cierta forma, los beneficios de amar lo Supremo.

¿Cómo hacer tu altar en casa?

A diferencia de Occidente, en la cultura de la India todavía es normal tener un altar en casa; incluso una habitación exclusiva para fines espirituales. Quizás, por esa falta de hábito, muchas personas occidentales se preguntan cómo crear su propio altar de la nada. De acuerdo con la tradición hindú, hacer un altar personal y hogareño no es difícil ni tiene especiales misterios en cuanto a su estructura u ordenación, excepto un par de detalles. El punto básico que hay que tener en cuenta es que el altar, en esencia, es un lugar de adoración y de práctica más que de un rincón donde poner un montón de objetos «inspiradores». Por este motivo es muy importante el sitio donde se ubica el altar. Muchos maestros recomiendan tener, si es posible, una habitación dedicada de forma exclusiva al altar, la meditación y otras prácticas. Evidentemente esto no es siempre posible. La idea de una habitación separada es para que al entrar en ese recinto uno ya se predisponga a la práctica espiritual.

Swami Vivekananda, por ejemplo, recomienda «no dormir» en la habitación del altar; «entrar bañado y limpio de cuerpo y mente»; «quemar incienso»; «ofrecer flores»; «poner imágenes placenteras», y «no tener discusiones, enfados o pensamientos profanos allí». El objetivo de estos hábitos, dice el Swami, es:

> «Crear una atmósfera de santidad, de manera que cuando te sientas miserable, afligido, lleno de dudas, o tu mente esté alterada, el solo hecho de entrar en esa habitación te traiga calma».[163]

Hubo un tiempo en que yo compartía piso y mi altar estaba en mi propio dormitorio, por lo que yo dormía allí, tenía discusiones allí y también malos pensamientos. De todos modos, ese pequeño rincón que yo le reservaba al altar, si bien en el mismo ambiente, era especialmente propicio para la práctica. Asimismo, mientras uno más realiza rituales o medita o canta mantras, más se llena de buena vibración el lugar que sea y, en última instancia, el dormitorio también se va «santificando». Por eso las iglesias o templos son sagrados, al menos en origen.

Sobre la ubicación, y siguiendo los consejos de la arquitectura védica, se recomienda que, en la medida de lo posible, el altar esté situado en el norte, este o noreste de la casa o habitación, de manera que al sentarse frente a él uno quede de cara a estos puntos cardinales, considerados los más propicios.

En la tradición hindú es importante entrar siempre sin calzado a la habitación o zona del altar. Si este altar se encuentra en una habitación de uso múltiple, entonces se espera que al menos uno esté descalzo durante la ceremonia de adoración o la práctica espiritual que haga.

Pasando a los detalles prácticos, el maestro Sivaya Subramuniyaswami dice que el altar debería estar en el suelo, «ya que la mayoría de los rituales se realizan sentado».[164] Y aunque uno no haga rituales, la meditación, el *pranayama* (ejercicios respiratorios) y la recitación de mantras se suelen hacer también sentados en el suelo. Obviamente, esto no es obligatorio y el altar también puede estar elevado, ya sea para el caso de personas que hacen su práctica sentadas en silla, por razones logísticas, o incluso si hay niños en la casa para así evitar que tomen o rompan algún elemento sagrado. Sobre esto, y a pesar de la innata curiosidad de nuestras hijas, nosotros siempre hemos dejado el altar a ras de suelo, teniendo especial atención a que ellas no tomen la estatuilla del toro Nandi, vehículo del dios Shiva, que las atrae particularmente.

El altar puede ser una mesa baja o una repisa o incluso una caja. Cualquiera que sea el soporte elegido, se debería cubrir con una tela que no esté rota ni quemada y que en lo posible sea bella. Entonces uno puede colocar las imágenes u objetos de adoración. Si el altar está dedicado a una deidad –nuestro *ishtadévata* –o a un maestro en particular, entonces se recomienda que la imagen de esa deidad o maestro vaya en el centro. Si el altar está dedicado a más de una deidad, maestro o manifestación divina, entonces el centro del altar puede «repartirse». Es puro sentido común.

También influye el tamaño y el tipo de imágenes u objetos que queramos colocar en el altar. Si tenemos una estatua o foto grande, puede que sea más armonioso estéticamente ponerla en el centro, pero también depende del resto de objetos y de la composición que forman. Ya saben cómo es de relativo esto del diseño: si alguien viene a nuestro altar, probablemente querría cambiar el orden, así que la norma primera es que la composición final nos inspire.

Una vez hecho el altar, cada uno realizará las prácticas que quiera o pueda, pero en cualquier caso también hay que recordar que es importante limpiarlo con frecuencia, ya que puede acumular polvo y, además, se trata de un signo de respeto a lo Divino. Si en el altar hay algún elemento especialmente sagrado, se considera mejor tenerlo cubierto (bajo una campana de cristal, en una caja, envuelto en un pañuelo) y sacarlo en los momentos de adoración o práctica.

Como detalle extra, por más que estos consejos tengan una base hindú, es posible que algunas personas quieran poner en sus altares imágenes u objetos sagrados de otras religiones o culturas. Desde mi punto de vista, que se basa en que todos estamos yendo a la misma meta aunque por distintos caminos, considero que no hay ningún problema con eso, siempre y cuando sea hecho con respeto y sea fuente de inspiración para el practicante espiritual.

Finalmente, el factor fundamental: todo lo anterior puede ser modificado o adaptado siempre y cuando exista devoción. Por tanto, la clave del éxito para construir tu altar personal es, entonces, la devoción. Sin olvidar que, en última instancia, y como dicen los maestros, el verdadero altar está en tu propio corazón.

El ritual como práctica espiritual

Evidentemente, si a uno le dicen que está en la etapa más baja de algo, entonces quiere pasar a la etapa siguiente, un poco por curiosidad, otro poco por anhelo, y otro mucho por orgullo, pues a nadie le gusta ser el «último orejón del tarro». Esta misma regla se podría aplicar con la adoración ritual, por lo que quienes no la precisen pueden saltársela. Para quienes, en cambio, necesitamos entrenar nuestra mente para que se aquiete y mantenga en un punto; para quienes necesitamos abrir más nuestro corazón; para quienes necesitamos disminuir nuestra tendencia racional e hiperanalítica, entonces, puede que sea muy beneficioso realizar o presenciar rituales de adoración externa.

En una sociedad occidental cada vez más laica es normal que haya cierto resquemor hacia las liturgias religiosas, consideradas anacrónicas o arbitrarias. De todos modos, he podido comprobar con mi experiencia que muchas personas no religiosas disfrutan viendo un ritual tradicional hindú, y también que muchas personas no religiosas tienen su propio altar o ritual personal, aunque sea *sui generis*. Esto significa que en la raíz espiritual del ser humano hay una necesidad por adorar aquello que considera importante, supremo o inspirador, llámese Dios, Naturaleza, la justicia, el conocimiento, la respiración o la figura de los ancestros, entre muchas otras opciones.

En el hinduismo, la adoración ritual básica se suele denominar genéricamente *puja*, que puede ser más o menos simple y que muchos hindúes hacen de forma cotidiana. A medida que el ritual se complejiza, el nombre también puede variar y ser más específico: si el elemento principal que se usa para la adoración es el agua, entonces se habla de *abhisheka*, si es el fuego sería un *homa*, o si es la luz un *árati*, por ejemplo.

Si bien hay prácticas místicas de adoración interiorizada, normalmente la *puja* es externa y se realiza a una estatua o imagen divina que técnicamente se denomina *murti*, y que a pesar de ser una figura de arcilla o de piedra se considera sagrada, pues en general se le ha realizado la *pranapratishthá*, la ceremonia tradicional para infundirle «vida». Este evento, además de ciertos rituales, muchas veces implica la «apertura» de los ojos de la imagen, lo cual puede consistir en pintárselos en el caso de una pintura, o destapárselos en el caso de una escultura.

Sobre el propósito específico de utilizar una imagen en los rituales, Swami Premananda dice:

«Inicialmente, tu mente no es capaz de concentrarse en nada, a menos que haya algo concreto y sustancial delante de ti. Por lo tanto, la estatua es un punto focal en el cual concentrarte. Durante los rituales, la mente está totalmente absorta en lo que estás haciendo de forma práctica con tus manos. El cuerpo y los órganos de los sentidos están en acción, pero conectados a la adoración a Dios. Tu boca está cantando mantras antiguos y sagrados que purifican el corazón y estabilizan la mente. La respiración está controlada siguiendo el ritmo divino, dándote paz física y mental...».[165]

En mi caso personal, en el año 2003 Swami Premananda me dio una pequeña estatua de metal de Ganesha, el dios con cabeza de elefante, y desde aquel entonces empecé a realizarle *abhisheka*, un tipo de ceremonia que consiste en el lavado ritual de la imagen con agua y otros ingredientes. Cada etapa de este ritual simboliza el proceso por el que todas las personas hemos de pasar en el camino del autoconocimiento, es decir, la limpieza de la imagen con cúrcuma o lima representa la purificación de nuestras malas cualidades, el posterior vertido de leche o agua perfumada significa la adquisición de buenos hábitos o cualidades espirituales y, finalmente, el vestir y decorar a la deidad representa nuestra hermosura esencial y nuestra disposición para regresar a la fuente divina.

Como es de esperar, muchas personas occidentales encuentran ajeno el hecho de bañar una estatua. Yo mismo, antes de empezar con esta práctica y a pesar de haber estado desde siempre en contacto con otras técnicas hindúes, no pensaba que el ritual fuera algo para mí. Por ello me parecen reveladoras las palabras de Premananda sobre el cambio interior que conlleva realizar rituales:

«La estatua de una deidad es un símbolo de lo divino que yace
en lo profundo de tu interior. Depende de tu propia actitud si esta
estatua es sagrada y significativa para ti o no. Un trozo de papel
blanco no tiene valor para ti, pero sí que cuidarías mucho un bi-
llete de dólar ¿Por qué? Porque el papel ha sido impreso con un
signo de dólar. De la misma manera, puede que no veas a Dios
en una piedra ordinaria, pero si está esculpida con una imagen
divina, se torna significativa e inspira devoción en ti. Después de
algún tiempo de profunda devoción y adoración, tú tampoco ve-
rás esa imagen de piedra o de metal. Entonces experimentarás
a Dios como luz y energía todopenetrantes. Dios existe en todos

nosotros. El objetivo de la espiritualidad es comprender y realmente conocer este hecho».

En resumen, el ritual es un antiguo método que, gradualmente, nos permite, a través de la adoración a una imagen externa de lo Divino, descubrir la verdadera esencia divina que yace en nuestro interior. Y por eso es útil.

La sacralidad del alimento

Shiva, el símbolo de la pura Consciencia que todo lo ilumina, le dijo un día a Párvati, su consorte, que todo el universo fenoménico no es más que *maya*, una «ilusión» cósmica, pues en realidad solo existe el *Atman*. Párvati, quien con su energía divina (*shakti*) manifiesta y mueve el mundo, se sintió ofendida, naturalmente. Como escarmiento para su marido dejó de actuar y desapareció de forma voluntaria. La consecuencia fue un mundo de cartón piedra, vacío, y sin la abundancia de la naturaleza. Los seres vivos sufrieron de diferentes maneras la ausencia de la Madre cósmica, pero sobre todo echaron de menos el alimento.

Entonces, Shiva se dio cuenta de su error: no puede haber Consciencia sin Energía, Espíritu sin Materia, Shiva sin Shakti, y salió a buscar desesperadamente a su media naranja. Supo que se había manifestado en Kashi, la antigua ciudad de Benarés, bajo la forma de Annapurna, la diosa del alimento. Con humildad, Shiva se acercó a la Diosa con su bol de mendicante para pedirle un poco del arroz con leche que lleva en una de sus manos. La Diosa aceptó y su gesto de nutrir a Shiva se extendió a todos los seres, a quienes alimenta de forma permanente. De allí su nombre sánscrito: *anna*, «comida» o «grano», y *purna*, «completa», que se podría traducir literalmente como «llena de alimento» o, quizás más bonito, «la que nutre».

Esta historia nos dice muchas cosas, entre ellas que lo divino está en todo, incluyendo el alimento, pues, para empezar, nos mantiene vivos. Por ello, para la cosmovisión hindú «el alimento es Dios» (*annam brahma*) y, como en muchas otras tradiciones, no se debe tratar de forma irrespetuosa ni malgastar. Asimismo, al tratarse de un elemento que nos es proveído por la Madre no deberíamos darlo por descontado, sino más bien agradecerlo. Para la tradición yóguica, comer ignorando esta relación de dependencia con la Naturaleza es una forma de «robar» pues, por más que hayamos pagado nuestra comida, estamos ignorando que el alimento llega a nosotros gracias al esfuerzo y la generosidad de la Tierra.

Como forma de explicitar este hecho, la tradición hindú cuenta con numerosas oraciones que se pueden recitar antes de comer y que varían según la escuela filosófica o teológica que siga cada devoto. En algunos *áshrams* indios, antes de comer, recitan por entero el capítulo cuarto de la *Bhágavad Guita*, lo cual puede llevar unos 10 minutos. Eso no es para todos, pero hacer algún tipo de oración o pensamiento es importante. Está claro que, en Occidente, bendecir la mesa no es una actividad especialmente popular en la actualidad, pero creo que es una práctica muy relevante, que en general toma menos de un minuto, y que nos recuerda cada día lo afortunados que somos por tener alimento. Además, dar las gracias nos predispone a comer con consciencia, lo cual nos ayuda a resituar nuestro pequeño –aunque importante– papel en el complejo entramado de la vida y, a la vez, es beneficioso para nuestro sistema digestivo. Considero que desarrollar este hábito es fundamental para los niños.

La verdad es que, a pesar de estar metidos en la espiritualidad hindú, en casa de mis padres no siempre orábamos antes de comer. En un momento dado empezamos a bendecir la mesa usando una larga oración traducida al español y originalmente creada por el maestro Paramahansa Yogananda. Yo me llevé ese hábito cuando nos fuimos a vivir juntos, mi esposa y yo, pero con la llegada de nuestras hijas, por cuestiones de practicidad y para evitar más sopa derramada en la alfombra, cambiamos la larga oración por la repetición, tres veces, del mantra *hari om*. Esporádicamente repetimos versos sánscritos, que a mí me gustan y también son bien recibidos por las niñas. De todos modos, creo que la oración que más me gusta es la amorosa versión del maestro Sri Dharma Mittra que dice:

«Que todos los seres se beneficien de estos alimentos a través de mi cuerpo, de mis sentidos y de mi mente».

Si para el hinduismo todo alimento se puede considerar sagrado ya que es providencia de la Madre Tierra, adquiere un escalafón todavía más elevado cuando ese elemento, antes de ser consumido, es ofrecido a lo Supremo. La palabra sánscrita para definirlo es *prasada* y significa «gracia» o «claridad», aunque en este contexto se refiere a la ofrenda que el devoto hace a la divinidad y que, como consecuencia, queda bendecida. Si bien las ofrendas comestibles son las más frecuentes, también hay otras opciones tradicionales como flores, incienso o velas. La ofrenda comestible más difundida son las frutas, y si se trata de un alimento preparado entre los ingredientes más comunes tenemos sémola, arroz, leche, coco, azúcar, miel o también legumbres. En el caso de ser preparada por uno mismo, la ofrenda no debe ser probada antes de que la deidad o el gurú reciban la primera porción. Esta idea de estar cocinando para la divinidad implica asimismo que, al preparar el alimento, uno debería tener la mente focalizada en un objeto espiritual, ya sea cantando una canción devocional, repitiendo un mantra, o teniendo una imagen mental de lo divino. Una vez que el alimento ha sido consagrado por el contacto con la divinidad, el devoto puede consumirlo, y esto es considerado una bendición. En ocasiones, uno puede recibir elementos consagrados de manos de otras personas, sin necesidad de haber hecho uno misma la ofrenda. O incluso hay devotos que toman diferentes sucesos de su vida, incluso los no placenteros, como el *prasada* o regalo que les está enviando lo Divino.

Si hablamos de visitar templos o lugares sagrados, la tradición hindú marca como correcto llevar siempre algún tipo de ofrenda, pues se considera inadecuado llegar a la divinidad con las manos vacías, de la misma forma que si uno es invitado a cenar a casa ajena lleva el postre o una botella de vino (o zumo, dependiendo de la ortodoxia). Evidentemente, Dios no querrá más o menos a un devoto por lo que traiga en sus manos, sino que se trata de pequeños gestos de piedad que nos ayudan a mantener la atención en una meta elevada. El protocolo tradicional también dicta que el *prasada* se debe dar y recibir con la mano derecha, o con las dos manos, la izquierda debajo de la derecha.

En cualquier caso, el mensaje básico es que a través del ofrecimiento a Dios de un elemento tan cotidiano –aunque no banal– como la comida, uno puede llevarse a la boca, ni más ni menos, una bendición. En ese caso, el verdadero *prasada*, me parece, consiste en darse cuenta de que la energía divina está latente en todas las cosas; por eso dar las gracias por nuestros alimentos con una plegaria o con una intención superior es una poderosa forma de ofrenda.

¿Qué es y cómo se consigue un nombre espiritual?

Si el nombre de un recién nacido es elegido por los padres, dicha elección estará basada, generalmente, en sus preferencias, sus gustos y su contexto sociocultural. Sobre todo en el Occidente moderno, los padres elegimos los nombres de nuestros hijos antes de que nazcan, sin tener en cuenta los componentes astrológicos del nacimiento, los posibles rasgos distintivos del neonato o, ya tampoco, el santoral católico, como alguna vez fue la norma.

Este tipo de elección «a la carta» puede basarse en la sonoridad agradable del nombre, en la tradición familiar, en la intención de evocar un personaje en particular, en su significado o incluso en una cuestión de moda, pero lo cierto es que los criterios que se utilizan se sustentan en el aspecto material de la existencia, o sea, solo en lo que los sentidos y la mente humana pueden atrapar. Incluso los nombres con referencias religiosas, escrupulosamente elegidos por los padres, no pueden escapar a las limitaciones materiales, por más que, según el punto de vista, se puedan considerar más «espirituales» que la elección de aquel asiático que, como nombre de pila, a su hijo le puso *David Beckham*.

De ninguna manera quiero criticar estas elecciones «materiales», que yo también he hecho y que, por más artificiales que puedan ser, juegan un papel muy importante en el desarrollo de la personalidad de cada ser. De hecho, algunas corrientes pedagógicas sostienen que la vibración sonora de un nombre, incluyendo su longitud y su entonación, determinan en gran medida el carácter de cada niño. Desde esta perspectiva, quienes comparten nombre compartirían también rasgos de personalidad.

En cualquier caso, el concepto de nombre espiritual tiene su asidero en que la elección material hecha por los padres no contempla, en la mayoría de los casos, las cualidades ni las necesidades esenciales del ser que acaba de nacer. Y no lo hace por dos razones: porque no las conoce de antemano y porque, aun queriendo conocerlas, no son visibles para la mayoría de nosotros. De esta manera, un nombre espiritual verdadero sería aquel que se corresponde con las cualidades o necesidades particulares de ese ser, no simplemente describiéndolas, sino alentándolo a identificarse con ellas de manera que pueda avanzar más rápidamente en su camino espiritual.

Entonces, si los padres en general no somos capaces de elegir un nombre espiritual para nuestros hijos, ¿quién puede hacerlo? Pues hay distintas alternativas. En muchos casos, en la cultura hindú se recurre a la astrología védica para determinar, al menos, la letra inicial del nombre y tener cierta aproximación. Asimismo, en una tradición donde predomina la relación gurú-discípulo, es justamente el preceptor espiritual quien puede asignar el nombre a un recién nacido y, no menos importante, a un adulto que se considera preparado para profundizar en su sendero espiritual. Si se trata de un maestro genuino, o al menos con un alto nivel de evolución espiritual, entonces se da por sentado que será capaz de discernir el nombre que corresponde a cada persona y que se ajusta a sus necesidades espirituales. Según se explica, el uso de este nombre nos ayuda a ser conscientes de nuestra naturaleza espiritual y de que hemos comenzado una nueva vida espiritual.

De esta forma, recibir un nombre espiritual tiene dos aspectos básicos: por un lado, es un símbolo de iniciación. Es una «señal» que recuerda al buscador espiritual que ha entrado efectiva, voluntaria y conscientemente en el camino espiritual. Cuando una persona deja la vida secular para tomar los hábitos religiosos, generalmente debe cambiar sus ropas y su nombre, no solo como una forma de demostrar pertenencia a un grupo particular, sino como un símbolo de haber dejado atrás el antiguo «yo» mundano e individual en pos de un «yo» espiritual y universal. Probablemente, este proceso nos parece normal cuando se refiere a la vida monástica, y en realidad la idea básica es la misma con personas seglares que tienen un trabajo o una familia.

Poniéndonos un poco más prosaicos, si los actores o los músicos se cambian el nombre con fines artísticos o comerciales, cómo no va a tener sentido hacerlo con fines espirituales. En el caso de los nombres artísticos, la elección la hace el propio interesado, siempre basado en criterios materiales, y aunque existen casos de personas religiosas o espirituales que han autoelegido su nombre de iniciación, el protocolo tradicional es que te lo otorgue un maestro.

En la tradición hindú, el idioma en que se recibe el nombre espiritual suele ser el sánscrito, aunque las posibilidades incluyen lenguas derivadas como el hindi, el bengalí o el marathi, o en el sur de la India, también lenguas dravídicas como el tamil o el kannada.

El segundo aspecto fundamental de recibir un nombre espiritual, además de servir como recordatorio de la entrada al sendero espiritual, tiene que ver con el significado de ese nombre, que posee una vibración espiritual propia. Esta vibración puede estar directamente relacionada con las cualidades esenciales del aspirante, en el sentido de que fomenta esos aspectos más puros o positivos de la personalidad, creando así un sentimiento de identificación con lo luminoso de cada ser que le ayuda a encontrar la plenitud.

A la vez, las cualidades referidas en el nombre espiritual pueden no parecer, a priori, directamente relacionadas con la personalidad de cada aspirante particular, sino que se convierten más bien en un estímulo de aquello a lo que este debe aspirar; es decir, una pista de hacia dónde dirigir sus esfuerzos para evolucionar espiritualmente.

Como regla general, si uno medita y reflexiona sobre el significado profundo que tiene el propio nombre espiritual, es seguro que encontrará mucho material para trabajar internamente, a la vez que hallará una ayuda y una guía personal en el propio camino espiritual.

Dice Swami Jnanananda:

«Siempre ha sido mi firme convicción que el nombre de una persona es un indicio de sus tendencias latentes (*samskaras*). Seguir la indicación del nombre de forma correcta puede ayudar a una persona a representar su rol elegido en la vida para el bien superior».[166]

La verdad es que la mayoría de los nombres que conocemos, en cualquier lengua, tienen un significado que puede ser inspirador y, a la vez, gran parte de los nombres tradicionales occidentales tienen su origen en personajes bíblicos, santos o místicos, tanto del catolicismo como del judaísmo. Ni qué decir de los nombres indígenas de Latinoamérica, fuertemente marcados por el respeto y la adoración a la Tierra. Por tanto, detrás de cada nombre hay un mensaje que, bien aplicado, puede ayudarnos a desarrollar nuestro potencial.

De todos modos, con los nombres pasa como con la respiración: al estar con nosotros desde el nacimiento y ser inherentes a nuestra persona los damos por descontados y no les prestamos demasiada atención. Por eso, el nombre espiritual, otorgado por alguien genuino, puede convertirse en una herramienta de autoconocimiento y progreso interior. Sin olvidar, como dice la tradición, que lo que somos en esencia está siempre más allá de toda forma y todo nombre.

El silencio en la vida cotidiana

El saber popular afirma que «hablando se entiende la gente» y, de hecho, a nuestros hijos los exhortamos a comunicarse a través de la palabra, sin gritos, llantos ni gestos ambiguos. Sin negar los beneficios de la comunicación civilizada, la filosofía yóguica nos alerta sobre sus variadas contrapartes, entre ellas: malentendidos, agitación mental o gasto de energía vital. Todos hemos notado que cuando hablamos durante un largo periodo de tiempo nos cansamos, lo cual es más evidente si lo hacemos por trabajo, pero también sucede en actividades de ocio como reuniones sociales o llamadas telefónicas. El hablar ocupa nuestra energía física y mental y, según los sabios, el hacerlo de forma excesiva e innecesaria reduce nuestro tiempo de vida.

Al mismo tiempo, si hay mucho parloteo externo, nuestra mente genera más ruido interno y agitación y, por ello, una de las prácticas hindúes recomendadas es la de permanecer en silencio con un propósito espiritual, lo que en sánscrito se denomina *mauna*. En directa relación, la palabra *muni* designa a un «sabio», pero especialmente aquel que está en silencio y quizás en soledad. Es posible que, en algunos casos, el silencio de una persona se deba a timidez, indiferencia o mal humor, y en eso se distingue de la práctica espiritual del silencio, cuyo objetivo es la introspección y la plena consciencia de nuestras palabras y pensamientos.

En una versión popular del *Mahabhárata*, la gran epopeya hindú, hay una historia concerniente al valor del silencio. Después de que el sabio Vyasa dictase el último verso del larguísimo texto al Señor Ganesha, quien lo había anotado todo con uno de sus colmillos, le dijo:

«¡Bendita sea tu escritura! El Espíritu Supremo ha creado el *Mahabhárata* y tú lo has escrito. Lo que es más asombroso es tu silencio. Durante el dictado yo debo haber dicho dos millones de palabras, pero durante todo ese tiempo no oí ni una sola palabra de ti».

Ganesha respondió reflexivamente:

«¡Vyasa! Algunas lámparas tienen mucho aceite, otras tienen solo un poco. Ninguna lámpara tiene un suministro continuo de aceite. De igual modo, dioses, hombres y demonios tienen una vida limitada. Solo aquellos que tienen autocontrol y usan sus capacidades con paciencia y entendimiento pueden beneficiarse plenamente de su vida. El primer paso para el autocontrol es controlar el habla. Aquel que no puede controlar su habla pierde energía innecesariamente. Siempre he creído en el poder del silencio».

Uno de los beneficios evidentes del silencio es la posibilidad de estar en mayor contacto con uno mismo, lo cual no siempre es placentero, pero sí un paso indispensable para descubrir y modificar nuestros condicionamientos mentales. Si hablamos todo el tiempo, no podremos escucharnos internamente. El *mahatma* Gandhi, que practicaba silencio una vez a la semana, dijo:

«Hace algunos años comencé la observación de un día de silencio con el objeto de tener tiempo para ocuparme de mi correspondencia. Pero ahora esas 24 horas se han convertido en una vital necesidad espiritual. Un mandato periódico de silencio no es una tortura, sino una bendición».[167]

Si uno tiene una vida familiar o laboral normal, observar un día completo de silencio no es fácil y quizás necesite buscarse algún tipo de retiro o espacio específico que genere el contexto más adecuado. Teniendo en cuenta esto, Swami Premananda ofrece una práctica cotidiana y asequible:

«Fija un cierto tiempo, digamos una hora cada día, en el que tan solo hablarás lo que es absolutamente necesario. Durante este tiempo obsérvate muy cuidadosamente. Pon atención en cada sílaba que sale de tu boca. Puede que al principio no sepas qué decir y qué no decir, pero a medida que pase el tiempo mejorarás. Tal vez te preguntes, ¿por qué no simplemente permanecer en silencio? Eso es fácil, ¿no es verdad? Puedes decir que no hablarás en absoluto durante una hora, pero para ello no se necesita mucho autocontrol. Cuando abres la boca te causas problemas a ti y a otros. Que esta práctica se convierta en un hábito. Encontrarás que puedes controlar más fácilmente tu mente y tus palabras. Este *semisilencio* te permitirá controlar las tendencias negativas de tu personalidad y evitar malentendidos con los demás».[168]

En cierta forma, morderse la lengua es más fácil que decir palabras que cumplan con dos requisitos espirituales básicos: compasión y veracidad. Si prestamos atención, veremos que hablar sin criticar a otros, sin quejarse de la vida o sin chismorrear sobre asuntos ajenos no es nada fácil. Quizás uno justifique sus palabras afirmando que solo expresan la «verdad», pero entonces es importante saber que para la tradición yóguica la veracidad es una cualidad y un principio ético que, además de no mentir, incluye un discurso que no cause daño a otros, que no sea hiperbólico y que ofrezca información relevante. Suele pasar que si uno conoce dos casos de personas con celiaquía dirá que conoce a «varias» personas que tienen intolerancia al gluten, o si se encuentra en el ascensor con un vecino, quizás no pueda evitar el trillado comentario de «¡qué loco está el clima!».

Siempre me ha gustado el proverbio que dice «mejor callar y parecer tonto que hablar y confirmarlo». Es una enseñanza que pongo bastante en práctica, excepto en mi casa donde ya no puedo esconder mis flaquezas. Y ya que hablamos de la vida doméstica y familiar, todos sabemos que la práctica del silencio puede ser muy útil para evitar malentendidos y controversias. Cuántas veces hemos dicho una frase poco feliz que ha marcado durante largo tiempo nuestras relaciones. Por supuesto, si no hay comunicación cualquier relación tiende a secarse, pero como fórmula me parece muy sabio aceptar que lo más importante no es entenderse, sino amarse.

Las palabras y el lenguaje son elementos básicos del desarrollo humano, aunque también son limitados, sobre todo cuando se trata de expresar o describir aspectos espirituales. En las *Upanishads* se describe el *atman*, aquello que todo sabio debe conocer, a la vez que se aconseja «no meditar en muchas palabras pues esto es cansancio inútil del habla».[169]

En la tradición hindú hay registro de grandes sabios en todos los tiempos que enseñaban en silencio y desde el silencio, empezando por el «maestro primordial» (*adiguru*) llamado Dakshinamurti y considerado una forma del dios Shiva. Para recibir esa sutil enseñanza, tanto de un maestro externo como de su propio guía interior, uno también debe encontrar cierta quietud física y mental. Permanecer algún tiempo del día en silencio y observar con atención cada palabra que decimos son grandes ejercicios para profundizar en el espacio de calma y silencio que subyace a cada uno de nosotros y que, en última instancia, es donde nos conviene anclarnos para sentirnos plenos.

¿Cómo usar una *mala* o rosario hindú?

El otro día estaba en un retiro y una persona me preguntó: «¿Qué es ese collar de bolitas que llevan todos?». Deleitado por el candor de la pregunta, saqué de debajo de mi camiseta mi «collar» y se lo mostré de cerca mientras daba una respuesta breve y popular: «Es un rosario hindú».

En realidad, el nombre sánscrito de este tradicional elemento hindú es *mala* (*mālā*), que puede significar «guirnalda», «sarta de cuentas» o incluso «collar», pero que en el contexto religioso se refiere al rosario de cuentas utilizado como ayuda para practicar *japa*, es decir, la repetición murmurante o silenciosa de mantras. En efecto, la palabra sánscrita *japa* quiere decir «susurrar» o «murmurar» y se refiere a la repetición en voz baja o en silencio de palabras sagradas como antigua herramienta para aquietar la mente y fomentar la concentración. A la vez, esta forma de *mantra yoga* se basa en el hecho de que la rítmica repetición del sonido tiene beneficiosos efectos físicos y energéticos, especialmente si se trata de fórmulas tradicionales y contrastadas por la práctica de cientos de miles de personas previamente.

No es lo mismo repetir una palabra cualquiera que un mantra, pues si bien repitiendo la palabra «silla» durante largo rato uno podría concentrar la mente en ese único objeto y encontrar cierta quietud mental, el mantra va más allá. Para empezar, está diseñado con una secuencia sonora cuya vibración afecta al cuerpo físico y energético y, además, posee un significado que, aunque lo desconozcamos, remite a un aspecto elevado de lo Supremo.

Por supuesto, un mantra puede ser recitado sin necesidad de una *mala*, y esta se usa, en realidad, para llevar el número de las repeticiones y también como ayuda para mantener la atención en la práctica a través de un objeto físico involucrado con el sentido del tacto. En caso de usar esta ayuda, el método más habitual es colgar la *mala* del dedo medio de la mano derecha y usar el pulgar para girar y hacer avanzar las cuentas, siempre en dirección hacia uno mismo. El dedo índice se considera desfavorable para esta práctica porque representa el ego y, por tanto, se evita que participe en el proceso, mientras que el dedo medio simboliza la inteligencia y el pulgar, lo divino. La *mala* no debería tocar el suelo y, por ello, la mano activa suele situarse cerca del pecho, mientras que la mano izquierda puede descansar o hacer de sostén, en forma de cuenco, a la altura del ombligo.

Por otro lado, es importante saber que la *mala* tradicional tiene 108 cuentas (más una). El número 108 es sagrado en el hinduismo y la cuenta extra, que sirve para marcar el final de la ronda, se llama *meru*, pues ese es el nombre del legendario monte que se encuentra en el eje del mundo según la cosmografía hindú. De la misma forma, en el rosario hindú esta cuenta suele estar más elevada o llevar algún tipo de penacho de hilo que la distingue del resto. A la vez, se explica que la cuenta *meru* representa al gurú o a la Divinidad, y al igual que estos están más allá del tiempo y el espacio, el *meru* se mantiene aparte de las otras 108 cuentas.

Según el tipo de collar también es posible encontrar *malas* compuestas por 54 cuentas o incluso 27 cuentas. Estas últimas suelen ser pulseras para la muñeca y no collares. En estos casos hay que hacer dos y cuatro rondas de repetición, respectivamente, para llegar al tradicional número 108. En todos los casos, cuando se llega al final de una ronda y se desea continuar, no se sigue dando la vuelta, sino que se debe girar la *mala* al punto del *meru* y empezar de nuevo desde la última cuenta que se había contado. Esto se debe a que, simbólicamente, la cuenta del gurú no debe ser pasada por encima como símbolo de respeto y, a nivel energético, se considera que esta ida y vuelta en dos sentidos carga la *mala* de poderosa vibración. Por tanto, sea cual sea el mantra elegido, se debe repetir, mentalmente o en voz muy baja, una vez por cada cuenta hasta cumplir 108 repeticiones y entonces se puede comenzar otra vuelta o no, según la práctica de cada persona.

En cuanto a los tipos de *malas* según su composición, hay gran variedad, incluyendo cristal y piedras preciosas, aunque las más tradicionales son las que están hechas de semillas de *rudraksha* y de madera de *tulsi*.

Cuando decimos madera de *tulasí* o *tulsi*, estamos hablando de un arbusto aromático no muy grande que se suele denominar «albahaca sagrada» (nombre científico *Ocimum sanctum*) y que es especialmente sacro para los seguidores del dios Vishnu, que lo suelen cultivar en sus casas. A esta planta se la considera una manifestación vegetal de la Diosa y, mitológicamente, una esposa de Vishnu. La historia tradicional cuenta que, antes de ser planta, Tulsi era la esposa de un *asura* o demonio que había ganado el don de ser invencible, siempre y cuando su mujer le fuera fiel. Para detener las malas acciones del *asura*, el Señor Vishnu tomó la forma de este y sedujo a la esposa. Cuando la mujer descubrió el engaño maldijo a Vishnu, que se convirtió en piedra, y este a su vez hizo que ella se convirtiera en la planta de *tulsi*. Desde entonces, los devotos váishnavas adoran a Vishnu en la forma de una piedra particular con forma de concha llamada *shalagrama* y también a la diosa en la forma de la planta aromática.

En cuanto al *rudraksha*, el otro elemento más usado para los collares, se trata de la semilla de un gran árbol (nombre científico *Elaeocarpus ganitrus roxb*) que se encuentra en lugares específicos de Asia y Oceanía, entre ellos la India, y que es sagrada para los devotos de Shiva. De hecho, la palabra significa «ojo de Rudra», pues Rudra es otro epíteto de Shiva, y se la llama así porque la semilla nació de sus ojos representando su gracia o, según otra versión menos idílica, porque son las lágrimas condensadas que el dios derramó al ver el estado actual del mundo.

La sacralidad de la semilla de *rudraksha* se clasifica según las «caras» (*mukhí*) que tenga, es decir, según el número de líneas de arriba hacia abajo que dividen la superficie de la semilla. Se dice que un *rudraksha* puede tener desde una hasta veintiuna *mukhis*, siendo la semilla de cinco caras la más común, pues el 95% de los árboles las producen en este formato. Esto implica que las semillas con otro número de caras sean más difíciles de conseguir y, por ende, más caras. De hecho, existe un mercado de semillas falsas de *rudraksha*, especialmente si tienen un número de caras inusual. Se dice que para comprobar si se trata de un *rudraksha* genuino la prueba es que si lo sumergimos en un vaso con agua se hundirá, pero, en realidad, los métodos concluyentes son usar rayos X o un escáner, o simplemente comprarla a un vendedor autorizado.

Hablando de comprar, la versión tradicional dice que para que una *mala* sea efectiva nos la tiene que haber dado un gurú, generalmente junto a un mantra específico, lo cual sucede en el momento de la iniciación como discípulo. Si hemos recibido, o incluso comprado, nuestra *mala* de una manera menos formal, también se la podemos presentar al gurú, en caso de tenerlo, para que la «cargue» con su energía o, en términos tradicionales, para que nos la devuelva como *prasada*. Otra alternativa es «cargar» el collar llevándolo a algún sitio sagrado o al menos comprándolo ahí. Al mismo tiempo, se considera que si uno utiliza la *mala* para su práctica de forma regular durante largo tiempo, o la tiene en su altar de forma reverente, entonces también se irá «cargando».

Finalmente, si la *mala* es una mera artesanía decorativa, no significa que no sirva para nada, pues al menos uno la puede usar como rosario para su práctica de *japa* y, aunque no tenga una energía especial, cumple un propósito funcional para el aspirante espiritual.

Bhajans y *kirtans*, se alza la voz

El gusto por escuchar música es universal y es una actividad que, en mayor o menor medida, realizan casi todas las personas, ya sea en vivo, por la radio o a través de sus dispositivos móviles en plena calle. Suena la música en los restaurantes, en el dentista, en el transporte público y hasta en las clases de yoga. Entre sus aficiones básicas, todas las personas enumeran el escuchar música y para muchos grupos sociales el tipo de música escuchado es una fuerte marca identitaria.

Paradójicamente, esta difundida pasión popular, que podríamos calificar de carácter «pasivo», no tiene una contraparte igual de relevante en su aspecto «activo», que sería el simple acto de cantar. Sin contar los casos que se dedican profesional o semiprofesionalmente al canto, la mayoría de las personas no cantan de forma pública más que en algún concierto masivo que les asegura el anonimato, limitándose en general a canturrear a solas bajo la consabida ducha, o quizás ni eso.

Lo curioso es que de niños todos hemos cantado con alegría y, todavía hoy, las canciones infantiles son una de las bazas pedagógicas por excelencia. En un momento del camino a la edad adulta, quizás porque no se fomenta especialmente en la educación formal y también porque los complejos y miedos de la adolescencia nos impiden expresarnos de forma natural, utilizar nuestra voz para cantar se queda en la cuneta. De hecho, cuando uno se convierte en padre tiene que reaprender canciones olvidadas y, sobre todo, reentrenarse para cantar, al menos, frente a su pequeño público privado.

Antes que el básico percutir de dos piedras, el primer instrumento musical humano fue la voz y, en la tradición musical clásica de la India, sigue siendo el instrumento por excelencia. En este contexto, el uso de la voz para crear sonido implica una aceptación de que el universo se manifiesta a través de la vibración y, por tanto, cantar no es solo crear, sino también una forma de regresar a nuestro origen trascendente, como ya insinuamos en la primera sección del libro.

Eso sí, de la misma forma que cualquier expresión creativa no puede ser considerada arte, no toda forma de canto es un camino para el autoconocimiento. En la tradición hindú hay un milenario historial del uso de cantos como formas preeminentes de religiosidad y de práctica espiritual, empezando por los cánticos litúrgicos del *Sama Veda*, las composiciones musicales más antiguas del mundo que aún podemos escuchar. De la misma forma, diferentes himnos de alabanza a lo divino, como los populares 108 o 1.008 nombres de una deidad, son parte consustancial de la tradición hindú, tanto en las ceremonias públicas como en la práctica personal privada.

Más allá de la faceta litúrgica, el canto tomó especial preeminencia en el movimiento devocional hindú que genéricamente se conoce como *bhakti* y que tuvo un primer auge a partir
del siglo vi en el país tamil, al sur de la India, con un proceso de renovación religiosa que implicaba la relación directa de
cualquier persona con Dios. Los santos-poetas tamiles com-
pusieron miles de cantos devocionales, como los famosos *te-
varams*, que todavía se entonan en los templos shivaítas y que,
a la vez, son parte de la cultura popular del sur.

En el hinduismo, el nombre genérico sánscrito que recibe
una canción devocional es *bhajan*, que justamente deriva de la
misma raíz que la palabra *bhakti* o «devoción». Los *bhajans*
pueden variar en su forma, extensión, letra, idioma o rítmica,
pero siempre tienen un objeto supremo de adoración, ya sea
una deidad específica, el gurú, lo Absoluto o el Ser.

En el siglo xv, el citado movimiento *bhakti* ya había arraigado fuertemente en el norte de la India y el canto devocional
tuvo un renovado apogeo con la vida y obra del santo bengalí
Chaitanya Mahaprabhú, que fue un gran difusor del canto congregacional o *sankirtan*. La particularidad de este estilo es que
el canto se realiza siempre en grupo, siguiendo generalmente
la técnica de «llamada y respuesta». Esto significa que hay un
«líder» que canta una línea del *bhajan*, mientras el resto de los
participantes la repiten. Justamente porque hay dos partes invo-
lucradas, los *kirtan* suelen tener textos cortos y simples ya que
la gracia de este estilo está en la repetición constante y colectiva del canto. De hecho, a pesar de su brevedad textual, los

kirtan son, en general, temporalmente largos, para lograr así que la vibración devocional de la repetición llegue a su cúspide.

Muchos de los *bhajan* que hoy se cantan son tradicionales, incluidos los antiguos mantras a los que simplemente se les ha puesto música. Asimismo, también se inventan nuevas canciones devocionales, especialmente en la rama del *kirtan*, que es el estilo que más éxito ha tenido en Occidente y donde hay un creciente mercado de artistas y de público. La popularidad del Yoga y también del canto grupal devocional se visibiliza en los cada vez más difundidos festivales de yoga y en los estadios o salas de concierto llenas para cantar (y a veces bailar) una moderna fusión de mantras sánscritos con música pop de raíz occidental. Un fenómeno impensado hace muy pocas décadas y que, como es previsible, algunos puristas consideran una forma más de desvirtuar y de quitarle fuerza a la tradición hindú, especialmente porque el uso correcto de los mantras suele tener un marcado protocolo que incluye la iniciación con un gurú.

En cualquier caso, el canto de *bhajan* es considerado una práctica espiritual de mucho beneficio. Como dice Swami Premananda:

«Cantar es uno de los métodos más fáciles y gozosos de concentración en lo Divino. Cantar acerca de las nobles cualidades de la Divinidad es una muy simple, pero también muy efectiva y disfrutable, expresión de devoción. El *bhajan* eleva la mente en una dirección espiritual. El canto regular de *bhajan* crea un estado mental en que, por un corto período, uno se olvida del mundo, de sus problemas y confusión y se sumerge en pensamientos más elevados».[170]

Además de la inspiración espiritual y de la calma mental, los beneficios del canto devocional incluyen el aspecto respiratorio, pues para cantar apropiadamente hace falta regular la respiración y, para ello, uno tiene que empezar por ser consciente de cómo respira. Por tanto, el canto nos ayuda a liberar tensiones físicas y, a la vez, a redirigir nuestras fluctuantes emociones hacia un objetivo elevado que nos provee alegría. Al mismo tiempo, a nivel mental nos ayuda a desmontar preconceptos, que muchas veces nos han impuesto, como «yo no sé cantar», o a trabajar tendencias de timidez, miedo o subvaloración personal.

El gran obstáculo que tenemos la mayoría de las personas con el canto devocional es sentirnos cómodas con nuestra propia voz y con lo que suponemos que los demás esperan de ella. Por ello cantar es un gran ejercicio para la autoestima; especialmente si a uno le toca guiar el canto de un *kirtan*, por ejemplo. Esta situación, en general, despierta pánico en las personas y por ello es importante que desde niños se inste a cada individuo a familiarizarse con su voz. Si esto se hace en el ámbito espiritual, donde no hay una competencia de talentos ni la finalidad de complacer a otros, sino únicamente la intención de mostrar devoción hacia lo Supremo, entonces es posible quitarse las pesadas cargas del «qué dirán» y encontrar nuestra voz natural. Además, si es un entorno espiritual sano, todos te estarán apoyando y cuidando con su presencia, por lo que esa red de confianza se nota rápidamente.

Todavía recuerdo la primera vez que canté un *bhajan* de forma pública, hace algunos años, frente a un grupo de jóvenes de una organización espiritual, donde había muy buenos cantantes. Fue un *bhajan* a Krishna y salió aceptable, pero todos me felicitaron exageradamente. Desde entonces he cantado en público otras veces, en distintas situaciones, y es una práctica que me suele dar gran dicha interna.

Tener la responsabilidad de guiar a los demás en el canto es una gran práctica de autoconfianza, de concentración y también de unidad con los demás; además de fomentar el verdadero espíritu de un líder, que no es mandar al resto, sino estar a su servicio. De la misma forma, participar en el *kirtan* como una de las personas que «responden» tiene su trabajo espiritual, pues uno debe unirse con humildad al canto colectivo, reduciendo su deseo de destacar, siendo un anónimo contribuidor para el elevado objetivo común.

Citando otra vez a Swami Premananda:

«Tradicionalmente, las madres de todas las nacionalidades y contextos culturales han cantado canciones de cuna para tranquilizar a sus bebés y hacerlos dormir. De la misma forma, cuando enseñamos las canciones divinas a los niños, les mostramos cómo darle a la mente un descanso del mundo y a experimentar una mayor presencia interna».

Lo mejor de esta gran verdad es que podemos aplicarla además de a los niños y los jóvenes, también a los adultos, que han visto suprimida su voz por las artificiales premisas del estilo de vida moderno, para que puedan reconectar con su fuente sonora que, desde el punto de vista hindú, es también su fuente divina.

Parte V:
Celebraciones

Apunte sobre el calendario hindú

Como ya hemos comentado en el apartado sobre «El Yoga y la gestión del tiempo», diferentes tradiciones concuerdan en que «el tiempo es relativo» o que incluso «no existe», y también es sabido que el calendario gregoriano, según el que se rige el mundo moderno, tiene menos de 500 años y es un intento artificial de cuadrar el tiempo humano con el tiempo de los astros y la naturaleza. De todos modos, cuando llega el 31 de diciembre nos tomamos muy en serio el almanaque y, por artificial que sea, sentimos que algo cambia (o puede cambiar), intercambiamos buenos deseos y tomamos resoluciones para el próximo ciclo.

Es cierto que a finales de diciembre hay un solsticio y esa sí que es una verdadera bisagra natural para los ciclos vitales, que es especialmente auspiciosa para el hemisferio norte, ya que aunque el solsticio de invierno traiga más frío, es también el momento en que el sol comienza otra vez su camino «hacia el norte», lo que redunda en días cada vez más largos. En la antigua tradición india, este cambio de dirección del sol da inicio a la mitad más auspiciosa del año, la más luminosa, que se celebra con especial énfasis en *Mákara Samkranti*, un festival de la cosecha que cae el 14 de enero y que, si bien cambia de nombre o forma en cada región de la India, es técnicamente el día en que el sol entra en la constelación de Capricornio.

Más allá de este importante acontecimiento solar, para la tradición hindú el 31 de diciembre o el primero de enero no significan nada en particular. Por supuesto, la India, como casi todo el resto del mundo moderno y por razones prácticas (y coloniales en su momento), ha adoptado el calendario gregoriano occidental como su calendario civil básico, pero para los hindúes el día de Año Nuevo es un hito un tanto impuesto, aunque ya aceptado. En la India, en realidad, hay más de un calendario vernáculo y, de hecho, por cada región de la India hay diferentes calendarios con sus variaciones según festivales religiosos, idiomas, costumbres, historia... pero siempre se trata de un calendario lunisolar con base en la antigua astrología-astronomía védica (*jyótisha*). Este sistema tradicional tiene 12 meses lunares y, por tanto, su año da 354 días. Para cuadrar con los 365 días que emplea la Tierra en dar la vuelta al sol se agrega un mes extra –llamado *adhika* o *purushóttama*– cada tres años normales. Es decir, que cada cuatro años hay un año de 13 meses. Esta extraña solución es, en esencia, idéntica al año bisiesto gregoriano y curiosamente también existe, por ejemplo, en el calendario hebreo o el chino tradicional.

Como regla general, el año nuevo del calendario tradicional hindú comienza con el mes de Chaitra, que equivale a marzo-abril, aunque en muchos calendarios regionales, pero no por eso minoritarios, la fecha de cambio de año puede variar. Una conocida excepción con la fecha de año nuevo es la del estado de Gujarat, que lo celebra en octubre al acabar el festival de las luces –hindú en origen pero ahora panindio en la práctica–, llamado Dipávali. A diferencia de Occidente, donde abril es un claro mes de primavera, en la India ya se considera mediados de abril como el inicio del verano. Para entender esto es importante saber que el calendario hindú tradicional divide el año en seis estaciones (o sea, de dos meses de duración cada una aproximadamente) que, además de las cuatro conocidas por todos, incluye la temporada del monzón o de lluvias (julio-agosto) y una estación preinvernal intermedia (noviembre-diciembre) antes del frío máximo.

Como base temporal de ese calendario lunisolar hay dos «eras» (*samvat*) tradicionales y especialmente difundidas que marcan la historia, de la misma forma que en el calendario occidental usamos la Era Común, por ejemplo. Se trata de *Shaka samvat* y *Vikram samvat*. Ambas eras se supone que fueron introducidas por sendos reyes, aunque los historiadores discrepan al respecto. En cualquier caso, el inicio de la «era Vikram» se remonta al año 57 a.e.c. (antes de la Era Común), mientras que la «era Shaka» al año 78 e.c. Esto significa que si tomamos como referencia el año 2020 gregoriano, estaríamos en el año 2077 de la era Vikram (2020 + 57) y en el año 1942 de la era Shaka (2020 - 78).

Por otro lado, en el hinduismo existe una forma muy tradicional de medir el tiempo, que es la que se basa en los *yugas*, es decir, las cuatro edades por las que pasa cíclicamente el universo desde su manifestación hasta su reabsorción y que se categorizan según el nivel de consciencia espiritual de sus habitantes y su grado de armonía con el orden natural y universal. El primero de estos ciclos, *satya yuga*, es el más noble y en él la armonía es absoluta, pues cada ser humano, consciente de su origen divino, sabe cuál es su papel y lo cumple adecuadamente. El toro simbólico del dharma se apoya entonces sobre sus cuatro patas, como vimos en «El número cuatro como regidor de la vida» en la Parte III; dura 1.728.000 años. Le sigue *treta yuga*, donde aparecen las enfermedades y empieza el declive de la humanidad, aunque todavía la mayoría de las personas siguen los principios básicos de la rectitud universal; dura 1.296.000 años. La tercera fase es *dvápara yuga* en la que lo correcto y lo incorrecto están equilibrados y el conocimiento espiritual va perdiendo relevancia; dura 834.000 años. Finalmente, llegamos a *kali yuga*, la «era oscura», que es el ciclo en el que se encuentra la humanidad actualmente y en el que la mayoría de las personas han olvidado el sentido profundo de la vida. Por suerte, es la fase más corta con «solo» 432.000 años. El inicio de *kali yuga* se sitúa generalmente en el año 3102 a.e.c., fecha de la muerte de Sri Krishna, la encarnación divina (*avatara*) que enseña la *Bhágavad Guita*. Según este conteo, estaríamos rondando el año 5120 de *kali yuga*. De todos modos, para que nadie decaiga, el *Brahmavaivarta Purana*, una escritura tradicional, dice que justamente en este momento de *kali yuga* hay una pequeña época dorada, un oasis de unos 10.000 años, en el que la presencia de devotos sinceros quemará, con su práctica, los pecados de este mundo.[171] Asimismo, muchos textos especifican que, paradójicamente, *kali yuga* es la época en la que es más fácil alcanzar la liberación (*moksha*). Como explica el editor Álvaro Enterría:

> «Al tener que luchar el hombre espiritual en un ambiente hostil, al tener que nadar contracorriente, la misericordia divina le permite alcanzar su objetivo con un esfuerzo menor. Cuando todos los niños de la clase son ignorantes, los exámenes deben ser fáciles...».[172]

Por tanto, es importante recordar, como afirman diversos maestros, que siguiendo de forma constante el camino del autoconocimiento, uno puede encontrar la dicha, incluso en medio de la «era de los conflictos».

Como conclusión a este breve repaso de los calendarios hindúes podemos decir que hay muchas formas de medir el tiempo y que el año no necesariamente cambia en un único día. Eso sí, las fechas señaladas son útiles para recordarnos hechos o ideas que con la agitada vida cotidiana van quedando postergados; son símbolos de algo más trascendente que arrancar una hoja del almanaque u organizar una cena.

En ese sentido, seguir varios calendarios puede ser muy útil: las resoluciones y los cambios para mejorar tu vida te son recordados con mucha más frecuencia.

Guru Púrnima,
la luna llena del maestro

Para la tradición hindú el binomio *gurú-discípulo* (*guru-shi-shya*) es básico y en él se fundamenta todo el proceso de desarrollo espiritual de cualquier persona. Solo quien conoce el camino y ha llegado a la meta puede conducir a otros, de lo contrario se trata de «un ciego guiando a otro ciego», como dicen las *Upanishads*. Es un hecho conocido que (casi) nadie nace sabiendo y que para aprender cualquier materia de este mundo hace falta un guía. Por eso se dice que para todos los seres la madre es el primer gurú, de la misma forma que al docente de escuela se le considera un gurú y también a aquel que nos enseña un oficio, a tocar un instrumento o a conducir. De todos los maestros que nos ofrece la vida, las personas que nos guían en el camino espiritual se consideran las más importantes pues nos facilitan la enseñanza más valiosa del mundo, que nunca se pierde, y que nos lleva a la felicidad plena y al auto-conocimiento.

Por este mismo motivo, la tradición hindú considera al gurú –que puede ser hombre o mujer– como la relación más importante y duradera de todas, pues el maestro genuino se convierte en padre, madre y amigo, a la vez que supera esos conceptos al ser vital en el (re)conocimiento de nuestra propia esencia.

En palabras de Swami Premananda:

«El gurú conoce el camino hacia el Ser y él o ella puede mostrarte el camino hacia allí. Él ya ha estado allí muchas veces, así que es como instintivo para él. A pesar de que la semilla de la energía divina está dentro de ti, puede suceder que no seas capaz de percibir su luz y que estés luchando en la oscuridad. La gran luz que es el maestro espiritual ciertamente te mostrará el sendero correcto. Esto es necesario porque te identificas con la mente y el cuerpo. Hasta que pierdas tu actitud de apego a la mente y al cuerpo, el maestro es muy necesario».[173]

Y en palabras de Sri Dharma Mittra:

«Excepto en el caso sumamente raro en que uno ya nace residiendo por completo en el corazón espiritual, generalmente como resultado de una intensa práctica espiritual en previas encarnaciones, un gurú es una necesidad absoluta».

En general, cuando surge la cuestión de si uno no puede prescindir de un gurú y recorrer el camino por su cuenta, las respuestas pueden variar, pero hay gran consenso en que, sin un guía, el camino podría hacerse interminable y, en cualquier caso, será mucho más largo y doloroso. Esta alta estima que posee el maestro espiritual en la tradición hindú se ve reflejada en diferentes historias, ceremonias y mantras, como el famoso *guru mantra*:

> *gururbrahmā gururviṣṇur gururdevo māheśvaraḥ*
> *guruḥ sākṣāt parambrahmā tasmai śrī gurave namah*

Es decir:

> «El gurú es Brahmá, el gurú es Vishnu, el gurú divino es Shiva/ El gurú es la Realidad Suprema en persona, reverencias al respetable gurú».

Por tanto, el maestro espiritual se equipara a la misma Divinidad. En este caso a las tres deidades principales del cíclico proceso creador (*Brahmá*), sustentador (*Vishnu*) y transformador (*Shiva*) del Universo. Se tome esta definición como literal o como simbólica, nos da una idea de la importancia del gurú.

Otro famoso mantra pertinente:

> *dhyānamūlaṁ gurumūrtiḥ pūjāmūlaṁ gurupadam*
> *mantramūlaṁ guruvākyaṁ mokṣamūlaṁ gurukṛpā*

Una traducción bastante literal sería:

«La base de la meditación es la forma del maestro; la base de la adoración son los pies del maestro / la base del mantra son las palabras del maestro; la base de la liberación es la gracia del maestro».

La palabra sánscrita *mula* puede significar «raíz» y también «base, fuente, origen, causa». Por tanto, uno puede intercambiar cualquiera de estos términos y el mantra seguirá teniendo un profundo sentido sobre que la imagen, el ritual, la compañía, las enseñanzas y las bendiciones del maestro espiritual se consideran la base del proceso espiritual.

Por todo esto, para cualquier aspirante espiritual uno de los días más importantes del año es *Guru Púrnima*, que se celebra en la luna llena del mes hindú de *ashadha*, generalmente en julio del calendario occidental y en el que se honra al maestro espiritual. Si uno tiene un gurú específico, entonces con agradecimiento le rinde homenaje a ese ser porque ha experimentado que tener un maestro es una gran fortuna y un acelerador para el propio camino. Si uno no tiene un maestro particular, entonces venera a todos los preceptores espirituales o, al menos, al papel esencial que desempeñan en el avance espiritual de cualquier persona.

En la versión tradicional más difundida, la luna llena del gurú se basa en la conmemoración del nacimiento de Vyasa, un legendario sabio a quien se atribuye la organización, composición y presentación de gran parte de las Escrituras hindúes. En la tradición del sur de la India, en cambio, este día se piensa en Dakshinamurti, una manifestación del Señor Shiva con el aspecto de un joven de 16 años que, sentado bajo un árbol, transmite en silencio las enseñanzas más elevadas a sus discípulos, que de por sí son grandes sabios y ascetas.

La forma tradicional de celebrar este día es realizando ofrendas al gurú que, por lo general, incluyen frutas, guirnaldas de flores, dinero y nuevas ropas, ya que tradicionalmente un maestro espiritual es un renunciante que no posee nada. Asimismo, se puede adorar al gurú con diferentes ceremonias, en especial la llamada *pada puja*, es decir, un ritual en el que se lavan los pies del maestro espiritual con una serie de ingredientes considerados sagrados por la cultura hindú, como cúrcuma, ceniza consagrada, polvo de sándalo, leche o agua de rosas. Si el maestro está presente en su cuerpo físico, este ritual se hace directamente a sus pies de carne y hueso. Si, en cambio, no está presente físicamente, entonces se recurre a las *páduka*, unas sandalias de metal o madera que representan los pies del gurú.

La adoración a los pies del gurú se explica por el hecho de que son tradicionalmente considerados como un «terminal de poder y gracia espiritual».[174] De hecho, Swami Jnanananda cuenta que en el Himalaya muchos *sadhus* no permiten que otros les toquen los pies, «quizás por humildad o también porque temen una pérdida de energía por este acto».[175] Al mismo tiempo, el hecho de postrarse a los pies del gurú es la forma externa que tiene un devoto de expresar su devoción y obediencia internas a las enseñanzas de ese maestro particular. Sin genuino respeto y adoración por el propio maestro, el aspirante, en general, no podrá tener esas cualidades esenciales con el resto del mundo. En la India, aún hoy, muchas personas tocan los pies de los monjes, *sadhus* o renunciantes, como así también los de las personas mayores o de los propios padres, simplemente como un signo tradicional de respeto.

Volviendo a la celebración de Guru Púrnima, además de rituales, los aspirantes realizan prácticas como escuchar mensajes espirituales del maestro, cantar cantos devocionales, permanecer en silencio o sentarse a meditar. En realidad, la práctica más importante en este día sería tomar una de las enseñanzas del propio gurú y comprometerse a seguirla desde ese momento, al menos, durante el resto del año.

Es importante decir que, si bien el gurú es aquel o aquella que nos muestra el camino, nos alienta a emprenderlo y a no abandonarlo, e incluso con su gracia nos sirve de acelerador para avanzar, eso no nos exime en absoluto del esfuerzo personal. El trayecto, a fin de cuentas, deberemos hacerlo cada uno de nosotros y, en ese sentido, uno debe asumir su responsabilidad personal y no apegarse excesivamente al aspecto externo del maestro.

De todos modos, tener un guía no solo es necesario, es inescapable. Para algunas personas serán los padres, o cierta ideología, o ciertos libros. Quienes tienen hijos siempre dicen que «son los más grandes gurús», quizás porque te aniquilan el ego al obligarte a poner tus intereses siempre en segundo plano. Para otros, como el experimentado yogui español Ramiro Calle, el maestro puede ser su gato, o para muchas personas es simplemente «la vida». De hecho, como ya sabemos, la vida es una gran escuela y está llena de maestros.

Como buen ejemplo, en el *Shrímad Bhágavatam*, un *avadhuta*, que es un sabio más allá de las convenciones sociales, enumera los 24 gurús de los que ha aprendido la ciencia del *Atman* y dice que son:

«La tierra, el viento, el cielo, el agua, el fuego, la luna, el sol, la paloma y la serpiente pitón; el mar, la polilla, la abeja, el elefante y el ladrón de miel; el ciervo, el pez, una prostituta, un ave y un niño; una joven casadera, un fabricante de flechas, una serpiente, una araña y una avispa».[176]

De la tierra serenidad y dedicación, del viento desapego, del agua su pureza innata, del mar su capacidad de asimilación, de la abeja la cualidad de tomar solo lo bueno de cada cosa, del fabricante de flechas su concentración mental, y así sucesivamente.

Personalmente, considero que tener un gurú humano genuino que te guíe de forma personalizada, integral y directa en el camino espiritual es una gran fortuna y el método más seguro. Si alguien prefiere decirle maestro, hermano o amigo, me parece bien. Si a alguien le alcanza con verlo en la naturaleza, lo celebro. Si alguien cree que únicamente «está dentro de uno mismo», le doy la razón, aunque lo invito a estar vigilante. Si alguien cree que no existe, mi consejo es que mire mucho a su alrededor.

La forma y el nombre pueden cambiar pero hay un principio universal, que en el hinduismo se denomina *guru tattva*, y que nos va guiando a todos y cada uno hacia el conocimiento de nuestra real esencia. Quien no quiera verlo solo demora un proceso que ya está en marcha. El gurú es inevitable. Y por eso lo celebramos.

Todo está dentro de ti

Vivimos en tiempos en que el rol del gurú está en debate, ya que la tendencia del mundo moderno parece ir hacia la horizontalidad, es decir, que las jerarquías se difuminan y todas las personas, al menos teóricamente, valemos lo mismo y tenemos los mismos derechos y oportunidades. Hablamos de democracia asamblearia, de *do it yourself*, de hacer una película solamente con tu teléfono móvil, de periodismo ciudadano, de blogs independientes, de eliminar intermediarios, de proyectos de financiación colectiva, de compartir el coche con desconocidos para ir al trabajo, de economía cooperativa o de poder llamar gratis a tus padres desde las islas Fiji.

En gran parte porque ahora todos tenemos conexión en el teléfono y recibimos noticias de alrededor del mundo en tiempo real, nos sentimos muy informados y más conectados, por lo que un signo distintivo del individuo moderno es su aparente capacidad para desarrollar consciencia crítica y libertad de acción. De hecho, se considera que uno de los grandes logros de la modernidad es la emancipación individual de los grandes relatos, especialmente de aquellos muy jerarquizados como la religión, el régimen político o la estructura familiar. Como resultado, y todos lo sabemos, la modernidad tiene bien enraizados valores discutibles como el individualismo exacerbado, el hedonismo, el materialismo y la necesidad de innovación constante, sin hablar de la duda universal como punto de partida para cualquier búsqueda de sentido de la vida.

En este contexto de autosuficiencia, en el que la opinión de cualquier hijo de vecino vale lo mismo que la del presidente (cualquier presidente), es natural que el lema «todo está en uno mismo» haya sido acogido con los brazos abiertos tanto por buscadores espirituales como por emprendedores, artistas, terapeutas e incluso, y con las convenientes variantes del caso, por publicistas. En resumen, al hombre moderno le cuesta aceptar, al menos de forma consciente, que un tercero le diga cómo vivir su vida y, por tanto, es normal que sean pocas las personas que estén interesadas en tener un preceptor espiritual, y muchas menos las que, de tenerlo, estén dispuestas a obedecerle. Es curioso que nos parezca aceptable que nos digan cómo vestir, cuán larga debemos llevar la barba, qué comer, qué leer, cómo amar, cómo criar hijos e incluso cómo solucionar nuestros traumas de infancia y, sin embargo, cómo conocer nuestra esencia sea algo demasiado íntimo para aceptar la opinión de terceros.

En este aspecto yo soy bastante tradicionalista y me encanta tener gurú (de hecho, tengo al menos dos), aunque nunca negaría, haciéndome eco de otra frase muy popular en estos tiempos, que el verdadero maestro está en nuestro propio corazón. Sé que estas frases, que por lo general son malentendidas, suenan típicamente a la llamada Nueva Era pero, en realidad, son «Vieja Era», pues las milenarias *Upanishads* ya lo dicen:

> «El espacio en el interior del corazón es tan vasto como todo el universo. En su interior caben el cielo y la tierra, el fuego y el viento, el sol y la luna, el relámpago y las estrellas. Todo está contenido en su interior, lo que le pertenece a uno en este mundo y también lo que no le pertenece».[177]

Hasta aquí todo es muy bonito, aunque el problema surge cuando uno no puede conectar con ese maestro interior o, peor aún, cuando creemos conectar, pero quien nos aconseja, en realidad, son nuestros patrones mentales prefijados, nuestros hábitos arraigados de años, intereses personales, tendencias arrastradas de otras vidas, miedos, fantasías o, por qué no, el seductor eco del eslogan que escuchamos en una publicidad de relojes. «Todo está dentro de ti» no significa que eres el emperador del universo, sino que si ahora mismo este libro se cerrara, se cortara la conexión de wifi, tuvieras la nevera vacía o estuvieras solo, podrías sentarte en quietud 10 minutos y todo estaría bien. A los gurús –sí, justamente a ellos– siempre les gusta recordarnos que el ser humano ha pisado la luna y sondeado el fondo de los mares, pero todavía no ha investigado plenamente su esencia espiritual. Y si bien se trata de una empresa que todos pueden empezar por su cuenta ahora mismo, me parece de sentido común aceptar que un buen guía es de mucha utilidad. Un fragmento de la antigua *Chandogya Upanishad* nos habla de esto:

> «Si de la región de los Gandharas (un pueblo de la antigua India) un hombre fuese llevado con los ojos vendados y luego abandonado en un lugar desierto, ese hombre clamaría a las cuatro direcciones que ha sido llevado con los ojos vendados, abandonado con los ojos vendados.
>
> »Pero si alguien le aflojara las vendas y le dijera: "La tierra de los Gandharas está en esa dirección. Vete a buscarlos en esa dirección", entonces él, estando bien informado y siendo inteligente, llegaría a los Gandharas indagando de aldea en aldea. De la misma manera, también en este mundo quien tiene maestro sabe que permanecerá aquí solamente mientras no sea liberado y que después llegará».[178]

Es decir, que el maestro nos abre los ojos, nos muestra el camino correcto, y luego depende de cada uno seguirlo o no. Una persona, aunque tenga un maestro, si no hace esfuerzo alguno difícilmente podrá avanzar en el sendero del autoconocimiento. De forma similar, una persona con mucho anhelo y práctica puede sentirse a veces perdida sin una guía adecuada. Como hemos dicho, en el mundo moderno hay reticencia a someterse a las enseñanzas de un maestro, mientras que en el mundo tradicional hindú todas las personas con inquietudes espirituales desean tener un gurú y hacen todo lo posible por ser aceptados como discípulos. Aceptar a un gurú puede ser tu deseo, pero para que la relación sea completa y beneficiosa la decisión final es del maestro. Curiosamente, quienes estamos inmersos en la modernidad sentimos que aceptar a un maestro es, en cierta forma, «darle una oportunidad», y no se nos ocurre que la oportunidad sea para nosotros.

Puede ser que parte del problema esté en la misma palabra *gurú*, cuyo significado en la modernidad se ha desvirtuado, ya que aunque se suele traducir simplemente como «maestro espiritual», su significado literal es «que tiene peso» y está emparentada etimológicamente con *grave* y *grávido* (del latín *gravis*). Es decir, como primera definición, un gurú es una persona que posee un papel preponderante, de importancia, tal como se le concibe en la tradición india. De todos modos, el significado espiritual más difundido de la palabra gurú es esotérico y se refiere a aquel o aquella «que quita la oscuridad». En cuanto a las fuentes sagradas fiables, la breve *Advayatáraka Upanishad* define al gurú de esta forma:

«La sílaba *gu* significa oscuridad. La sílaba *ru* significa el destructor de esa oscuridad. Debido a su habilidad para destruir la oscuridad, es llamado *guru*».[179]

Por otro lado, y también hay que decirlo, siempre ha habido gurús estafadores o manipuladores y esos antecedentes han dejado huella en el inconsciente colectivo occidental. Pero más que aprensión por los puntuales casos de falsos gurús, lo que abunda es la falta de confianza en aquello que no puede ser confirmado empíricamente. Si el alma, la consciencia o el espíritu no se pueden ver ni medir, automáticamente nos entra la duda de su existencia. Merced al paradigma cientificista moderno, ya no nos basta con los testimonios de los sabios de todas las épocas y tradiciones y, ni siquiera, con el ejemplo de vida de sabios actuales. Si nos dicen que la Tierra gira alrededor del sol lo creemos sin dudar, aunque nunca hayamos mirado por un telescopio, ni lo hayamos confirmado empíricamente de forma personal, pero si nos hablan de plenitud interior, de imperturbable paz o de unión con Dios, revoleamos los ojos con desconfianza.

Efectivamente, en nuestros tiempos la fe es considerada un anacronismo, una cualidad que poseen aquellas personas incapaces de discernir, analizar o generar pensamiento crítico, pero lo cierto es que ninguna relación, ni maestro-discípulo, ni astrónomo-vulgo, puede funcionar sin un alto grado de confianza. En sánscrito hay una palabra para definir esta cualidad, y es *shraddhá*. No estamos hablando necesariamente de la tan denostada «fe ciega», sino de un firme voto de confianza, de la misma forma que, cuando preguntamos una dirección a un desconocido por la calle, confiamos en su palabra, al menos hasta que los hechos nos demuestren lo contrario. Veamos una ilustrativa historia popular:

«Había un hombre que quería caminar sobre el agua. Le suplicó a su gurú que le diera un mantra secreto o un don especial para poder lograr esa proeza. El hombre era extremadamente pío y devoto y había estado al servicio de su gurú durante muchos años. Así que el gurú le dio una hoja de papel, plegada muchas veces hasta quedar muy pequeña, y le dijo: "Dentro de este papel hay una fórmula secreta que te permitirá caminar en el agua. Sin embargo, no debes abrir la hoja porque la fórmula que hay dentro es secreta". El hombre estuvo de acuerdo, tomó con cuidado la hoja doblada entre sus manos y comenzó su camino a través del río. Estaba caminando bien cuando, de repente, se vio asaltado por la curiosidad. ¿Qué será esta fórmula secreta? ¿Hay realmente un secreto dentro? ¿Será un polvo o una piedra o habrá un mantra sagrado impreso? ¿De dónde lo habrá sacado el gurú? Sus dudas pueden con él y entonces lentamente comienza a abrir la hoja mientras camina, pero con cuidado, no vaya a ser que algo de la fórmula sagrada caiga al agua. Tan pronto como despliega el último trozo para descubrir el secreto, el discípulo se hunde en el agua y se ahoga. En el papel había escrita una simple palabra: fe».

En la actualidad la palabra «fe» goza de poco prestigio y si decimos «confianza», muchas personas se sienten más cómodas. En cualquier caso, la tradición hindú considera que las palabras del maestro son sagradas y que incluso cuando este dice algo que al discípulo le parece ilógico, es su deber y su práctica seguirlo y obedecerlo. A la vez, un maestro genuino fomenta el sentido del discernimiento en sus estudiantes y los insta a reflexionar y analizar, pero también sabe que la mente tiene muchos trucos y que el laberinto intelectual no siempre tiene salida. Otra historia iluminadora:

«Una vez un maestro salió de viaje con sus discípulos. Viajaban en una carreta tirada por bueyes y debían llegar hasta un pueblo lejano para celebrar una festividad importante. Ya iniciado el periplo, el maestro dijo: "Pasadme el agua". Los discípulos se miraron desconcertados y respondieron: "No la hemos traído, maestro". "¿Por qué?", inquirió el maestro. "Porque usted no nos lo dijo", respondieron. Más adelante, en una escarpada colina, donde los animales sufrían para tirar del carruaje, el maestro dijo: "¿Por qué mantenéis todos estos troncos secos sobre el carro?". "Por si los necesitamos para hacer fuego", respondieron los discípulos. "Pero ante esta dura colina, ¿por qué no los tiráis?", dijo el maestro. "Porque usted no nos lo dijo", respondieron. Ya promediando el viaje, en otra difícil cuesta, los discípulos empezaron a lanzar las provisiones. El maestro dijo, "¿Por qué estáis tirando la comida?". "Para aligerar el lastre, como usted nos indicó la última vez", respondieron los discípulos. "Pero esta vez es distinto, ¿qué comeremos luego?", dijo el maestro.

Los discípulos se mostraron confusos y aduciendo cuán difícil es saber discernir entre lo correcto e incorrecto en cada situación, le pidieron al maestro que les hiciera una lista completa de todo aquello que debía permanecer en el carruaje, de manera de evitar problemas. Ya con la lista armada, reanudaron la marcha.

Cerca del destino final, al cruzar un río muy caudaloso, el carruaje se bamboleó fuertemente y el maestro cayó al agua, siendo arrastrado por la corriente. Los discípulos observaron descorazonados, aunque sin mover un pelo, cómo se ahogaba su guía. Cuando a las pocas horas, con su cuerpo etéreo, el maestro se apareció frente a los discípulos, les recriminó: "¿Por qué no me habéis salvado? ¿Por qué me habéis dejado en el agua abandonado?". Los discípulos se miraron desorientados y explicaron: "Maestro, cuando usted cayó al agua miramos de arriba a abajo la lista que usted mismo nos había dado, pero no encontramos su nombre entre las cosas que debían permanecer en el carruaje"».

Como se deduce de la historia, el acatamiento de las palabras del maestro tiene que estar equilibrado con el discernimiento personal, aunque sin olvidar que, en este contexto, cultivar la obediencia es cultivar la humildad y la gradual disminución del ruidoso ego-individual. También es atizar el fuego de la fe, ya que tener confianza total en el maestro no es una cualidad que venga dada. De hecho, cualquier devoto tiene como uno de sus grandes anhelos el poseer fe absoluta en el gurú y, en general, realiza prácticas para fomentar dicha fe, pues lo normal es que nos dejemos enredar, una y otra vez, por nuestro ego y nuestra mente analítica, cayendo en el desasosiego y las dudas.

A nivel práctico, una de las ventajas de contar con un gurú exterior es tener un ejemplo humano y concreto en el que basar nuestra propia vida. De hecho, se considera que uno de los secretos del éxito en el camino del autoconocimiento es obedecer e imitar en todo al gurú, tanto física, mental como espiritualmente. Para personas modernas como nosotros, esto puede sonar demasiado, ya que nadie quiere someterse a ideas ajenas si, antes, estas no están en consonancia con las ideas propias.

De todos modos, y para tranquilidad de todos, es importante saber que la intención de cualquier maestro genuino es hacernos descubrir nuestro propio gurú interior y, por ello, la enseñanza básica siempre es redirigir la mirada hacia nuestro ser esencial. Como dicen las *Upanishads*, nuestros padres, los profesores de yoga y también los anuncios de perfumes: «todo ya está en ti». Eso sí, para descubrirlo y vivenciarlo, la presencia de un guía externo se considera fundamental.

Mahasamadhi,
muerte y tumba de un santo

La palabra sánscrita *samadhi* es, como tantas otras, polisémica. Su significado más popular es, seguramente, el que hace referencia al estado místico de consciencia más elevado en el que una persona entra en contacto directo con su verdadera esencia o con lo Divino. Muchas veces se equipara con un profundo estado de éxtasis espiritual, con la «iluminación», o también se considera sinónimo aproximado del *nirvana* budista. *Samadhi*, en términos de meditación, se refiere al estado más refinado de concentración mental en que el sujeto meditador se funde con el objeto y, en consecuencia, se separa de sus patrones mentales y encuentra calma interior. En el ámbito del hatha yoga, *samadhi* puede referirse a un estado de trance en el que el yogui parece como muerto y es insensible a cualquier estímulo, incluso sin latidos o pulso perceptible. De hecho, existe una larga tradición que sigue hasta nuestros días, documentada con interés por diversos viajeros y etnógrafos, en la que los yoguis se encierran bajo tierra, sin aire o comida, durante días o semanas en este estado de *samadhi*.

Por otro lado, cuando un yogui o una persona santa muere se dice que ha alcanzado el *mahasamadhi* o «gran *samadhi*», lo cual es una forma de decir que su alma se funde con lo Divino de forma total y definitiva, ya no limitada por el cuerpo. Por esto mismo, s*amadhi* o *mahasamadhi* es el nombre que se da al sitio donde se entierra el cuerpo físico de una persona santa. Es decir, lo que para una persona normal sería una simple tumba, tiene otro estatus tratándose de un santo, ya que se considera que tales lugares tienen una energía espiritual muy poderosa.

Como es sabido, la tradición hindú tiene la costumbre de cremar a sus muertos, basándose en que el fuego es el gran purificador y, como tal, es capaz de «quemar» cualquier identificación que pueda quedar con el cuerpo por parte del alma, para así ayudarla en su proceso de transmigración. Esta regla tiene una excepción cuando se trata de un santo o yogui ya que, al ser considerado un ser ya puro por su trabajo interior, no es necesario incinerarlo. Para darnos una idea, en el *Tirumantiram*, una famosa y antigua obra espiritual del sur de la India, el sabio Tirumular dice que «si el intemporal cuerpo de un sabio es quemado en el fuego, todo el país sufrirá ese fuego para siempre», y que «si el fuego envuelve el cuerpo de un sabio que ha detenido el pensamiento, es idéntico a quemar el templo del Señor».[180] Dicho sea de paso, esta misma excepción a pasar por el fuego se aplica a los bebés, justamente por ser totalmente puros.

Como consecuencia, en la India hay gran cantidad de *samadhis* sagrados, pues es natural que una tierra de numerosos santos y yoguis deje, a su debido tiempo y siguiendo el ciclo humano de la vida, numerosas tumbas de santos. Algunos de estos *samadhis* son muy conocidos y visitados, como es el caso del de Anandamayí Ma en Haridwar, de Sri Aurobindo en Pondicherry, de Sri Ramana Maharshi en Tiruvannamalai, o del santo medieval Jñanadeva en Alandi. Muchos de estos *samadhis* son reputados centros de peregrinación y otros son discretos lugares sagrados frecuentados por pocos devotos. En muchos de los templos del estado sureño de Tamil Nadu, por ejemplo, está enterrado el cuerpo de un gran santo, aunque no se trate de un hecho muy publicitado en las guías turísticas.

En el año 2011 tuve la inusual oportunidad de presenciar las ceremonias tradicionales para la instalación del *mahasamadhi* de un santo, en este caso mi propio gurú en el sur de la India, Sri Swami Premananda, que acababa de abandonar su cuerpo. Los ritos se llevaron a cabo en su *áshram*, donde ya había un pequeño templo dedicado al dios Shiva. En el santuario principal del templo se excavó un pozo de unos dos metros de profundidad para colocar allí el cuerpo de Premananda que, siguiendo la tradición, fue colocado en postura sentada de meditación sobre una plataforma de sándalo cubierta de hierbas consideradas sagradas. Los sacerdotes a cargo de los complejos rituales adornaron el cuerpo con guirnaldas, ciertas hojas y luego vertieron ceniza consagrada (*vibhuti*), polvo de sándalo y cristales de sal sobre él. Finalmente, sobre el cuerpo se puso tierra del propio *áshram* y encima se colocó una losa especial. Al leer ahora las descripciones que da el citado *Tiru-*

mandiram sobre cómo se debe instalar el cuerpo de un santo en su tumba veo que, en gran medida, se siguieron esas instrucciones tradicionales en la ocasión que me tocó presenciar.

Después de varias horas de ceremonias llegó el momento más emotivo, cuando el cuerpo de Swámiji fue colocado dentro del santuario según la antigua tradición. En parte por la creencia en la reencarnación y, sobre todo, en la inmortalidad del alma, en la India la muerte física es vista con menos fatalismo y es considerada menos tabú que en Occidente. Por eso mismo, quizás, el féretro donde estaba el cuerpo de Swámiji era de cristal, y se le podía ver sin problemas. De la misma forma, a la hora de colocar el cuerpo en el santuario, y bajo la indicación de los sacerdotes, un grupo de jóvenes indios residentes del *áshram* se encargó de alzarlo, ya sin la urna, e instalarlo en el *mahasamadhi*. Para nosotros, occidentales, ver que un cuerpo muerto es tocado, levantado y movido sin ningún pudor, al tiempo que con toda solemnidad y devoción, es un hecho extraño, generador de múltiples sensaciones.

Lo cierto es que, desde entonces, los devotos de Swami Premananda tienen un sitio sagrado al que dirigirse y la geografía india tiene una tumba más de santo en su amplio catálogo. Ciertamente, lo divino está en todas partes, pero para la mayoría de nosotros a veces viene muy bien tener un preciso lugar físico y externo donde reconectar con lo supremo.

Mahashivaratri, la gran noche de Shiva

De todos los dioses del panteón hindú, Shiva es el más desconcertante porque, por un lado, es un célibe asceta que vive en el Himalaya y, por otro, un gran amante y hombre de familia. Por una parte, es un estático yogui y, por la otra, el bailarín cósmico que mueve el mundo con su danza. Asimismo, puede ser representado como una infinita columna de fuego o con un simple huevo de piedra; sin olvidar que en su manifestación hermafrodita conocida como Ardhanaríshvara es, a la vez, hombre viril y poderosa mujer.

En los *Itihasa* y los *Puranas*, es decir, los textos histórico-mitológicos que sustentan el hinduismo popular moderno, Shiva es presentado como la tercera parte de una tríada divina, en la que ejerce el rol de destructor del universo, mientras que Brahmá es el creador y Vishnu, el preservador. Esta idea está en consonancia con la visión hindú de que todo fenómeno material es cíclico, ya sea la reencarnación de las almas, las periódicas disoluciones del cosmos o la salida y puesta del sol cada día. Si bien esta presentación es válida y tiene un mensaje importante, también es verdad que deja a Shiva un poco mal parado a ojos del neófito, ya que nadie acepta de buena gana la idea de ser «destruido». Teniendo en cuenta la confusión que puede generar la palabra «destrucción» yo creo que es más apropiado hablar de «disolución» o, mejor, «transformación».

Al hilar fino en la tradición hindú descubrimos que muchas corrientes shivaítas consideran a Shiva como el solo encargado de las tres etapas del ciclo completo –creación, mantenimiento y disolución– y, en este sentido, la palabra Shiva, que literalmente significa «auspicioso», es usada por algunas importantes escuelas filosóficas hindúes como sinónimo del Absoluto o para indicar el supremo estado de silencio o interiorización. En este caso, Shiva ya no haría referencia a un ermitaño aniquilador, sino al «poder de regreso y transformación eternos».[181] Si todo es cíclico, el *atman* puro que somos debe regresar a la fuente de quietud que ya éramos antes de que nos invadiera el olvido. En el medio hay una manifestación, hay altibajos, hay incluso placeres y hay muerte. La energía de Shiva es la que cierra el ciclo material de un cuerpo físico o de una galaxia, pero sobre todo es la energía que, en todo momento, nos puede ayudar a «transformar» nuestras percepciones y hábitos automáticos para llevarnos de «regreso» a nuestra esencia. O sea, ese espacio incondicionado de silencio y quietud, que para algunas personas puede sonar a muerte, pero para los yoguis es una definición de plenitud.

Tradicionalmente se considera que es en la auspiciosa noche de *Mahashivaratri* cuando esta energía del Señor Shiva está más disponible que nunca y el devoto tiene la máxima oportunidad de experimentarla, por lo que la *sádhana* se hace más intensiva en esta fecha en particular. En sánscrito, *maha* significa «gran» y *ratri* significa «noche», por lo que *Mahashivaratri* es la «gran noche del Señor Shiva» que ocurre una vez al año en la decimocuarta noche de la quincena lunar menguante del mes hindú de *phálguna*, es decir, una o dos noches antes de la luna nueva. En el calendario occidental, esta fecha, que es variable, cae en febrero o marzo, y para el hinduismo es una de las festividades religiosas más importantes y, sin duda, la más destacada para los devotos shivaítas.

Según las enseñanzas de los antiguos sabios, es más fácil controlar la mente durante la mitad oscura del mes, cuando la luna está en disminución, ya que se trata de una fase lunar «restrictiva», que invita a la introspección, a diferencia de la quincena creciente que es «expansiva». Asimismo, la luna nueva, también llamada luna negra, se relaciona con el aquietamiento mental y con dejar atrás antiguas ideas o cuestiones personales.

La forma tradicional de celebrar *Mahashivaratri* es pasando la noche en vela, en ayunas, y haciendo algún tipo de práctica espiritual como meditación, cantos devocionales, procesiones, repetición del mantra *Om namah shivaya*, o realizando rituales de adoración al *shivalinga*, el símbolo sin forma de Shiva.

Si bien, como hemos dicho, *Shiva* tiene diversos y variados aspectos, en *Mahashivaratri* se le recuerda especialmente a través del *linga*, que es su símbolo identificativo por excelencia y se encuentra en casi todos los templos shivaítas. Se explica que el *linga* es un «símbolo natural», es decir, que está relativamente libre de asociaciones culturales, justamente por evocar una forma geométrica que se halla en la Naturaleza: la elipse. Esta simple forma tiene una pertinencia macrocósmica ya que las órbitas de los planetas de nuestro sistema solar tienen un movimiento elíptico y, a nivel microcósmico, lo mismo ocurre en las populares representaciones del electrón girando en torno al núcleo del átomo.

Si lo Absoluto es infinito, inefable e inmutable, es, entonces, imposible de expresar con el lenguaje articulado humano. En su lucidez, los sabios de la antigüedad descubrieron que para hablar de ese Absoluto era más sensato quitar que poner, y vieron que, de manera imperfecta pero aproximada, el símbolo básico de un huevo (vida), o de un falo (creación), o de una columna (trascendencia) o de una elipse (expansión) o del número cero (que no por casualidad surgió en la India) representaba a Shiva. Este símbolo minimalista, que no tiene frente ni dorso, sin rasgos antropomórficos, sin siquiera referencias explícitas a una cultura particular, nos permite observarlo con cierta pureza y evocar tanto el punto mínimo de latente energía universal, como el vacío total o también la divina chispa interna que brilla dentro de cada ser.

Con mucha probabilidad, es más factible que una persona ajena a la tradición hindú acepte una forma oval o cilíndrica como símbolo de la creación y el universo que, por ejemplo, una deidad con cuatro rostros y cuatro brazos, ya que la imagen del *linga*, por su simpleza, no es chocante ni genera extrañeza. De hecho, la palabra *linga* significa literalmente «señal» a secas. La sencilla configuración del *shivalinga* simboliza lo eterno y lo absoluto sin nombre ni forma y sus representaciones varían en tamaño, color, estilo y objetivos. Los *shivalinga* pueden ser «espontáneos», es decir, que se encuentran ya en la naturaleza, generalmente en forma de piedras, de las cuales las más veneradas son los llamados *banalinga*, pequeños trozos de cuarzos ovalados y superficie lisa que se hallan en el lecho del río Narmadá, en la India central, y que recuerdan los típicos huevitos de ónix que se venden en las tiendas de artesanías. De la misma manera, otras rocas de mayor tamaño con forma alargada, oval o cilíndrica pueden ser consideradas símbolos de Shiva. De todas estas manifestaciones naturales, la más destacable es el «*linga* de hielo», que se encuentra en la cueva de Amarnath, ubicada en Cachemira a casi 4.000 metros de altitud, y que consiste en una estalagmita que puede llegar hasta los 6 metros de altura.

Como es de esperar, también existen *lingas* hechos por la mano del hombre, ya sea de roca, metal o arcilla, tanto para la adoración ritual personal como para residir en el *garbhagriha* o cámara principal de los templos hindúes. Los *lingas* de uso doméstico suelen ser pequeños, mientras que los iconos de templos, si bien son variables, rondan el metro de altura e incluso pueden llegar a tener hasta 3 metros. En estos últimos casos, la liturgia tradicional debe incluir muchas veces una escalera o elemento similar para que los sacerdotes puedan subirse y lavar o decorar apropiadamente el *shivalinga*.

La representación iconográfica del *linga* está a menudo acompañada de un *yoni*, que en este contexto significa «matriz», y que es la base sobre la que se erige el *linga*. Este *yoni*, que es circular, representa la energía femenina o *shakti*, es decir, la manifestación material complementaria a la consciencia trascendental masculina que es Shiva. A nivel litúrgico, el *yoni*, que en uno de sus extremos tiene una especie de boca alargada, sirve como bandeja de lavado y también de drenaje para los líquidos que se ofrecen al *shivalinga*.

Hablando de rituales y en relación con la manera tradicional de celebrar *Mahashivaratri*, durante la auspiciosa noche se realiza en varias ocasiones el llamado *Maharudra abhisheka*, que es el lavado ritual de un *shivalinga*. Asimismo, se considera muy auspicioso repetir el antiquísimo mantra *Om namah shivaya*, conocido como *panchakshara*, es decir, «de cinco sílabas», sin contar *Om*, que es un común denominador de todos los mantras y es anterior a ellos.

Según el contexto, y de acuerdo con la naturaleza ambigua de Shiva, la celebración de *Mahashivaratri* puede variar, y así como en algunos *áshrams* la atmósfera es más bien introspectiva, en la ciudad de Varanasi, donde se dice que mora el Señor Shiva, el ambiente es muy festivo y los devotos bailan y cantan por las calles toda la noche. Lo importante, en todo caso, es mantenerse despiertos y con actitud devocional. Dice Swami Premananda:

«Cuando usamos la noche de Mahashivaratri al máximo, se recargan nuestras pilas. Me gusta decir que tales ocasiones son inyecciones de vitaminas espirituales para los buscadores. Podemos adorar a Shiva de maneras muy simples, incluso con hojas y agua. Debido a su naturaleza ascética, él se complace con la simplicidad y la espiritualidad. Él devuelve nuestras simples ofrendas con gracia espiritual».[182]

Una historia tradicional cuenta que, justo en el atardecer del día de *Mahashivaratri*, un cazador que estaba en el bosque trepó a un árbol para escapar de un tigre feroz. El tigre se sentó debajo del árbol esperando a que el cazador se durmiera y se cayera, pero el cazador estaba tan atemorizado e inquieto que no podía dormirse ni aunque quisiera. El árbol en el que estaba era un *bilva*, sagrado para Shiva pues sus hojas tienen tres puntas, como un trébol, representando sus tres ojos. La cuestión es que de tanto que se movía el hombre, las hojas estuvieron cayendo toda la noche sobre un *linga* de piedra que había justamente debajo del árbol. Para mayor fortuna, algunas de esas hojas iban cargadas del rocío de la noche, lavando suavemente el *linga*. Todo de forma involuntaria, claro. Al día siguiente, grandemente satisfecho por la adoración del cazador, Shiva se apareció ante él y lo salvó.

Con esta historia se ilustra la importancia espiritual de *Mahashivaratri*: incluso quienes pasan la noche despiertos por motivos no religiosos se benefician de su gran y única energía.

El exclamativo significado del nombre Uma

Si poner nombres sánscritos a los hijos está en boga entre los occidentales, sin duda el nombre Uma es uno de los más populares para niñas, pues reúne varios requisitos muy buscados: brevedad, eufonía, facilidad de pronunciación y, por qué no, belleza. Por tanto, este es un buen momento para profundizar en su etimología, historia y significado.

Primero, hay que decir que Uma es otra forma de designar a la diosa *Párvati*, que es el nombre más difundido para referirse a un aspecto de la energía divina femenina o *shakti* que se encarga de la constante transformación del universo. Esta *shakti* está indisolublemente relacionada con el Señor Shiva, que es el dios encargado de la, generalmente poco apreciada, tarea de disolver el universo al final de cada ciclo cósmico. Este malinterpretado rol destructivo de Shiva es, a nivel trascendental, un símbolo del regreso a la Quietud original, después y más allá de la atrapante multiplicidad fenoménica. Como energía dinámica del poder siempre latente de Shiva, su *shakti* puede ser muy feroz en los aspectos de Kali o Durga, por ejemplo, aunque también tiene un lado más maternal y afable que se personifica justamente en Párvati.

De esta forma, diferentes aspectos o episodios en la vida de Párvati dan pie a diferentes nombres, mostrando un vislumbre de cuan infinita es la Divinidad y también, en cierta manera, de la necesidad de la mente humana de crear símbolos y poner etiquetas. Por ejemplo, Párvati puede llamarse *Satí* en su aspecto de esposa virtuosa y fiel, o también puede ser simplemente *Devi*, la «Diosa» por excelencia. El nombre Párvati significa «la de la montaña», pues es hija de Himavat, la personificación de los montes Himalaya, y de la sensual ninfa celestial o *apsará* Menaká, que baja de los planetas celestiales a la Tierra de vez en cuando y usualmente termina envuelta en algún amorío.

Siempre con Uma en mente hacemos una breve pero pertinente digresión: en un momento dado, un poderoso y malvado *asura* llamado Táraka estaba sembrando el caos entre los seres celestiales, pues era invulnerable, o casi. Cuando los *devas* le otorgaron sus poderes debido a sus muchos años de penitencias, Táraka había pedido, como hacen todos los demonios, el don de la inmortalidad, pero la inmortalidad no se le puede dar a nadie pues en la tradición hindú hasta los *devas*, aunque vivan miles de años, están finalmente destinados a morir. Por tanto, Táraka pidió que él solo pudiera morir a manos de un hijo del mismo Shiva, lo cual era muy improbable ya que un asceta como Shiva, rey de los yoguis que se pasa todo el día en meditación y practicando austeridades, jamás, se supone, pondría sus sentidos al servicio del acto de procrear.

Ante el desastre que estaba haciendo Táraka en los tres mundos, todos los dioses decidieron encomendarle a Kamadeva, el dios del amor y el erotismo, la difícil misión de despertar la pasión amorosa en Shiva. El Señor Shiva habita en el monte Kailash, en la cordillera nevada del Himalaya, y justamente allí también vivía la joven y montañesa Párvati, que por amor atendía las necesidades básicas del huraño ermitaño, aunque sin ser nada correspondida. Entonces llegó el dios Kama y con su arte convirtió el yermo pico nevado en un jardín exuberante, saturado con la fragancia de la primavera y con el canto de los pájaros como banda sonora. Kama tensó su arco de caña de azúcar, que por algo se llama «risueño» y tiene la cuerda hecha de zumbonas abejas, mientras preparaba una de sus flechas de flores apuntando directamente al corazón de Shiva. En el momento de soltar la flecha, Shiva, que no en vano es un yogui, percibió algo perturbador y abriendo su tercer ojo soltó un rayo de fuego que redujo al pobre Kamadeva a cenizas, las mismas cenizas con las que recubre su cuerpo desnudo, demostrando su control sobre las pasiones.

Párvati, en lugar de desanimarse, y siguiendo el consejo de un sabio, decidió que, si no podía conquistar a Shiva con su hermosura y su servicio, lo haría a través de la práctica ascética. Fue en ese momento cuando su madre, la *apsará* Menaká, acostumbrada a los placeres sensuales y horrorizada porque su joven hija se dedicara al ascetismo, exclamó: «*U ma*», es decir, «**Oh** [hija], **no** [practiques austeridades]» y de allí nace el nombre *Uma*.

Entonces Párvati, ahora también Uma, vestida con cortezas de árbol comenzó a realizar mortificaciones «durante tres mil años», que podían superar las del mismo Shiva: estar de pie sobre una sola pierna durante meses; meditar día y noche con la mirada fija en la punta de la nariz; repetir el sagrado mantra de cinco sílabas dedicado a Shiva rodeada de fuegos abrasadores, bajo el sol del mediodía y en pleno verano; en la época de nevadas, en cambio, permanecer sentada y en ayuno sobre el hielo...

Notablemente, mientras más penitencias realizaba, más hermosa se volvía la joven, e incluso más brillante, de ahí que otro de los epítetos más conocidos de Párvati sea Gauri, «la dorada». En este mismo sentido, el nombre Uma también se suele traducir como «luz» o «esplendor», aunque no tenga una justificación etimológica clara. Lo que es seguro es que los estudiosos están de acuerdo en que la primera mención del nombre de la diosa Uma en las Escrituras ocurre en la *Kena Upanishad*,[183] donde se confirma que ella es la «hija de Himavat», poseedora de «gran esplendor» y donde «aparece como una mediadora» entre Brahman, el principio Absoluto, y los dioses.[184]

Pero volviendo a la historia en la montaña y las austeridades de Uma, ya que estoy seguro de que todos desean conocer el final, después de tantas penitencias y mortificaciones la joven yóguini logró la atención de Shiva, a quien le atrajo más la disciplina y la determinación que la belleza física. En este punto, y para poner a prueba a Uma, Shiva envió ante ella a algunos sabios renombrados para cuestionar su interés por ese simple anacoreta que no tenía posesiones, ni familia ni riquezas ni *saris* de seda para ofrecer, a lo que la joven respondió que Shiva era Todo aunque no hiciera despliegue de su poder y que si no se casaba con ella, ella permanecería virgen para siempre. Y agregó:

> «Incluso si el sol saliera por el oeste, si el fuego se tornara frío, o si el loto floreciera sobre una roca en la cima de una montaña, mi tenacidad no puede ser anulada».[185]

Ante esta respuesta llena de devoción y de sabiduría, Shiva se sintió complacido y aceptó a Uma como su mujer, convirtiéndose así en el paradójico caso de asceta y hombre de familia al mismo tiempo; incluyendo a dos hijos nacidos en peculiares circunstancias, siendo uno de ellos el poderoso y siempre joven Skanda, quien vencería al demonio Táraka.

De esta forma, gracias a la devoción y a la perseverancia de la joven de la montaña, los dioses se liberaron del azote de Táraka y, muy importante, las personas de familia con intereses espirituales obtuvimos un elevado ejemplo como antecedente. Sin olvidar que, llámese Uma, Párvati o Gauri, la dedicada esposa de Shiva no es otra que la esplendorosa Madre Universal que mueve todo el cosmos.

Las tres energías de *Navaratri*

Si bien el hinduismo ortodoxo es patriarcal, eso no significa que sea machista y, aunque los informativos siempre prioricen noticias sobre el sometimiento socioeconómico de la mujer india, hay que decir que desde el punto de vista religioso hindú el aspecto femenino de lo divino es igual de importante que el aspecto masculino. De hecho, se consideran inseparables y complementarios, como el fuego y su calor. Se explica que el aspecto masculino de lo Supremo es la pura consciencia, de naturaleza trascendente y siempre en quietud, mientras que el aspecto femenino tiene una naturaleza inmanente y dinámica, que es pura energía en acción.

El aspecto femenino de lo Supremo ha sido adorado desde siempre en numerosas civilizaciones, generalmente bajo el nombre de «Madre», debido a que cuida de nosotros de forma perfecta y amorosa. Los indígenas andinos la llaman Pachamama; los romanos le decían Natura; algunas personas le dicen Energía, otras prefieren hablar de la Diosa y otras simplemente dicen Madre Tierra. En el hinduismo se considera que todo el universo material es una manifestación de esta energía dinámica femenina llamada *Shakti*, que también tiene diversos nombres según los aspectos que predominen.

La Madre Divina es, en esencia, puro amor, pero su manifestación es dual y, por tanto, incluye los dos polos de este mundo: día y noche, enfermedad y sanación, furia y perdón, ramas secas y frutos en flor. En la tradición hindú se considera que a través de este cuerpo humano, de este mundo y de las experiencias que tenemos en él, podemos llegar a conocer nuestra naturaleza real. En todo ese camino, la presencia y la ayuda de la energía cósmica maternal es indispensable, ya que nos da todas las herramientas que necesitamos: la vida misma, el aire, el alimento, la lluvia, la tierra que pisar, la voluntad, el deseo, la inteligencia, el conocimiento, la devoción y también la muerte.

Hay indólogos que sostienen que la religión original de la India, incluso anterior a los *Vedas*, se basaba en el culto a la *Devi* o Diosa, pero en realidad no hace falta ir tan atrás pues en la India actual, y conviviendo con cultos al aspecto masculino y también sin forma de lo Divino, el papel de la Madre Divina es altamente relevante, como lo demuestran los templos, festivales, himnos de alabanza e incluso *gurvis* –maestras espirituales– muy vigentes.

De todas estas expresiones de devoción hacia la Madre, *Navaratri* es la celebración hindú más importante en su honor, que ocurre dos veces al año, con fechas que cambian según el calendario lunar, pero siempre alrededor de la época de los equinoccios. El festival se prolonga durante nueve noches con sus diez días, y de ahí su nombre, pues en sánscrito *nava* es «nueve» y *ratri* es «noche». Este festival, que tiene lugar a lo largo y ancho de la India, tiene la versión de primavera (*Vasanta Navaratri*) y la de otoño (*Sharad Navaratri*), que es la más conocida y celebrada, aunque eso depende siempre de la zona del país y las preferencias religiosas de cada devoto. Como ocurre con todas las festividades hindúes, hay diferentes versiones, lo cual no quita, necesariamente, validez a ninguna de ellas. Incluso el nombre del festival puede variar, llamándose *Durga puja* en Bengala o *Dasara* en partes del norte de la India.

La forma tradicional de celebrar *Navaratri* es adorando a la Madre Divina en sus diferentes aspectos a través de rituales y ofrendas, himnos y cantos devocionales, meditación y, por supuesto, algún tipo de ayuno. Sobre esto último, es llamativo que las fechas equinocciales del festival coincidan con las modernas dietas de desintoxicación que muchas personas occidentales, sin particular inclinación hindú, llevan a cabo en los cambios de estación a fin de purificar y preparar el cuerpo físico para el nuevo ciclo. La tradición hindú no es azarosa ni caprichosa, sino que está basada en verdades universales que, en muchos casos, pueden considerarse eternas. Por ello, que la larga festividad en honor a la Madre vaya acompañada de ayuno en la época de los cambios de estación no es casual, sino más bien un sabio hábito que los antiguos *rishis* descubrieron útil para el propio devoto y su salud, más allá del aspecto ascético.

Personalmente, de todos los festivales hindúes, *Navaratri* es mi favorito por el nivel de absorción que se logra cuando paso diez días adorando, de una u otra forma, a la Madre Divina. En mi caso, y por influencia de mi maestro Swami Premananda, estoy acostumbrado a celebrar la versión otoñal del festival, especialmente popular en el sur de la India, en la que se le dedican tres noches a cada uno de los tres aspectos principales de la Madre, relacionados con la trinidad esencial de creación-mantenimiento-transformación, unas fuerzas cíclicas que están presentes en todo proceso material. Los nombres que corresponden a estas tres funciones son Sarásvati, Lakshmi y Durga y adorar externamente estos tres aspectos tiene un significado profundo, pues simbólicamente representa las etapas del viaje espiritual interno de cada persona.

De esta manera, los tres primeros días se rinde culto a Durga, que representa la energía femenina de destrucción y transformación, y por ello se relaciona con Shiva. A primera vista, observando la imagen feroz de Durga Devi, que monta sobre un tigre y sostiene armas en sus numerosos brazos, podríamos pensar que estamos venerando una Diosa temible. Y efectivamente Durga es temible, pero solo para aquellos que se aferran a su pequeño yo individual y no están dispuestos a soltar hábitos y patrones mentales negativos que limitan su plenitud. Para poder desarrollar nuestras buenas cualidades, primero debemos eliminar nuestras malas tendencias, por lo que durante estas tres primeras jornadas se pide a la Madre que nos ayude a «destruir» nuestras fallas, nuestros hábitos perjudiciales y nuestras impurezas. Durga, con su aspecto feroz, es la energía que nos permite afrontar las pruebas con determinación y nos ayuda a vivir sin miedo. En estas jornadas, la práctica de la introspección es importante, con el fin de poder reconocer aquello que debemos modificar interiormente.

Después de que Durga nos ha ayudado a purificarnos, los siguientes tres días se honra a Lakshmi Devi, la diosa de la abundancia, la fortuna, la salud y la belleza. Lakshmi, que es la consorte de Vishnu, está a cargo de nutrir y mantener la Tierra, y su energía de prosperidad y sustento se concretiza internamente en el devoto a través de la adquisición de cualidades positivas, éticas y espirituales para su crecimiento personal.

Al llegar al séptimo día comienza, por tres días, la adoración a Sarásvati Devi, consorte de Brahmá: la diosa del conocimiento, las ciencias, las artes y la palabra. Vestida totalmente de blanco, como símbolo de pureza y de claridad mental, ella es la energía que nos otorga el conocimiento y la inspiración para dirigir el intelecto y las emociones hacia la esencia de nuestro verdadero yo. Por tanto, después de la purificación y la adquisición de buenas cualidades, estamos listos para (re)conocer nuestra naturaleza real, que es divina.

El punto culminante de *Navaratri* ocurre en el décimo día, después de la novena y última noche del festival, y se conoce como *Vijayadáshami*, es decir «el triunfo del décimo día». En esta jornada, la adoración regresa a Durga Devi en su aspecto de *Mahishasuramárdini*, la diosa como destructora de un terrible demonio con forma de búfalo llamado Mahisha, que hasta entonces era invencible y tenía sometido al universo entero. El simbolismo esencial de esta batalla es el triunfo del conocimiento sobre la ignorancia o de la luz sobre la oscuridad. Que sea la Diosa quien lleva a cabo esta proeza no es banal y nos alienta a analizar el papel de la energía femenina en este mundo que nos toca vivir. De hecho, este aspecto de la Madre es muy reverenciado porque muestra la supremacía de la *Devi* sobre todos los demás dioses, ya que la historia tradicional explica que su nacimiento tuvo lugar como la suma de la energía de todos los *devas* que, a su vez, le cedieron sus armas. Por tanto, Durga suele tener ocho (o diez) brazos con los que ostenta estas poderosas armas divinas.

Observando el orden de los festejos de *Navaratri* se puede notar que se trata de un proceso ascendente para regresar a la fuente y alcanzar lo Divino. Después de diez días de ritual, canto, ayuno o meditación el devoto está listo para que la Madre «aniquile» sus malas tendencias y le ayude a seguir el apasionante, a veces arduo, camino del autoconocimiento.

Vináyaka Chaturthi, la inmersión de la deidad

El cuarto día (*chaturthi*) de luna creciente de cada mes se considera especialmente propicio para la adoración a Ganesha, pero cuando llega el mes hindú de *Bhadrapada*, es decir, agosto-septiembre, la celebración de Vináyaka Chaturthi cobra especial importancia y se convierte en el inicio del festival anual en honor a la deidad con cabeza de elefante, que se celebra en toda la India. Una vez iniciados los festejos, estos se extienden incluso durante diez días, hasta el decimocuarto día de la luna creciente, llamado *ananta chatúrdashi*. Durante esta decena de días, y siguiendo la tradición, se realizan rituales y ofrendas a imágenes (*murtis*) de Ganesha hechas especialmente para la ocasión con arcilla, yeso o papel maché. En el último día de festejos, dichas *murtis* son sumergidas en el agua, ya sea de mares, ríos, lagos o estanques, como símbolo de que la deidad se lleva consigo todos los problemas de los devotos, abriendo el camino para un nuevo comienzo.

Este acto de inmersión, denominado *visarjan*, es una difundida tradición hindú que abarca diferentes celebraciones y deidades y que en los últimos años ha sido puesta en tela juicio por los impactos medioambientales que podría tener el lanzar a las aguas esas figuras hechas muchas veces con materiales sintéticos y no biodegradables, amén del factor de ensuciar las orillas de esas aguas con los restos de las imágenes sumergidas. En el pasado, estas *murtis* estaban hechas de arcilla, que se «biodegradaba» al entrar en contacto con el agua, pero por cuestiones económicas y prácticas, los artesanos y escultores al cargo empezaron a utilizar yeso, que no se desintegra fácilmente en el agua, a lo cual hay que sumarle la pintura sintética, los adornos, las ropas y el resto de decoración de las imágenes. Regresar a la arcilla no es la tendencia mayoritaria entre los artesanos pues es más caro y representa más esfuerzo para ellos, pero es lo mínimo que habrá que cambiar a corto plazo para atenuar las consecuencias ambientales.

En algunas partes de la India, la respuesta oficial para este problema ha sido la de prohibir o limitar la inmersión de figuras en los cauces fluviales o marítimos, proponiendo como alternativa piscinas gigantes, donde los restos son fácilmente identificados y desechados. Para muchos hindúes tradicionalistas, esta solución es una aberración porque si el agua no fluye y realmente no se lleva o hunde la imagen, entonces la eficacia del ritual queda incompleta. También es verdad que a nivel estético, emocional y espiritual estas piscinas son una alternativa mucho más anodina. Por otra parte, los tradicionalistas argumentan que la contaminación que puede producir la inmersión de una imagen en un río es irrelevante en comparación con los daños ecológicos que produce la construcción indiscriminada de presas hidroeléctricas en el Himalaya y a la grave polución industrial que sufren los sagrados ríos de la India y que los gobernantes pasan por alto desde hace décadas. En esta línea, un estudio estima que del total de polución de las aguas en la India, solo el 5% corresponde a la actividad religiosa y ritual, mientras que el vertido de aguas cloacales en los ríos que pasan por grandes ciudades es el gran motivo de contaminación fluvial, llegando quizás al 80%.[186] Evidentemente eso no es excusa para contaminar, pero sí queda claro que las ofrendas religiosas a los ríos y el mar no son el problema principal.

Con mayor énfasis que en otras partes del mundo, la India está teniendo problemas para equilibrar su milenaria tradición con los rápidos cambios y necesidades del mundo moderno y su ejemplo más notorio es la megalópolis de Mumbai (antes Bombay) donde la celebración de Ganesha Chaturthi y el *visarjan* de las imágenes son un signo distintivo y una tradición popular que desde fines del siglo xix ha ido creciendo hasta convertirse en un festival masivo, en donde incluso lo político se confunde con lo religioso.

El primer día de festejos se instala una imagen de Ganesha, ya sea en casa o en la vía pública, para ser adorada durante todo el festival, pues a pesar de ser de yeso se la considera sagrada, ya que se le ha realizado la *pranapratishthá*, la ceremonia tradicional para infundirle «vida». Esta primera jornada de festejos es de especial ajetreo callejero ya que la mayoría de las personas aprovechan para ir a comprar su imagen sagrada, que puede ser de diversos tamaños, colores o formas. De manera que si es una imagen para uso hogareño será pequeña, pero si su ubicación es un altar de barrio será más grande y, según el poder adquisitivo y el espacio donde se situará, la estatua puede llegar a tener varios metros de altura.

Cuando se trata de imágenes grandes y que están en la vía pública, estas se albergan en una especie de pabellones llamados *pandals*, que son altares temporales hechos de palos, cuerdas y telas. Estos *pandals* varían en tamaño y sofisticación y son financiados por el ayuntamiento, por los vecinos o por los comerciantes de una calle, al igual que pasa con las luces de Navidad en España. En algunos casos, estos altares son patrocinados por una empresa a cambio de ver su marca en los carteles y también hay casos en que son financiados por partidos políticos, lo cual siempre incluye una foto de los líderes en los anuncios. Es decir, a veces estos *pandals* son montados en base a la pura devoción y en otros casos con fines promocionales o políticos. Lo cierto es que todas las calles de Mumbai tienen su *pandal*, por humilde que sea, y son siempre foco de devoción para los transeúntes, y de reunión social para el barrio. Según los datos oficiales, el ayuntamiento de Mumbai autoriza la construcción de más de mil *pandals* en la vía pública, aunque se sabe que hay siempre otros cientos más montados de forma «ilegal»,[187] lo cual da una idea de lo omnipresente que es la imagen de Ganesha durante esos diez días de festejos.

De todos los *pandals* que se erigen en la ciudad de Mumbai hay uno que es especialmente famoso y concurrido porque alberga a *Lalbaugcha raja*, el Ganesha «rey» del barrio de Lalbaug, conocido por su mercado especializado en pescado. La historia cuenta que el mercado original fue cerrado en 1932 y, en busca de soluciones, los pescadores y vendedores hicieron una promesa al Señor Ganesha con el fin de obtener un nuevo sitio permanente para su trabajo. Gracias a la gestión de algunas autoridades, finalmente se les concedió un terreno donde se erigió el nuevo mercado, y entonces los pescadores cumplieron su voto: instalar una imagen de la deidad con cabeza de elefante en el día de Ganesha Chaturthi. Ese hecho ocurrió en 1934 y desde entonces la tradición se repite cada año. Debido a que Ganesha cumplió el deseo de aquellos pescadores, la figura de *Lalbaugcha raja* se hizo conocida por cumplir los deseos de sus devotos y, por tanto, cada nueva celebración hizo más populosa la concurrencia, al punto de llegar a los dos millones de personas en los diez días que dura el festival.

Para gestionar esta cantidad de devotos, los organizadores crearon dos colas diferentes: una para recibir las bendiciones directamente de la imagen, tocando sus pies de yeso, y otra para simplemente tener la visión (*dárshana*) de Ganesha. En ambos casos las filas son bien largas, aunque más lo es la primera, pues se considera que tocar la estatua y hacer una ofrenda directa es más efectivo para obtener el cumplimiento de los deseos.

En el último día de celebraciones, cuando se avecina el momento de llevar las imágenes a sumergir en el agua, en Mumbai se empieza a percibir una energía similar a la de un hormiguero en ebullición. Cuando llega la hora, la marea humana cubre las calles y las imágenes se convierten en grandes protagonistas de un desfile multitudinario en dirección a diferentes playas ubicadas en la orilla del mar Arábigo, que son las aguas que rodean la ciudad. En la playa de Chowpatty Girgaon, la más céntrica y popular, se preparan gradas para las personalidades políticas, se alzan torres de control para la policía, se instalan chapas de acero para que los vehículos autorizados puedan circular por la arena y se colocan baños públicos, todo en medio de un enorme despliegue de seguridad.

Desde temprano en la mañana del día final van llegando diferentes grupos de devotos con sus pequeñas y hogareñas imágenes de Ganesha para depositarlas en el agua. A medida que pasa el día, el tamaño de las *murtis* va creciendo y el punto máximo, en la madrugada del día siguiente, suele ser la llegada de la imagen de *Lalbaugcha raja*. Sin importar el tamaño de la imagen, al llegar a la playa se le hace un ritual previa inmersión en el agua. Allí se hacen los últimos pedidos típicos para Ganesha: prosperidad material, quitar obstáculos, éxito en los estudios y conocimiento espiritual. Algunos devotos susurran al oído de la imagen sus plegarias, justo antes de enviarla a sumergir. Esta tarea se hace muchas veces a través de unas balsas oficiales que llevan varias figuras lejos de la costa y las sumergen en aguas más profundas. En esos casos no se permite a los devotos ir en las balsas, pues hay un personal que se encarga de la tarea. Cuando la imagen es pequeña, hay niños siempre dispuestos, por unas pocas rupias, a hacer la inmersión a mano, caminando con la imagen hasta hundirla en las aguas a escasa distancia de la costa. Si la *murti*, en cambio, es grande viene acompañada generalmente de grandes grupos de devotos, muchos vestidos con vestimentas identificatorias, que se encargan personalmente de su traslado mar adentro. De hecho, las imágenes más grandes ya están instaladas sobre plataformas que también van al agua o que, incluso, se convierten en balsas en sí mismas.

El trayecto de una imagen desde su hogar o *pandal* hasta la playa puede tomar varias horas, debido a la congestión de las calles. De hecho, se estima que la famosa *murti* de *Lalbaugcha raja* emplea 24 horas en recorrer la distancia, debido a su tamaño y, sobre todo, al gran número de personas que se acumulan para verla pasar. A la vez, esta «lentitud» es también deliberada pues nadie tiene prisa y el desfile, o también se puede decir peregrinaje, se toma como una fiesta en la que todos los devotos van cantando, lanzando polvos de color rojo, que es el color favorito de Ganesha, y disfrutando de la fecha. El público que no acarrea una imagen, a su vez, se acomoda en las aceras, calles, balcones y techos para ver pasar durante horas un desfile que es religioso, festivo y muy colorido. Los vendedores de comida y bebida hacen buenos beneficios y el acontecimiento recuerda, en cierta forma, a los desfiles de carrozas que se hacen en carnaval. En la procesión hay imágenes de todo tipo y tamaño, llegando también en todo tipo de vehículos, desde la pequeña estatua que viene sobre la cabeza de un devoto caminante, pasando por las que llegan en camiones, hasta las enormes figuras artísticas en sus carrozas.

Como resultado de la masividad del evento, transitar por las calles se hace muy difícil y cuando asoma el atardecer y las imágenes más grandes llegan a la playa se está realmente apretujado, al menos para los estándares occidentales, claro. En ese contexto, ver con detalle el *visarjan* desde la playa es una causa perdida, no solo por la cantidad de personas, sino porque mientras más grandes son las *murtis*, más lejos las llevan y, por tanto, uno termina viendo apenas una silueta, que sumándole la luz del atardecer, crea un ambiente algo poético pero poco viable para la mirada objetiva o las fotografías de calidad.

Como ya hemos dicho, en los últimos años ha habido polémica porque el día después del *visarjan* las playas de Mumbai, así como otras playas y otros cuerpos de agua a lo largo de la India, aparecen llenos de los restos de las imágenes sumergidas. En Mumbai, las celebraciones de *Vináyaka Chaturthi* son tan importantes desde el punto de vista religioso, económico e identitario que ese daño colateral se considera apenas un detalle, aunque todo indica que la situación ecológica global forzará cambios incluso en ese contexto.

Mientras tanto, en Mumbai todos los devotos entonan la misma oración:

Ganapati bappa morya pudhchya varshi lavkar ya

Un tradicional pedido en lengua marathi para que el Señor Ganesha «regrese pronto el próximo año» a dar sus bendiciones de prosperidad.

Parte VI:
Símbolos

Ganesha, el dios con cabeza de elefante

Cuando Shiva, el Señor de los yoguis, se casó con la divina Párvati (o Uma) todos los dioses se alegraron y el universo mantuvo su equilibrio entre la Consciencia y la Energía. De todos modos, y aunque esté casado, Shiva es un asceta de espíritu introvertido que pasa mucho tiempo fuera de casa meditando y practicando yoga. Entonces Párvati, cansada de estar siempre sola, decide crear un hijo con sus propias manos y con un poco de tierra, otro poco de cúrcuma y parte de los aceites esenciales untados sobre su tersa piel moldea un niño hermoso. El más hermoso del mundo, pues para algo es la Diosa. Una vez familiarizados, Párvati le pide a su hijo que guarde la entrada de la casa de la presencia de extraños, pues ella se va a dar un merecido baño. Justamente durante el baño de Párvati, Shiva vuelve de uno de sus largos retiros y en la puerta se encuentra a este niño que le impide ingresar en su propia casa. Se sabe que Shiva es un dios muy compasivo, pero también se sabe que, como todo asceta disciplinado, es de pocas pulgas, por lo que al ver un pequeñajo bloqueándole la entrada, no lo duda y con un solo golpe de su tridente le corta la cabeza.

Párvati, que se está secando tranquilamente, escucha el ruido de la trifulca, llega hasta el umbral y, contemplando desencajada la tragedia, le explica a su esposo que el decapitado es su propio hijo y que si no enmienda el error se avecina un divorcio, que más allá de lo familiar, tendría consecuencias fatales para el devenir cósmico. Consternado, Shiva sale con sus auxiliares celestiales, los llamados *Ganas*, a buscar una solución con la orden de traer la cabeza del primer ser vivo que encuentren mirando hacia el norte. Como es fácil deducir, el primer ser con que se cruzan es un elefante, que de por sí en la India tiene estatus de animal sagrado, aunque en este caso no era un elefante cualquiera, sino un viejo sabio encarnado en paquidermo que ofrece voluntariamente su testa.

Con algo de dudas, consciente de la asimetría física, Shiva coloca la gran cabeza del elefante sobre el pequeño cuerpo del niño y espera el veredicto de Párvati. La Diosa, que mira con los amorosos ojos de toda madre, dice: «Es hermoso». Con la cabeza otra vez en su sitio, el niño revive con nueva fisonomía y sus padres vuelven a la armonía conyugal. Como resarcimiento por el mal trago y justamente por ser un buen guardián de las entradas, Shiva le otorga a su hijo el privilegio de ser siempre adorado en primer lugar, antes que todos los demás *devas*. De esta forma, Ganesha es la primera deidad en ser venerada en cualquier ceremonia hindú, y en los templos hindúes a menudo hay un altar con su imagen previo al altar principal. Por ello se le conoce como el «Señor de los comienzos» y se le adora antes de un viaje, cuando empieza el año escolar o fiscal, cuando se pone la primera piedra de una casa, cuando se inaugura un negocio o al inicio de cualquier empresa. A nivel doméstico, por su parte, es normal poner una imagen de Ganesha sobre el umbral o en la pared delante de la puerta de entrada, justamente para que haga de centinela de cualquier persona o energía negativa que quiera ingresar en la casa.

Al mismo tiempo, y viendo lo fiel y firme que era el niño, Shiva decide ponerlo a cargo de los *Ganas*, sus huestes semidivinas, seres muy devotos pero también un poco salvajes y deformes, a quien un comandante con cuerpo humano y cabeza animal se ajusta idóneamente. De este rol surge el nombre Ganesha, que es literalmente «Señor de los *Ganas*» y del que deriva otro nombre también conocido, que es un sinónimo y que ya aparece en el más antiguo de los *Vedas*:[188] Ganapati. Su género, que en más de una ocasión he notado se confunde, es indudablemente masculino.

La palabra *gana* se refiere a «grupos» o «categorías» y la interpretación más elemental es que Ganesha significa «Señor de las multitudes», es decir, de todos los seres, ya que es la deidad más popular del panteón hindú. Desde un análisis más simbólico y profundo se podría decir que Ganesha es el «Señor de las categorías», ya que todo lo que nuestra mente puede entender está expresado en términos de categorías y Ganesha representa «el principio de clasificación»[189] a través del cual pueden ser comprendidas las relaciones entre los diferentes niveles de las cosas, incluidos el macrocosmos y el microcosmos. De esta forma, Ganesha rige sobre todo el plano físico y material a la vez que se convierte en un puente entre todo eso que es clasificable y lo trascendente. Justamente su naturaleza híbrida humano-animal simboliza la posibilidad de unir el pequeño ser individual y humano que somos con el gran ser trascendente que podemos llegar a ser, representado por la enorme cabeza del poderoso e inteligente elefante. Para lograr esa identidad con lo divino es imprescindible, entonces, «cortar» nuestra cabeza humana que, en el hinduismo, es siempre un símbolo de la destrucción del ego individual. El ego es una construcción psicológica inevitable, y a la vez necesaria, para nuestro desarrollo como individuos; el problema es que a medida que crecemos y nos identificamos excesivamente con él, ese ego nos va limitando y cegando en cuanto percibimos el mundo desde nuestra óptica exclusiva, sintiéndonos en general separados de todo y de todos.

El discípulo arquetípico le pregunta al maestro: «Gurují, ¿qué es el ego?». Y el maestro responde: «Es el pequeño *yo* que tenemos dentro». Entonces el discípulo, exaltado, reacciona: «¿Pequeño? ¡Cómo que pequeño!».

El ego psicológico que nos ayuda a crear una individualidad cuando somos niños y que nos sirve para funcionar en el mundo material se termina convirtiendo en egocentrismo y causa de sufrimiento. El ego cree que es *Naren*, que tiene pelo rizado, le gusta el color naranja, tiene dos hijas, es escritor y siempre tiene razón. Para la tradición hindú, ese ego no es real ni permanente, pues lo único verdadero es el *atman*, el ser real, que nunca cambia y está ligado a la esencia universal, que es idéntica en todos los seres. Desde esta perspectiva, solo «matando» el ego, resultado de hábitos, pensamientos, educación, acciones pasadas y vidas anteriores, se puede lograr un reconocimiento o una conexión con el verdadero ser.

Si uno lo analiza se da cuenta de que todo obstáculo o dificultad que surge en nuestra vida es una situación que molesta a nuestro ego, al yo pequeño, que está condicionado por nuestros intereses personales y limitado por nuestro sesgado punto de vista. La enseñanza que ofrece Ganesha, a quien se conoce como «Señor de los obstáculos» o *Vighnéshvara*, es que si queremos eliminar cualquier impedimento de nuestro camino, debemos estar dispuestos a arrancar nuestro ego de raíz, a soltar nuestra identificación con lo que nos limita. Y ese acto de decapitación lo realiza Shiva, que es la Consciencia misma.

Los obstáculos pueden ser externos o internos y la verdad es que el aspecto más adorado de Ganesha es el que elimina las dificultades externas, es decir materiales, pues él regula nuestro primer acercamiento al mundo físico. Al mismo tiempo, y aunque no sea una buena publicidad para Ganesha, su papel no es solo eliminar los obstáculos, sino también colocarlos, especialmente cuando sirven para el crecimiento personal de cada individuo. Como dice un maestro zen:

«Mientras actúas en la sociedad, no esperes o reces para no tener dificultades. Sin dificultades, la arrogancia puede surgir fácilmente».[190]

Adorar a Ganesha para que nos allane el camino material es el enfoque más popular en el hinduismo y se considera muy legítimo. A nivel espiritual también se le pide a Ganesha que quite los obstáculos para nuestra práctica y que nos ofrezca la inspiración para saber soltar nuestras limitaciones. De hecho, otros de sus populares nombres es Vináyaka, que quiere decir «guía» y hace referencia a su inteligencia, es decir, al principio universal de discernimiento entre aquello que es correcto o incorrecto y que, en cuanto a los obstáculos, nos ayuda grandemente a saber evitarlos.

Por su capacidad discriminativa y su lucidez, Ganesha es también considerado el dios de la sabiduría, y esas virtudes quedan bien reflejadas en la popular historia que cuenta cómo Shiva y Párvati ofrecieron un mango sagrado para quien, de entre sus dos hijos, fuera el más rápido en dar la vuelta al mundo. Skanda, dios de la guerra, atlético y siempre joven, era el candidato con todas las opciones a su favor, incluido su vehículo tradicional: un hermoso y volador pavo real. Antes de que nadie lo notara, Skanda ya estaba surcando los cielos para cumplir con la prueba. Ganesha, por su parte, con su gran barriga, tiene como vehículo un pequeño ratón, que a duras penas puede llevarlo, y sentado sobre una piedra se quedó pensando con cierta resignación. De repente se pone a recoger flores y ofreciéndolas a cada paso comienza a circunvalar a sus divinos padres, en el sentido de las agujas del reloj, realizando la práctica hindú conocida como *pradákshina*, que consiste en caminar alrededor de un templo o un elemento sagrado como forma de reverencia. Después de siete vueltas se postra a los pies de Shiva y Párvati y ellos, muy satisfechos, le hacen entrega del mango, dulce símbolo de la plenitud espiritual.

Al rato, un poco sudado y a toda velocidad, llega Skanda sonriendo, en busca de su premio, pero al ver que se lo habían dado a Ganesha queda desconcertado, y enfadado inquiere la razón de esta aparente injusticia. Entonces Ganesha explica que, a nivel material, reverenciar a los padres tiene más mérito que dar la vuelta al mundo o que visitar todos los lugares sagrados, y que a nivel espiritual Shiva y Párvati incluyen el universo entero, el espíritu y la materia en su eterna relación complementaria y, por tanto, no hay necesidad de ir más allá.

La sabiduría que representa Ganesha está materializada en su iconografía, empezando por su memoriosa cabeza de elefante y sus grandes orejas, que tienen la forma de los tamices usados en la India para cribar el grano y cuyo simbolismo es la capacidad de separar lo útil de lo inútil. En sánscrito, elefante se puede decir *hasta*, que quiere decir «mano», pues la trompa del animal es tan hábil como si fuera justamente una mano, ya que bien puede arrancar de raíz un árbol como recoger un cacahuete del suelo. En ese sentido, el elefante representa la fuerza a la vez que la inteligencia y la sutileza. Uno de los epítetos más antiguos de Ganesha es *Vakratunda* que significa «aquel que tiene la trompa curvada».

Otro de los nombres más antiguos es *Dantin*, es decir, «aquel que tiene colmillo», lo cual es muy pertinente porque Ganesha se caracteriza por tener un solo colmillo, ya que el otro –generalmente el derecho– se lo rompió él mismo para utilizarlo, a modo de bolígrafo, para escribir el extenso poema épico *Mahabhárata*, que le fue dictado por el legendario sabio Vyasa. El sabio pensó que la descomunal tarea de copiar 100.000 versos solo podía ser realizada por el dios de la sabiduría y Ganesha aceptó el reto con la condición de que Vyasa le dictara el texto sin detenerse, de lo contrario estarían trabajando por años. El sabio estuvo de acuerdo, a cambio de que Ganesha escribiera solo aquellas partes que entendiera cabalmente, y así cada vez que Ganesha analizaba sus palabras, Vyasa ganaba algo de tiempo para pensarse mejor las estrofas siguientes.

Como es de esperar, esta historia popular no es la única que relata el acto de autosacrificio que realiza Ganesha al arrancarse su colmillo. De hecho, hay muchas versiones, aunque una que me gusta especialmente es la que cuenta el caso de un arrogante *asura* que había adquirido poderes, y como era invencible obligaba a todas las personas y dioses a agarrarse las orejas y agacharse de forma ridícula en su honor. Simplificando la historia, Ganesha logra derrotar al demonio lanzándole su colmillo partido, otra vez en un acto de autosacrificio. Lo interesante es que esos humillantes gestos que había implementado el demonio se mantienen todavía hoy, pero con un sentido opuesto: frente a una imagen de Ganesha muchos devotos hindúes, con los brazos entrecruzados, se golpean las sienes con los nudillos como recordatorio de la presencia divina, se tiran de las orejas para «llamar la atención de Ganesha» y hacen una especie de sentadilla para expresar humildad.

A nivel iconográfico, Ganesha es muy peculiar porque va en contra del canon hindú clásico, que prefiere la simetría y las medidas armónicas. Si un único colmillo o una cabeza de elefante en un cuerpo de niño son *rara avis* en el panteón hindú, también lo es la gran barriga que caracteriza a Ganesha y que, a nivel burdo, remite a la pancita que tienen los niños pequeños antes de dar el estirón y también al amor que tiene Ganesha, como todo infante, por las frutas y los dulces, especialmente la caña de azúcar o las bolitas de coco. A nivel esotérico se considera que el gran cuerpo de Ganesha es simbólico de la totalidad del cosmos, ya que se dice que toda la manifestación material está contenida en él y, en cierta forma, nace de él, que es la primera deidad en ser adorada. En este sentido, a Ganesha se le equipara con la sílaba *Om*, el sonido original que da forma al universo. Igual que se canta *Om* al inicio de cualquier mantra o ritual, Ganesha es venerado antes de iniciar cualquier acción. En la misma línea, Ganesha está relacionado con el *kumbha*, que es una vasija ritual que se llena del agua de los ríos sagrados y se puede envolver con hilo de algodón o decorar con pasta de sándalo, polvo de bermellón, hojas, telas y generalmente con un coco en su apertura. De esta forma, el cántaro se considera un símbolo propicio del cuerpo de Ganesha, que contiene todo el mundo y representa prosperidad material y espiritual.

Intentar describir la iconografía de Ganesha de forma unívoca es imposible porque textos tradicionales como el *Mudgala Purana* enumeran, al menos, 32 formas principales de la deidad, cada una representando un papel diferente. La diversidad dentro de la unidad es una de las bases de la cosmovisión hindú y las múltiples manifestaciones de Ganesha son un magnífico ejemplo de esa verdad.

De todos modos, podemos decir que Ganesha se suele representar con cuatro brazos y en cada una de sus manos lleva ciertos atributos, de los cuales los más difundidos son el focino (*ankusha*) y el lazo (*pasha*). El focino es una aguijada de punta corva para espolear o gobernar a los elefantes, pero como ahora es Ganesha quien lo sostiene su simbolismo es el de aguijonear y estimular al devoto que se está moviendo demasiado lento en el camino espiritual. El lazo, por su parte, mantiene cerca a sus devotos y les crea así un círculo de protección.

Todas las deidades hindúes tienen un vehículo (*váhana*) que, además de ser su medio de transporte en las historias mitológicas, posee una significancia simbólica. En el caso de Ganesha su montura es un pequeño ratón, llamado *múshika*, que representa el dominio de la mente y sus deseos ya que, como todos sabemos, en cuanto nuestro nivel de consciencia disminuye, la mente sensorial, como el ratón, es muy hábil para encontrar cualquier resquicio que nos haga retomar los patrones negativos. Al mismo tiempo, el saber popular dice que, curiosamente, los enormes elefantes temen a los diminutos ratones, al parecer porque los roedores pueden meterse entre sus pezuñas y mordisquear sus patas causándoles gran dolor. Que Ganesha tenga un ratón como vehículo es, entonces, un símbolo de cómo «convertir nuestros miedos en aliados».

Un poco porque es un niño y otro poco por una historia en la que él afirma que solo se casará con una mujer tan hermosa como su madre Párvati, que es insuperable, Ganesha es considerado soltero y célibe en parte de la India, con especial énfasis en el sur del país. Al mismo tiempo, y según la zona, el estado civil de Ganesha puede variar de soltero a casado, ¡al punto de ser bígamo! Es sobre todo en el norte de la India donde se considera que Ganesha está casado con dos mujeres, generalmente conocidas como Siddhi y Buddhi, que son las personificaciones de dos cualidades propias del mismo dios con cabeza de elefante. De esta forma, la diosa Siddhi se puede traducir como «Éxito», mientras Buddhi es «Inteligencia». Según la fuente consultada, a veces se habla de una tercera esposa llamada Riddhi, que significa «Prosperidad». Tanto el éxito como la prosperidad se suelen relacionar con el aspecto material de la existencia, mientras que la inteligencia y el conocimiento pertenecen a un plano menos tosco, cercano a la sabiduría espiritual. Ganesha, como puente entre lo humano y lo trascendente, está disponible para propiciar ambos niveles, según el interés de cada persona.

La iconografía clásica de Ganesha con dos diosas a su lado tiene su versión contemporánea en un póster o imagen, muy vista en la India, sobre todo en las tiendas, en que Ganesha aparece junto a Sarásvati, diosa del conocimiento, y Lakshmi, diosa de la prosperidad. Ambas *devis* son deidades principales, consortes de Brahmá y Vishnu, respectivamente, y su aparición junto a Ganesha se basa en que la tradición popular las haya asociado justamente por encarnar atributos de buena fortuna, riqueza y conocimiento.

Como ya hemos dicho, Ganesha es especialmente querido por ser la deidad que elimina los obstáculos y provee seguridad material, a la vez que su apariencia simpática y su vibración positiva generan gran atracción en personas de todos los credos y países, incluidas algunas personas que desconocen su historia o hasta su nombre. Esto quizás se debe a que, como explica Sivaya Subramuniyaswami, «entre todas las deidades hindúes, el Señor Ganesha es el más cercano al plano material de consciencia, el más fácil de contactar y el más capaz de ayudarnos en nuestra vida y preocupaciones diarias».[191]

Esta cercanía con el plano material tiene su correlato iconográfico en el hecho de que de las 32 formas tradicionales en que se representa al dios con cabeza de elefante, el 90% posee una pierna doblada con el talón hacia el perineo y la otra pierna colgando hacia el suelo o con el pie en la tierra. Solo dos representaciones tradicionales muestran a Ganesha con las piernas cruzadas en «la postura de la flor de loto» (*padmásana*), un gesto más exclusivo de los yoguis y de deidades meditativas como Shiva. Algunos autores, jugando con la condición de Ganesha como una deidad un poco grotesca por su extraña imagen, dicen que «su barriga prominente le impide sentarse en *padmásana*» y que, por comodidad, adopta la postura de colgar una pierna.[192] La ocurrencia puede ser simpática, pero en realidad su caso no es excepcional ya que la mayoría de las deidades del panteón hindú se representan sin piernas cruzadas, pues sus funciones son de acción externa y no de quietud introspectiva. Lo cierto es que el Señor de los obstáculos no es un acomodado ni tampoco le falta elasticidad, sino que simplemente cumple con su función de nexo entre dos dimensiones, es decir, tener un pie en el mundo material a la vez que el otro está en el plano espiritual.

Exactamente igual que todos nosotros, que sin dejar de cumplir con nuestras ocupaciones materiales de cada día, deberíamos tener nuestros pensamientos en aquello que es supremo y elevador para la existencia.

¿Por qué la vaca es sagrada?

Las vacas sagradas son uno de los grandes estereotipos de la India, aunque a la hora de explicar el comportamiento del hinduismo hacia este animal haya muchas y divergentes versiones. Para comenzar nuestra investigación debemos entender que en la cosmovisión tradicional hindú, al igual que en muchas culturas antiguas, la totalidad del mundo es sagrada, es decir, digna de adoración y respeto, abarcando fauna y flora e incluyendo también ríos, montañas, astros y el mismo aire que respiramos. De aquí se deduce que los animales en general tengan un alto estatus, aunque en la clasificación global es la vaca quien preside la cima de sacralidad, seguida quizás por el elefante o el tigre, dos animales poderosos y, a nivel literario, mucho más presentes en el imaginario colectivo que tenemos de la India.

Efectivamente, la vaca no es un animal que sea exótico ni exclusivo de la India, pero sí posee una cualidad destacable muy valorada por el hinduismo tradicional: su capacidad de dar leche. De hecho, algunas corrientes filosóficas hindúes sostienen que todo ser humano tiene siete madres, entre ellas la Tierra, la esposa del propio gurú y la vaca, que es considerada «madre vaca» (*gomatá*) porque ofrece su leche como lo hacen las madres naturales. Durante miles de años, la leche de vaca ha sido un ingrediente fundamental de la dieta hindú tradicional, incluidos los alimentos derivados como el yogurt o *ghi*, la tan reputada mantequilla clarificada, que se utiliza para cocinar, para la adoración ritual y también con fines terapéuticos.

En el siglo XXI, el paradigma nutricional occidental está cambiando y el consumo de lácteos bovinos se ve puesto en tela de juicio por grupos animalistas e incluso por estudios médicos oficiales. Resulta extraño de creer que, a pesar de no ser bueno para su salud, durante miles de años los indios mantuvieran el hábito de beber leche de vaca, un producto que también en el ayurveda, una de las medicinas tradicionales indias, es muy utilizado. Una explicación plausible es que la leche de una vaca tratada con veneración y cuidada de forma artesanal por una familia, tal como se hacía en la tradición hindú, no es comparable a la leche industrial, producida a base de explotación animal y hormonas, que es la regla de hoy para la que uno encuentra en cualquier supermercado. Este nuevo paradigma nutricional sostiene que las leches de cabra o de oveja, por ejemplo, son más sanas y nutritivas que la de vaca, aunque contra esto el hinduismo argumenta que el *guna*, es decir, la cualidad esencial de la leche de vaca, es *sattva*, que se refiere a equilibrio, lucidez o bondad (véase la Parte III, «Los tres hilos de nuestra vida material»). Desde este punto de vista y sin negar sus beneficios alimenticios, la leche de cabra tendría una cualidad más *rajásica*, o sea de agitación, pasión o avidez, lo cual no sorprende al ver el comportamiento natural de los caprinos, generalmente en movimiento o dando saltos. En ese sentido, la vaca es un animal muy tranquilo, incluso un tanto impasible o apático. El *mahatma* Gandhi, explicando la sacralidad de la vaca, escribió:

«El hecho central del hinduismo es la protección de la vaca. La protección de la vaca es para mí uno de los más maravillosos fenómenos de la evolución humana [...]. Para mí, la protección de la vaca no es mera protección de la vaca. Significa protección de todo lo que vive y que está indefenso y débil en el mundo. La protección de la vaca significa protección de toda la callada creación de Dios».[193]

Para Gandhi, el concepto de *ahimsa* o «no dañar» era de suma importancia y sostenía que «cuanto más débil es un ser vivo, más derecho tiene a ser protegido» o, dicho de otra manera, mayor responsabilidad hay por parte de los más fuertes de proteger al débil. Desde su punto de vista, el hecho de no matar a un animal indefenso como la vaca, usado en este caso como epítome de todas las criaturas vivientes que merecen ser protegidas, es un gesto de compasión que es sinónimo de respeto a la ley universal de *ahimsa*.

Por supuesto, además de esta versión gandhiana e idealizada de los hechos, hay explicaciones de carácter más pragmático para justificar la sacralidad de la vaca en la India. La más difundida sostiene que, para los antiguos indios, la ganancia de mantener una vaca viva durante largo tiempo era mucho mayor que sacrificarla para gastarla en unas cuantas comidas. Aquí hay que pensar que los beneficios de la vaca, especialmente en el ámbito rural, no se limitan a la leche y sus derivados, sino que incluyen su excremento y su orina, ambos elementos considerados antisépticos. El primero se usa, aplastado en forma de tortas, para alimentar el fuego, y así cocinar o dar calor en invierno, y también para poner en el suelo de las casas como, lo dicho, desinfectante. En un país donde el acceso a la electricidad y a los combustibles fósiles es limitado, el estiércol de vaca es una fuente importante de energía. Según datos aparecidos en National Geographic,[194] en 2015 la mitad de la población india «cocinaba con biomasa», que es una forma poética de referirse al excremento bovino. La orina, por su parte, es usada para fines terapéuticos específicos por su capacidad antiséptica, aunque de ninguna manera hay que pensar que los hindúes beben ese líquido de forma regular.

En uno de los textos más sagrados del hinduismo, el *Shrímad Bhágavatam*, que destaca por explicar detalladamente la vida y obra de Krishna, el *avatara* o encarnación divina que bajó a la Tierra en el papel de pastor de vacas, se relata un episodio en el que la ogresa Putaná intenta matar al niño Krishna. Krishna, que es Dios mismo encarnado, no tiene dificultades en matar a la demonia con su poder, pero su madre y las demás mujeres de la aldea, que desconocen la divinidad de Krishna, recurren a unas prácticas tradicionales para ofrecerle plena protección al niño. Estas prácticas consisten en «pasar un penacho de vaca alrededor del niño», «bañarlo cuidadosamente con orina de vaca» y «al mismo tiempo que pronuncian doce nombres del Señor, aplicarle excremento de vaca en doce partes del cuerpo, las mismas en donde se aplican las marcas religiosas sagradas, comenzando por la frente».[195] Si bien estamos hablando de un poblado de vaqueros y en un texto que para muchas personas podría tener tintes de leyenda, de todas maneras esto nos da una buena idea de la relevancia de los productos aparentemente menos agradables o útiles de la vaca en la cultura hindú.

La hipótesis puramente utilitaria que dice que el beneficio global de mantener las vacas vivas era mayor a matarlas tiene sus debilidades, pues muchas otras culturas supieron aprovechar los productos de la vaca viva, a la vez que destinaron otra parte de ganado vacuno para el consumo de su carne, sin perderse ninguna de las «ventajas». Curiosamente, solo la civilización india eligió sacralizar la vaca, que ya en los textos védicos aparece como uno de los principales símbolos de riqueza material, aunque algunos estudiosos opinan que en los rituales más antiguos pudo ser también un animal sacrificial. Si en la antigua mitología griega se habla de la cornucopia o «cuerno de la abundancia», que es un cuerno de cabra, en la mitología hindú se habla profusamente de Kamadhenu, la famosa «vaca de la abundancia» de la que se «ordeñan» todos los deseos. El hecho de que ambos animales den leche y cumplan un rol alimenticio los sitúa en el plano de la abundancia, pero en la tradición griega las cabras no asumieron un estatus sagrado o protegido. De hecho, en la India el toro goza del mismo respeto que la vaca, aunque este no provea leche y su significado sea diferente, relacionado con la fuerza y la virilidad. Por tanto, a la sencilla explicación utilitaria y socioeconómica de la sacralidad de la vaca habría, entonces, que sumarle un tipo especial de sensibilidad cultural para adorar y respetar a un ser que brinda grandes beneficios materiales a la sociedad, sobre todo a la rural, que hoy en día sigue siendo la mayoría de la India.

Entre las explicaciones gandhianas y las motivaciones utilitarias hay toda una serie de versiones populares sobre la sacralidad de la vaca, como por ejemplo que su mugido recuerda a la primigenia vibración de *Om* y de allí se deduce que sea un animal especialmente propicio para los hindúes. Por otra parte, para algunas personas la vaca es considerada la última encarnación animal del *jivatman* o alma individual antes de nacer como ser humano, y por ende matar una vaca es como matar a un hombre. Al mismo tiempo, como tradicionalmente todas las personas bebían leche de vaca, las vacas son consideradas como madres de la humanidad y de allí surge el concepto de que matar una vaca es como matar a una madre. De hecho, de aquí nace la difundida expresión «vaca sagrada» que se refiere metafóricamente a alguien que es socialmente respetable, que debe ser venerado y mantenido en su sitio.

Y esta respetabilidad de las vacas en la India es cierta, aunque tiene sus matices. Es decir, una vaca puede estar sentada plácidamente en un bulevar de Bangalore entorpeciendo el tránsito y ese hecho es visto como lo más natural del mundo. Sobre todo en las ciudades, muchas vacas deambulan de aquí hacia allá, sin rumbo fijo y en busca de comida. Es así como, con frecuencia, las vacas se acercan a las tiendas de alimentos en busca de alguna provisión, sobre todo si las muestras están sobre la acera o en el umbral. Según el caso, este gesto provoca reacciones mezcladas: el tendero puede echar al animal a bastonazos, tratar de empujarlo con más diplomacia, o puede sentirse honrado por la visita. Lo cierto es que la vaca es sagrada, pero pocas personas quieren que se les acerque a comerle la mercancía, por ejemplo. O sea, de la misma forma en que se las deja vivir, nadie se hace cargo de ellas. Hay que decir que este es un fenómeno más bien urbano, ya que en el ámbito rural las vacas todavía son valoradas por sus tradicionales productos materiales y no es extraño que una familia tenga un animal a su cargo. En este contexto, en ciertas festividades tradicionales las vacas son tratadas con especial adoración, se las alimenta y se las decora para la ocasión, sobre todo pintándoles los cuernos o poniéndoles algún tipo de guirnalda.

En medio de la creciente urbanización y modernización de la India, la sacralidad de la vaca se ha mantenido en el imaginario popular, pero, a la hora de la verdad, tenemos una inesperada y triste realidad: el país es uno de los principales exportadores de carne vacuna del mundo. Esto incluye la carne de búfalo, que no sería considerado sagrado, y que es de carnicería legal, pero también la carne de vaca, que además de sagrada está prohibida su exportación. Aquí hay que decir que los musulmanes indios sí consumen carne de vaca y eso es una atávica fuente de diferenciación y de conflicto frente a la mayoritaria población hindú. Ante este panorama podemos decir que la vaca como animal sagrado sigue siendo un símbolo tradicional del hinduismo, pero que, en su aplicación cotidiana, está especialmente vigente entre las ramas más ortodoxas del hinduismo, que distintivamente incluyen a las órdenes monásticas, a los *brahmanes*, o personas pertenecientes a la casta que en el pasado era de sacerdotes o de estudiosos de las escrituras, y a los devotos que practican el vegetarianismo. Al mismo tiempo, en 2018 el Tribunal Superior de Uttarakhand, un estado del norte de la India, emitió un fallo otorgando el estatus de «entidad legal» a los animales y diciendo que tenían derechos similares a los de las personas, por lo que podemos ver que la sensibilidad hacia las especies animales no ha desaparecido en la India.[196]

Si bien es difícil identificar una única razón certera que explique la sacralidad de la vaca en la India, para la tradición hindú se trata básicamente de la materialización del principio maternal universal de compasión, que nos nutre incluso cuando no hacemos nada por merecerlo. En tiempos de crisis ambiental y ecológica, como los actuales, la esencial idea de respetar y venerar a un simple animal podría ser una inspiración para todas las sociedades.

El océano de leche
y la Vía Láctea

En la cosmografía hindú el universo tiene forma oval, como un huevo, y de ahí que se le conozca como *Brahmanda*, «el huevo de Brahmá». Este huevo cósmico está formado por siete islas, de las cuales la que se ubica en el centro es la que se considera nuestro «planeta», que se presenta con la forma de una flor de loto de cuatro pétalos, llamada *Jambudvipa*, es decir, «la isla del árbol jambul», porque en su punto central hay, justamente, un árbol de esta especie que es nativa del sudeste asiático y cuyo fruto es una baya oscura. Las otras seis islas que forman el universo son particulares porque, en realidad, son anillos concéntricos, cada uno más ancho que el anterior, que rodean la «isla del árbol jambul». A su vez, cada uno de estos anillos-islas está rodeado por aguas «exóticas», también cada vez más extensas a medida que se alejan del centro. Por tanto, nuestro mundo está rodeado por el «océano de sal», lo cual no causa ninguna sorpresa, y este a su vez está rodeado por *Plakshadvipa*, «la isla de la higuera», que a su vez está rodeada por el «océano de sirope de caña de azúcar», y aquí es donde empieza a ponerse interesante.

El tercer océano es de licor; el cuarto de *ghi* o mantequilla clarificada y el quinto de yogurt. El sexto anillo líquido es el recurrente «océano de leche» mientras que el séptimo y último océano es de «agua dulce» y llega hasta el límite del mundo, un anillo montañoso que sería «la frontera del infinito», pues más allá hay «oscuridad perpetua» o algo inimaginable para la mente humana.

Además de constituir la sexta masa líquida en esta cosmografía circular, el océano de leche, que es nuestro foco de interés, está relacionado con las «aguas primordiales» ya que es el protagonista de un difundido relato mitológico conocido como «el batido del océano de leche» o *samudra mánthana*, en el que este océano primigenio es de donde surge, simbólicamente, todo cuanto existe. En esta historia, los *devas* y los *asuras* unen fuerzas para batir las aguas en busca del néctar de la inmortalidad, llamado *ámrita*, un alimento que ambos bandos codician por igual. Para ello recurren al mismo método que se utilizaba en la India tradicional a la hora de batir la leche y convertirla en mantequilla. Es decir, una varilla como eje-batidor, con una cuerda enroscada de cuyos extremos se tira alternativamente para girar la varilla de un lado a otro. En el caso del océano de leche, la función de la varilla la asumió una enorme montaña sagrada, mientras que una serpiente gigante fue quien hizo de cuerda, con los *asuras* tirando de su cabeza y los *devas* de su cola, de forma alterna. Después de mil años de batir, la montaña empezó a perder estabilidad en la profundidad de las turbulentas aguas, por lo que el dios Vishnu, siempre encargado de mantener el orden universal, se encarnó en una tortuga gigante, para hacer de base y sostener la montaña sobre su caparazón. Otros mil años continuó el batido, hasta que por fin del océano emergió el primero de catorce elementos: veneno. En todo proceso de transformación lo primero que tiene que haber es una purificación de lo antiguo o negativo, y eso representa este veneno. A partir de ahí, del océano comenzaron a emerger objetos preciosos, entre ellos: la luna; un elefante blanco de cuatro colmillos; un caballo volador; un fragante árbol celestial; la vaca de la abundancia; y hasta la mismísima Lakshmi, diosa de la fortuna y la belleza. Finalmente, de las removidas aguas surgió Dhanvántari, el médico de los dioses y creador de la ciencia del ayurveda, que en sus manos traía una vasija repleta de ambrosía. Como es de esperar, dioses y demonios se pelearon por ese néctar, pero esa es otra historia. Lo que nos interesa es que, en general, el océano de leche se equipara con las aguas primordiales de las que, cíclicamente, surge la creación y en las que se reabsorbe el universo cuando ocurre su disolución. En esas aguas, especialmente durante el periodo de quietud, duerme Vishnu recostado sobre su montura, una gran serpiente infinita, hasta que despierta y se encarga del mantenimiento de un nuevo universo, idéntico a los anteriores.

Sin duda, el simbolismo del agua como generadora de vida es universal y se puede interpretar que las aguas son «el elemento mantenedor de vida que circula en la naturaleza en forma de lluvia, savia, leche y sangre».[197] Este simbolismo se acrecienta especialmente en la idea de un océano, que el mitólogo Heinrich Zimmer define como «una extensión aletargada y llena de todas las potencialidades». Es decir, el «vasto mar de la energía infinita de la vida».[198] Que este océano primigenio sea de leche y no de agua puede sonar llamativo, aunque hay que entender que en la cultura védica la leche es símbolo de pureza y también de vida, en claro sentido alimenticio, y por ello la vaca es considerada la Madre. Este papel de la leche y del océano en la manifestación de los elementos del universo se ha relacionado en ocasiones con la Vía Láctea porque a nivel visual la estructura espiral de la Vía Láctea podría evocar un océano de leche siendo batido.

La Vía Láctea es la galaxia en la que se encuentra nuestro sistema solar y, a pesar de ser muy grande, es solo una galaxia más de entre los millones que hay en el cosmos. Su nombre significa «camino de leche» y se refiere a la apariencia «lechosa» de la banda de luz blanca que rodea el firmamento y que, en general, es visible de noche. Esta apariencia láctea está también fundamentada en el mito griego que explica que se trata de un chorro de leche derramada del pecho de la diosa Hera, la esposa del dios Zeus, en un intento fallido por amamantar al héroe Heracles y hacerlo así inmortal.

Con el desarrollo de la antropología y otras ciencias sociales en el siglo XX, han nacido disciplinas como el estudio comparado de los símbolos de diferentes culturas que, con razón, han encontrado muchos puntos en común entre civilizaciones y sociedades en apariencia diferentes o lejanas. La universalidad de ciertos «arquetipos» es indiscutible, pero también considero que esa visión no debe eclipsar la particularidad de cada cultura específica. En el caso de la Vía Láctea y el batido del océano de leche, la equiparación de ambos símbolos no es descabellada, a la vez que no he encontrado «pruebas» textuales que lo confirmen por lo que no parece haber una relación directa. Las referencias fiables que tenemos hablan de la Vía Láctea más bien como el «Ganges celeste», es decir, la contraparte celestial del famoso río Ganges o Gangá, que es el más largo de la India y que, como la mayoría de los ríos indios, es de género femenino. Si bien el Ganges se origina terrenalmente en el montañoso Himalaya, para la tradición hindú Gangá nace en realidad en el cielo, que es donde está su verdadera esencia.

En tiempos antiguos, el poderoso rey Ságara perdió un caballo en un importante ritual debido a que unos enviados de los dioses se lo robaron, justamente para reducir su dominio imperial. Entonces el rey envió a sus 60.000 hijos a buscar al caballo, que removieron cielo y tierra causando varios destrozos hasta encontrar el equino en la ermita del famoso sabio Kapila, que es donde lo habían dejado los ladrones. El sabio estaba inmerso en meditación cuando llegaron las huestes reales acusándolo de un delito que no había cometido y entonces Kapila, molesto por la interrupción, abrió los ojos y, con su mirada llena de la energía yóguica acumulada por sus prácticas ascéticas, redujo a cenizas a los miles de visitantes. Apesadumbrado y sin hijos, el rey Ságara envió a Anshumán, su único nieto, para que con plegarias y austeridades ganara el favor del enojado sabio y le pidiera volver a sus hijos a la vida. El sabio accedió, pero solo si las aguas del Gangá tocaban a los 60.000 muertos, lo cual era difícil porque el río solamente fluía en los cielos. Pasaron los años y fue el nieto de Anshumán, el rey Bhagíratha, quien finalmente tomó el voto de realizar tremendas penitencias en las cumbres del Himalaya hasta ganar el favor del dios Brahmá, que iconográficamente lleva el río en su vasija de mendicante para transportar agua.

El poder de la Madre Gangá es tal que si hubiese caído directamente sobre la Tierra la hubiera anegado por completo, por ello el rey Bhagíratha realizó otra serie de penitencias, esta vez para pedir a Shiva que recibiera las torrentosas aguas en sus enmarañados y gruesos cabellos, donde se calmarían. Una vez hecho esto, las aguas de Gangá fluyeron amables desde la cabeza de Shiva hacia la Tierra, donde Bhagíratha las guió desde las montañas hacia la planicie y luego hasta el mar, donde los incinerados hijos de Ságara fueron redimidos.

El descenso de Gangá demuestra, por un lado, su naturaleza compasiva y, por otro, es una explicación de por qué se considera un lugar de cruce entre lo terrenal y lo celestial. De ahí que bañarse en sus aguas en vida o, ya muerto, ser entregado a ellas en forma de cenizas, sea considerado por todo hindú como un acto muy propicio en el plano espiritual. Por otro lado, a nivel puramente biológico, ambiental y material, que no es poco, la extensa cuenca gangética junto a sus muchos afluentes sostiene casi al 10% de la población mundial.

Volviendo al ámbito estelar y láctico de este escrito, después de conocer la historia de Gangá Ma y saber que en origen fluía en los cielos podemos decir que, según la tradición, es en el momento de su descenso a la Tierra cuando el río deja la estela blanquecina en el firmamento que ahora llamamos Vía Láctea. Por tanto, el nombre occidental de nuestra galaxia no estaría directamente relacionado con el mito del batido del océano de leche, más allá del componente lácteo en ambos nombres. Sin negar, por supuesto, que las ideas de creación y de universo están muy relacionadas con el batido de las aguas primordiales y también con el conjunto de estrellas, nubes de gas, planetas y energía que forman nuestra Vía Láctea.

La esvástica
y su sentido original

Muchas personas al viajar a la India o ver alguna representación iconográfica religiosa hindú se sorprenden al ver la esvástica, que es un emblema hindú muy frecuente, tanto en los templos, pintado en los coches nuevos o dibujado en el suelo a la entrada de las tiendas. Esta amplia presencia se debe a que, para el hinduismo, al igual que para el budismo o el jainismo, la *svástika* es un símbolo de buena suerte y auspiciosidad y, por tanto, también aparece con frecuencia junto a deidades como Ganesha, especializado en eliminar los obstáculos, o Lakshmi, la diosa de la abundancia y la fortuna. La palabra «esvástica», de hecho, deriva directamente del sánscrito *svástika* que significa simplemente «bienestar», «auspiciosidad» o «buen augurio». En español se la conoce también como «cruz gamada» ya que sus brazos doblados en ángulo de noventa grados recuerdan a la letra griega *gamma* (Γ).

Si bien el origen histórico del símbolo no es certero, muchas fuentes indican que es védico. En cualquier caso, no hay dudas de que se trata de una forma que ya existía en la antigua India al menos hace 5.000 años, como testimonian sellos de roca hallados en el Valle del Indo y conservados en el British Museum. Al mismo tiempo, se trata de un símbolo casi universal, presente con sus variantes en muchas civilizaciones antiguas y actuales, empezando por la tradición letona en la que se corresponde con la «cruz de fuego» (*Ugunskrusts*); en la cultura vasca existe el *lauburu*, una variante curvilínea de la *svástika*; los indios navajos en Norteamérica tienen un símbolo similar y la etnia Kuna de Panamá la lleva en su bandera, aunque remite al pulpo que, según esta tradición, creó el mundo con sus tentáculos señalando los cuatro puntos cardinales. La presencia de la esvástica está también patente en la cultura occidental del siglo XX, al menos hasta la llegada de la Segunda Guerra Mundial, con varios grupos de aviación como la Fuerza Aérea finlandesa usándola de insignia, al igual que los *boy scouts* luciéndola en las hebillas de sus cinturones. En todos los casos, el simbolismo de la esvástica y sus variantes es siempre relativo a la buena fortuna. La mayoría de los expertos dicen que es un emblema solar.

Para los hindúes, justamente, este emblema representa el sol y el ciclo de la vida. A la vez que se considera que tiene el poder de evitar la mala suerte y las fuerzas negativas. El maestro contemporáneo Sivaya Subramuniyaswami dice que la *svástika* «representa simbólicamente a Dios y la creación» y que sus aspas en ángulo recto «representan la rueda del mundo, girando eternamente alrededor de un punto fijo, que es Dios». Siguiendo con las aspas dobladas, Subramuniyaswami hace una bonita comparación diciendo que estas...

«muestran cómo la vida está llena de cambio y oblicuidad [...] El sendero hacia nuestros objetivos con frecuencia no es recto, sino que toma giros inesperados. Las aspas también denotan la forma indirecta en que se alcanza la Divinidad: a través de la intuición y no el intelecto».

Y prosigue:

«Uno de sus significados más sutiles es que la realidad trascendente no se alcanza directamente a través de la lógica racional, pero sí indirecta y misteriosamente a través de la mente cósmica intuitiva».[199]

La cuestión de las aspas y su direccionalidad es motivo de debate, aunque podemos decir que el símbolo tradicional existe tanto con aspas hacia la derecha como hacia la izquierda, aunque es más común con los brazos hacia la derecha. La esvástica hacia la derecha es designada como un emblema solar, mientras que algunas personas dicen que la esvástica hacia la izquierda está relacionada con el camino tántrico de la mano izquierda que utiliza medios sensuales y ritos mágicos como parte de sus prácticas. Ya sea con los brazos hacia la derecha o hacia la izquierda, en el hinduismo la *svástika* siempre se presenta recta, tanto de pie como recostada. En otras culturas sí que puede aparecer rotada.

Por si hace falta aclararlo, Adolf Hitler hizo una apropiación caprichosa de este símbolo, malentendiendo su significado original para sus propios intereses. Como explica Álvaro Enterría, «los nazis tomaron la *svástika* pensando que era un símbolo de la raza *aria*, algo que por otra parte no existe».[200] Efectivamente, la palabra sánscrita *arya* significa «honorable», aunque el orientalista alemán Max Müller introdujo en el siglo XIX el concepto de «ario» entre los académicos europeos con un sentido de raza en lugar de su significado original de «virtuoso y noble espiritual».

Existe una especie de leyenda urbana que dice que lo que Hitler hizo con la *svástika* hindú fue simplemente cambiar la dirección de sus aspas. Es falso. Lo que hizo, en todo caso, fue girarla 45°, pintarla de negro y colocarla en un círculo blanco sobre un fondo rojo, que eran los colores del antiguo imperio alemán hasta la Primera Guerra Mundial. Es decir, como un agregado más a la larga y milenaria lista de usos que se hizo de ella durante la historia de la humanidad, Adolf Hitler eligió la esvástica como símbolo de su partido nacionalsocialista, para luego convertirla en parte de la bandera oficial del Tercer Reich. Finalmente, en Occidente la esvástica se convirtió en un emblema sinónimo de fascismo, antisemitismo y muerte para la mayoría de las personas.

De esta forma, merced a los acontecimientos sucedidos en los últimos 90 años de la historia mundial, un símbolo de pura auspiciosidad universal con varios milenios de antigüedad se convirtió en un símbolo odiado y defenestrado. Para la mayoría de las personas occidentales, marcadas por el recuerdo o el relato de la Segunda Guerra Mundial y sus barbaridades, la esvástica no genera sensaciones positivas. Esta percepción colectiva se ve acrecentada por la reafirmación diaria que se hace del simbolismo negativo creado por el nazismo. Si bien esto es entendible, para los hindúes y los conocedores de la tradición védica, en cambio, la *svástika* sigue teniendo su sentido original y verdadero: auspiciosidad, bienestar y vida.

El inesperado simbolismo del loro

Comparado con vacas, tigres o elefantes, es verdad que el loro, papagayo o perico ostenta un escalón menor en el *ranking* de animales sagrados del hinduismo, aunque más de una persona se sorprenderá del profundo significado que se le atribuye a esta ave que, en sánscrito, se dice *shuka*. La primera referencia que me viene a la cabeza es Kamadeva, el dios hindú del amor sensual que, para entendernos, se equipara generalmente al Eros griego, y que con su arco lanza flechas hechas de flores que instigan el deseo amoroso. Es el dios que Shiva inceneró con su ojo espiritual, como vimos en «El exclamativo significado del nombre Uma» (Parte V). A diferencia de Cupido, Kamadeva no tiene alas por lo que, para trasladarse, tiene un vehículo que es, y esto es lo que más nos interesa, un loro verde. En Occidente, el loro no tiene un estatus especialmente alto, pues es la arquetípica mascota de los piratas y, en todo caso, su capacidad de reproducir la voz humana es vista más bien como una particularidad para generar chistes que como una virtud. Por tanto, la pregunta surge naturalmente: ¿Qué tiene que ver el loro con el amor?

Al parecer, una de las relaciones básicas está en el color verde que tiene variados simbolismos, siendo uno de los principales «la juventud» y «la primavera», ya que, como todos sabemos, las más fuertes flechas del deseo y del amor son recibidas en la mocedad –uno de cuyos sinónimos es «verdor»– y también, según dicen los poetas, en la estación de las flores. Asimismo, el color verde está relacionado con la fertilidad, pues el florecimiento de la Naturaleza es siempre símbolo de vida y prosperidad. Sumado al hecho de que se dice popularmente –y no está negado científicamente– que los loros pueden vivir hasta 80 o 100 años. Esta relación con la fertilidad se hace evidente en algunas representaciones iconográficas de ciertas diosas o *shaktis* tántricas que son de color verde y, en algunos casos, tienen un loro en sus manos. Asimismo, en los devotos del dios Vishnu existe el culto a la diosa Tulsi, que es la personificación de la planta llamada «albahaca sagrada», tan querida por Krishna, utilizada como material para las cuentas de las *malas* o rosarios hindúes, y cuya representación iconográfica incluye, cómo no, un loro.

Otro caso de diosa verde que lleva un loro en su mano es Minakshi Devi, una encarnación de la diosa Párvati nacida como princesa en el entonces reino Pandya del sur de la India, con la particularidad de tener tres pechos. Los sabios predijeron que la princesa, que también era una gran guerrera, perdería su deformidad cuando encontrara a su esposo, que a la sazón fue el propio dios Shiva en un aspecto especialmente guapo. Esta historia de amor puede ser uno de los motivos de la piel verdosa de Minakshi, a la vez que seguramente no es casual que se explique que el mismo Kamadeva también tiene la piel de color verde. De hecho, al príncipe Rama, protagonista del poema épico *Ramáyana*, encarnación de la moralidad, esposo ideal y fiel, se le representa en ocasiones con la tez de coloración aceitunada. Finalmente, quienes estén familiarizados con la anatomía sutil del hatha yoga sabrán que el *anáhata chakra*, es decir, el centro energético que se ubica de forma aproximada en el centro del pecho y se relaciona con el corazón, se considera iconográficamente como una flor de loto de doce pétalos y color verde.

Más allá del color, otro punto de relación entre los loros y el amor es que, al menos desde la óptica humana, estos pájaros son muy cariñosos con su pareja ya que se alimentan y se arreglan las plumas mutuamente, en algunos casos pasan muchas horas juntos y, aún más importante, son animales monógamos, hasta el punto de que si su pareja desaparece, muchos mueren de soledad.[201] Esta cualidad de fidelidad es una de las claves para convertir al loro en un animal sabio en cuestiones del corazón. Como dicen los amigos del Krishna Kali Yoga Ashram:

«El papagayo es la representación de la verdad, ya que repite exactamente lo que ha oído, de modo que nunca dice una mentira. Así, Kamadeva nos enseña que el amor solo prospera si se lleva a cabo con sinceridad».[202]

Como es obvio, el hecho de que los loros puedan reproducir el sonido humano se relaciona con la capacidad oratoria y, en este sentido, un gran amante debe, entre otras cosas, tener buena labia para saber ensalzar las virtudes de su amado/a y ser capaz de expresar sus sentimientos de forma idónea. Asimismo, muchos loros son nectarívoros, es decir, que beben el néctar producido por las flores, lo cual es una actividad muy dulce que podría estar relacionada con el amor. Si bien no puedo asegurar que esto sea una causa védica de la sacralidad del loro, me parece relevante para una cultura en la que el *ámrita*, el néctar de la inmortalidad, y su obtención es un tema tan frecuente en los textos tradicionales, hasta el punto de explicarse técnicas yóguicas para extraer esa ambrosía de nuestro propio cuerpo.

Por tanto, el loro y su verdor representan la juventud, la fertilidad, la elocuencia, la lealtad y también la dulzura. Estas virtudes, claves en el amor y el deseo sensual, se conjugan con el plano espiritual en los legendarios pasatiempos de Radha y Krishna, que tienen lugar en los bosques de Vrindavan. Allí, el joven pastor de vacas, Dios mismo encarnado en la Tierra para cumplir una misión, tiene una relación de amor con la pastorcita de nombre Radha, que no es otra que Lakshmi, la diosa de la fortuna encarnada. Esta situación, que a ojos mundanos puede parecer una mera relación sensual, es considerada una alegoría y un ejemplo del máximo amor entre Dios y sus devotos. Es decir, así como una persona puede no comer ni dormir cuando está enamorada, ya que el pensamiento de su amado/a es el único motivo de su vida, de la misma forma, cuando el buscador espiritual pone toda su atención en lo Divino y lo ama como la propia vida, entonces entra en estado de absoluto gozo. Se trata del amor místico.

De esta forma, mientras Krishna toca su flauta de bambú y Radha, al oírle, escapa de su casa por las noches para poder verle, o mientras juntos corretean por el bosque o se columpian bajo un árbol, siempre hay uno o más loros observando los hechos, y en muchos casos se trata de una pareja de loritos disfrutando también del amor mutuo. Asimismo, se explica que uno de estos loros, testigo permanente de los juegos de Radha y Krishna, más tarde se encarna en el sabio Shukadeva Gosvami para narrar los acontecimientos de la vida de Krishna en el *Shrímad Bhágavatam*, uno de los principales *Puranas* y texto fundamental de la tradición devocional hindú.

Finalmente, hay un aspecto menos poético y más intelectual por el cual el loro es bien considerado en la cultura védica. El loro representa la «fidelidad», no solo por ser monógamo, sino también porque lo que escucha (o se le enseña) lo repite tal cual sin cambios. En ese sentido, el loro es un símbolo del mantenimiento de la tradición y de la transmisión del conocimiento espiritual a través de la sucesión discipular (*parampará*), sobre todo en lo referente a su carácter oral en el que el discípulo repite literalmente lo que le enseña su gurú, incluso sin saber con exactitud qué significa. Mientras que la expresión «repetir como un loro» es, para nuestra sociedad, un símbolo negativo, en la cultura védica sería una cualidad positiva, ya que, además de fomentar cualidades mentales como la concentración, se dice que una vez aprendidas las Escrituras de memoria su sabiduría se nos podría revelar, más bien que el proceso inverso en el que queremos entender todo antes de aprenderlo. En nuestro sistema educativo actual, el aprender de memoria está menospreciado debido a que, al parecer, se hizo abuso de ese método en el pasado, sobre todo al acumular información inútil y sin el acompañamiento del tan mentado «pensamiento crítico». Hoy que Google es el nuevo oráculo, nadie se molesta en memorizar datos, pero es muy importante recordar que gracias al método védico de memorización y repetición literal se pudo asegurar el mantenimiento de la tradición hindú, por lo que hoy podemos escuchar o leer los textos antiguos hindúes casi tal cual fueron compuestos hace al menos 3.000 años. Incluso si dejamos de lado la cuestión tradicional o patrimonial, el placer estético también cuenta, ya que es un hecho que todos encontramos satisfacción en repetir un poema o canción que aprendimos en la niñez o incluso el verano pasado. Negar los beneficios del aprendizaje de memoria redunda en personas más «pobres» y «condicionadas», ya que saber información valiosa de memoria nos da la «riqueza» de que nadie nos pueda quitar ese conocimiento, a la vez que no dependemos de fuentes externas para obtener ese tesoro, ya sean libros, conexiones satelitales u otras personas. Por supuesto, si además de tenerlo lo entendemos, ya podemos decir que lo nuestro es verdadero conocimiento. Un conocimiento fiel, duradero y fuente de amor como la verde vida de un loro.

Enjoy the problem

En la famosa *Autobiografía de un yogui*, Paramahansa Yogananda relata una «experiencia de la consciencia cósmica» que le fue dada por su maestro y en la que «todo el cosmos, saturado de luz como una ciudad vista a lo lejos en la noche, fulgía en la infinitud de su ser». Al acabar la experiencia, su maestro le dijo:

> «No debes embriagarte con el éxtasis. Todavía hay mucho trabajo para ti en el mundo. Ven, vamos a barrer el suelo del balcón...».[203]

En una línea similar, Jack Kornfield, exmonje y conocido escritor budista, tiene un libro en el que, a partir de la prosaica tarea de lavar la ropa sucia, reflexiona sobre cómo vivir la vida cotidiana una vez alcanzada la iluminación o, al menos, vislumbres de iluminación.[204]

Yo, que últimamente estoy bastante lejos de esas experiencias cósmicas, me encontraba cortando zanahorias para la comida familiar, con mi exploradora hija de pocos meses por el suelo intentando chuparme las pantuflas, cuando me llamaron de la radio para pedirme que hablara de *turiya*, el cuarto estado de la consciencia según la filosofía hindú, que a falta de una descripción más certera se puede decir que es la pura trascendencia, la Realidad en estado puro, la Consciencia suprema. La cuestión es que, enfrascado en tareas tan domésticas y cotidianas como cocinar y criar hijas, me hizo reír que me consultaran sobre un estado que, si ya de por sí me es lejano, me parece inalcanzable en mi ajetreada vida hogareña. Luego, analizando el tema, pensé que las experiencias de Yogananda y Kornfield son las de alguien que, después del *samadhi*, debe hacer un esfuerzo para volver los pies a la tierra y llevar una vida «normal». En mi caso, por el contrario, metido hasta las rodillas en el barro de la cotidianeidad, el esfuerzo sería el de encontrar un destello de claridad que me mantenga elevado, o al menos no me permita hundirme más.

Una primera y obvia conclusión que extraigo es que todos, ya sea con experiencias trascendentales o no, tenemos que vivir la vida, lo cual incluye en casi todo momento acciones cotidianas, pequeñas, banales si se quiere, y muchas veces no placenteras en sí mismas. El maestro Sri Dharma Mittra dice que mantener «este cuerpo» implica «un montón de trabajo»: hay que alimentarlo, peinarse cada día, lavarse los dientes, hacer ejercicio... Al mismo tiempo, esa serie de actividades diarias y no necesariamente apetecibles como cocinar, lavar, limpiar la casa y, por supuesto, trabajar es «vivir», o al menos es un parte insoslayable del vivir, que en la balanza de la existencia es igual de pesada que las vacaciones, ver la tele, descansar, tener sexo o hacer yoga... Para colmo, algunos maestros dicen que no está bien que otros laven tu ropa y, en general, también hay consenso en que, empezando por el nivel energético, no es bueno que tu comida la prepare cualquier persona, incluidos los chefs de restaurante, a menos que sea alguien con una consciencia elevada. Entonces, si tengo que pasarme toda la vida lavando y cocinando, y tampoco puedo disfrutar realmente de los placeres de la vida porque son efímeros, ¿cómo voy a ser feliz? O dicho de otro modo, ¿qué sentido tiene vivir así?

En la antigua filosofía Samkhya se dice que el objetivo del mundo material (*prákriti*) es servir de campo, de teatro, donde el ser o espíritu (*púrusha*) pueda experimentar (*bhoga*) tanto el placer como el dolor de la multiplicidad material, para finalmente darse cuenta de que dicha experiencia no genera plenitud y así volver la mirada hacia sí mismo, es decir, el sujeto que experimenta, donde la consciencia se reconoce y encuentra la liberación de las identificaciones materiales.

Desde otra escuela filosófica hindú muy diferente, la tradición tántrica Shrividya, se ensalza a la Diosa como Madre del universo diciendo, por ejemplo:

«Yo soy la Consciencia de la que se origina el universo, en la que este florece y en la que se acabará disolviendo. El universo se refleja en mí como una imagen en un espejo. Los ignorantes me ven como el mero universo material, mientras que los sabios me conocen como el Conocimiento puro, como el *atman* libre de pensamientos, semejante a un océano profundo e inmóvil».[205]

En la visión tántrica, hablando ahora de forma genérica, se considera que todo en este mundo es sagrado o divino y, por tanto, puede ser usado para ser disfrutado pero, sobre todo, como herramienta de trascendencia hacia la consciencia suprema. En el contexto de las diferentes visiones citadas, a veces se dice que para alcanzar *yoga* hay que pasar por *bhoga*, que significa «experimentar» y tiene una connotación de «disfrutar» y también de «sufrir». De la misma forma que se dice que para llegar a *mukti*, la liberación, hay que pasar por *bhukti*, que es el «disfrute» del mundo y sus objetos. Cuando se trata del placer, todos podemos concordar en que este mundo merece la pena ser vivido, pero cuando hablamos de dolor es probable que sean menos los que se suban al carro de la vida al completo. La visión del yogui Sri Dharma Mittra al respecto es pertinente:

«En una vida sin yoga el sufrimiento es sufrimiento. En una vida con yoga el sufrimiento es una puerta que nos lleva a conocer más el Ser y a cambiar la consciencia hacia un nivel superior, para darnos cuenta de que somos solo el observador de nuestro cuerpo y mente. Disfruta todo con este cuerpo y esta mente, pero no te aferres a ello».[206]

Si la semana tiene siete días, de los cuales sábado y domingo son apenas dos, eso significa que la mayor parte del tiempo, en general, uno está involucrado en actividades que, a priori, no son las más placenteras ni apetecibles. Por tanto, uno puede tener el imperioso deseo de escaparse de las obligaciones de este mundo o de aquello que «no le gusta». Entendiendo por «escaparse», tanto el hecho de no llevarlo a cabo como de hacerlo a desgana. Sobre esto, en la *Bhágavad Guita*, Sri Krishna dice que «no es correcto renunciar a los deberes prescritos»,[207] y dando ejemplo inspirador agrega, hablando en su rol de Ser Supremo:

> «En los tres mundos yo no tengo nada que realizar,
> nada no alcanzado que yo tenga que alcanzar,
> y, sin embargo, yo permanezco en la acción».[208]

Si el mismo Dios actúa aunque no le haga falta, ¿qué queda para mí? De hecho, en este contexto la enseñanza más relevante a nivel existencial es el hecho de que, en este mundo, la acción es algo ineludible. Al decir de Krishna:

> «Ni por un solo momento permanece alguien sin actuar».[209]

Obviamente, quedarse tirado en el sofá todo el día también es una forma de acción, aunque quizás muy cercana a la actitud de no acción que Krishna condena en la *Guita*. Por tanto, cada uno es quien decide cómo afrontar eso que llaman «vivir». Este hartazgo que producen los quehaceres cotidianos más el sufrimiento de tener que hacer «lo que no me gusta» me recuerdan una anécdota de mi maestro Swami Premananda, relatada por una de sus discípulas renunciantes, que en ese momento tenía a cargo una sección comercial del *áshram* en la que se vendían y exportaban productos.

La historia cuenta que la sección comercial y toda su mercancía habían sido cambiadas de sitio a un nuevo almacén con el techo roto, donde habitaban murciélagos con sus excrementos, no había electricidad ni aire acondicionado, con todo el material desordenado y sin suficiente mano de obra para acomodarlo. Entonces, la monja fue a ver a Swámiji y durante un buen rato estuvo enumerando la retahíla de obstáculos, quejándose amargamente. Al acabar, Swami, que había escuchado todo pacientemente, la miró y sonriendo dijo: *Enjoy the problem.*

Este sabio consejo de «Disfruta el problema» me ha quedado grabado, pues en ocasiones he comprobado que si en el fragor de la cotidianidad uno logra tomar distancia para situarse en el papel del observador, a la vez que se sumerge sin resistencia en la «acción prescrita», entonces el sufrimiento se reduce e incluso uno puede «disfrutar del problema» o también reírse de la situación. Yendo quizás un paso más allá y poniéndolo en las poéticas palabras de Joan Mascaró, cuando habla de *karma yoga* o el yoga de la acción:

«Cada pequeña acción en la vida puede convertirse en un acto de creación y, por tanto, en medio de salvación [...]. El gozo de la acción es por tanto el gozo de Dios».[210]

Tengo a las nenas con conjuntivitis, el tubo de la aspiradora roto y varias remolachas para hervir (que tardan un buen rato). También, como Kornfield y Yogananda, tengo que lavar la ropa y barrer el balcón. Eso sí, de experiencias cósmicas ni hablar...

Pero curiosamente hay veces en las que en medio de este mundanal ajetreo encuentro inspiración o paz o mucha gratitud, y entonces todo cobra sentido. Quizás solo se trate de vivir.

Glosario de las principales palabras sánscritas que aparecen en el texto

Entre paréntesis se encuentra el término con su transcripción completa al alfabeto internacional de transliteración sánscrita.

abhisheka (*abhiṣeka*): ritual tradicional hindú que consiste en el lavado de una imagen sagrada con agua y otros ingredientes.

abhyasa (*abhyāsa*): «práctica constante»; uno de los pilares de la metodología yóguica para el control de la mente.

adhibháutika (*ādhibhautika*): «externo»; *adhibháutika karma* alude al sufrimiento que nos es infligido por el resto de los seres y objetos.

adhidáivika (*ādhidaivika*): «divino»; *adhidáivika karma* se refiere al sufrimiento causado por fuerzas superiores, ya sean «dioses», entes sobrenaturales, los astros, los decretos del destino o los fenómenos climáticos y las catástrofes naturales.

adhyátmika (*ādhyātmika*): «de uno mismo»; *adhyátmika karma* alude al sufrimiento que experimentamos todos los seres por el hecho de tener un cuerpo y una mente.

ahimsa (*ahiṁsā*): «no dañar»; precepto ético básico del hinduismo, el jainismo y el budismo.

ámrita (*amṛta*): néctar de la inmortalidad.

árati (*āratī*): ritual tradicional en el que se presenta luz y fuego a una imagen sagrada por medio de lámparas encendidas que generalmente son movidas en círculos.

Árjuna (*arjuna*): uno de los dos protagonistas de la *Bhágavad Guita* que, literalmente, es un príncipe guerrero y, simbólicamente, representa al buscador espiritual lleno de dudas y confusión.

artha (*artha*): creación de riqueza material para el funcionamiento de la sociedad. Uno de los cuatro fines de la vida para todo ser humano (véase *purushartha*).

ásana (*āsana*): «asiento»; remite a las posturas físicas del hatha yoga.

áshram (*āśrama*): comunidad religiosa o espiritual formada alrededor de un gurú

áshrama (*āśrama*): estadio de la vida de toda persona, que en el hinduismo son cuatro (véanse *brahmacharya, grihastha, vanaprastha* y *sannyasa*).

asuras (*asura*): demonios, los enemigos de los *devas*.

atman (*ātman*): la esencia última de todo ser, que se considera espiritual y a veces se traduce erróneamente como «alma».

aum (*auṁ*): Véase *om*.

Bhágavad Guita (*bhagavad gītā*): «El canto del Señor»; el texto sagrado hindú más divulgado y que consiste en un diálogo trascendental y también práctico entre Krishna y Árjuna.

bhajan (*bhajan*): canto devocional.

bhakti (*bhakti*): «devoción»; *bhakti yoga* es uno de los principales caminos espirituales del hinduismo en el cual se utilizan las emociones para potenciar el anhelo por lo Supremo.

bhoga (*bhoga*): «experimentar»; alude a las experiencias de placer y dolor inherentes a la vida material.

bindu (*bindu*): «punto»; la totalidad de la energía cósmica en estado inmanifestado y potencial.

Brahmá (*brahmā*): el dios encargado de la creación del universo en la tríada clásica de la mitología hindú (véanse *Vishnu* y *Shiva*). Género masculino. No confundir con *Brahman*.

Brahman (*brahman*): lo Absoluto; la Realidad última; la Fuente más allá de todo nombre o forma. Género neutro. No confundir con *Brahmá*.

bráhmana o **brahmán** (*brāhmaṇa*): miembro de la casta sacerdotal, la primera de las cuatro castas tradicionales.

brahmacharya (*brahmacarya*): «conducta hacia *Brahman*»; el primer estadio (véase *áshrama*) de la vida de toda persona que se refiere al periodo de niñez, formación y estudio.

Briháspati (*bṛhaspati*): gurú de los *devas*, seres divinos.

chaturthi (*caturthī*): cuarto día de cada quincena lunar, tanto creciente como menguante.

dámaru (*ḍamaru*): tamborcillo con forma de reloj de arena, atributo tradicional del dios Shiva.

devas (*deva*): «brillantes»; referido a los dioses o seres divinos, enemigos de los *asuras*.

Devi (*devī*): «Diosa»; nombre del aspecto femenino de lo Supremo, la Madre universal. También puede ser un calificativo para deidades femeninas.

dharma (*dharma*): «lo que sostiene»; es el conjunto de leyes, verdades y valores que mantienen el orden cósmico natural. Uno de los cuatro fines de la vida (véase *purushartha*).

Durga (*durgā*): un nombre de la Diosa en su aspecto feroz y transformador.

esvástica (*svastika*): símbolo solar tradicional hindú que pregona auspiciosidad y que fue apropiado por el nazismo, tergiversando su sentido.

Ganas (*gaṇa*): huestes semidivinas que siguen a Shiva; son muy devotos y también algo salvajes y deformes.

Ganesha (*gaṇeśa*): «Señor de los Ganas»; la deidad con cabeza de elefante que es comandante de los *Ganas*, y cuya potestad más difundida es la de propiciar los inicios.

Gangá (*gaṅgā*): el sagrado río Ganges que, en realidad, se considera solo el aspecto material de una diosa del mismo nombre.

gáyatri (*gāyatrī*): «triple canto»; de forma genérica es un tipo de metro védico compuesto de tres líneas de ocho sílabas cada una. De forma particular remite a un mantra solar, considerado el más sagrado de los *Vedas* (véase *savitrí*). También es una diosa (véase *devi*).

grihastha (*gṛhastha*): «hogareño»; el segundo estadio (véase *áshrama*) de la vida de toda persona que alude a la vida adulta, familiar, trabajadora y productiva para la sociedad.

guna (*guṇa*): «cuerda»; las tres cualidades de la naturaleza material; propiedades inherentes a todo elemento manifestado de este mundo (véanse *rajas*, *sattva* y *tamas*).

gurú (*guru*): «con peso»; maestro o guía espiritual.

hatha yoga (*haṭha yoga*): método psicofísico basado en posturas, respiración y manipulación/sublimación de la energía del cuerpo físico y sutil.

ishtadévata (*iṣtadevatā*): «deidad elegida»; deidad personal y favorita que cada devoto elige de acuerdo con sus inclinaciones.

japa (*japa*): «murmurar»; repetición de mantras en voz baja o en silencio como forma de aquietar la mente o alcanzar la liberación espiritual.

jivatman (*jīvātman*): *atman* encarnado o alma individual cuando está en un cuerpo físico.

jnana (*jñāna*): «conocimento» (pronúnciese «gñana»); *jnana yoga* es uno de los principales caminos espirituales del hinduismo en el que se utiliza el discernimiento intelectual, la autoindagación y la contemplación como herramientas de autoconocimiento.

Kali yuga (*kaliyuga*): «edad oscura»; una de las cuatro edades cósmicas, en la que se encuentra la humanidad actualmente y en la que la mayoría de las personas han olvidado el sentido profundo de la vida.

kama (*kama*): «deseo»; satisfacción de los placeres sensoriales. Uno de los cuatro fines de la vida para todo ser humano (véase *purushartha*).

Kamadeva (*kamadeva*): dios hindú del deseo y del amor sensual.

karma (*karma*): «acción»; ley cósmica de causa y efecto que determina las circunstancias de nuestra vida actual en base a nuestras propias acciones pasadas, incluidas las otras vidas.

karma yoga (*karma yoga*): «yoga de la acción»; el camino purificatorio por excelencia que se basa en la acción desinteresada, es decir, actuar sin esperar frutos.

kirtan *(kīrtan)*: canto devocional congregacional, en el que suele haber un líder que canta una línea y el resto de los participantes la repiten.

Krishna (*kṛṣṇa*): uno de los dos protagonistas de la *Bhágavad Guita* que, literalmente, es un príncipe y consejero, encarnación del dios Vishnu y, simbólicamente, representa la Consciencia Suprema que guía a todo aspirante espiritual.

kshátriya (*kṣatriya*): miembro de la casta guerrera o gobernante, la segunda de las cuatro castas tradicionales.

Lakshmi (*lakṣmī*): diosa de la Fortuna, la Prosperidad y la Belleza. Consorte del dios Vishnu.

Mahabhárata (*mahābhārata*): el gran poema épico de la India antigua (100 a.e.c. aprox.) que narra una terrible guerra entre dos bandos de la misma familia en el norte de la India. Incluye la *Bhágavad Guita*.

mahasamadhi (*mahāsamādhi*): «gran *samadhi*»; momento en que una persona santa abandona su cuerpo físico. También la tumba donde se entierra el cuerpo de una persona santa.

mahashivaratri (*mahaśivarātri*): «gran noche de Shiva»; festividad tradicional que ocurre una vez al año, una o dos noches antes de la luna nueva de febrero o marzo.

mahatma (*mahātmā*): «gran alma»; título de respeto y honor dado a personas santas o nobles.

mala (*mālā*): «rosario hindú»; collar de 108 cuentas que se utiliza para repetir mantras.

mantra (*mantra*): fórmula sonora sagrada que sirve para invocar ciertas energías, para concentrar la mente, para trascenderla o incluso para la liberación espiritual.

moksha (*mokṣa*): «liberación» de la rueda de muerte y renacimiento o de la ignorancia de nuestra verdadera naturaleza divina. Propósito último de la vida para todo ser humano (véase *purushartha*).

murti (*mūrti*): imagen sagrada, generalmente en forma de estatua.

namaskara (*namaskāra*): «acción de reverencias»; saludo tradicional hindú.

namasté (*namaste*): «reverencias a ti»; saludo tradicional hindú.

Nataraja (*naṭarāja*): «rey de la danza»; nombre del dios Shiva en su aspecto de bailarín cósmico, quien con su danza manifiesta y disuelve cíclicamente el universo.

navaratri (*navarātri*): «nueve noches»; festividad tradicional que ocurre dos veces año (primavera y otoño) en honor a la Madre Divina, el aspecto femenino de lo Supremo.

om (*oṁ*): la vibración primordial, el sonido original del universo y base de toda manifestación. El mantra básico. También *aum*.

pandal (*paṇḍāl*): pabellones temporales hechos de palos, cuerdas y telas para celebrar actividades o festividades religiosas.

pándit (*paṇḍita*): erudito que estudia las escrituras y los textos tradicionales.

parampará (*paraṁparā*): sucesión discipular, la cadena de transmisión de conocimiento de maestro a discípulo.

Párvati (*pārvatī*): «la montañesa»; nombre de la Diosa (véase *devi*) en su aspecto de esposa del dios Shiva y madre de Ganesha.

Patánjali (*patañjali*): sabio antiguo autor de los *Yoga Sutras* (s. III e.c.), el tratado clásico fundamental del yoga del control mental.

Prákriti (*prakṛti*): mundo material o Naturaleza, compuesto de la energía femenina y que da vida a toda la manifestación material. Es eterna pero siempre cambiante.

prana (*prāṇa*): «energía vital»; base de toda vida, que se expresa especialmente en la respiración.

pranapratishthá (*prāṇapratiṣṭhā*): «establecimiento de vida»; ceremonia tradicional para infundirle «vida» a una imagen sagrada y así rendirle culto.

pranayama (*prāṇāyāma*): técnicas yóguicas de respiración para regular la energía vital.

prasada (*prasāda*): «gracia»; elemento consagrado –especialmente alimentos– por haber sido ofrecido a la Divinidad.

puja (*pūjā*): nombre genérico para cualquier ritual tradicional hindú.

Puranas (*purāṇa*): textos histórico-mitológicos que son la base del hinduismo popular moderno.

púrnima (*pūrṇimā*): «completa»; el día de luna llena.

Púrusha (*puruṣa*): «persona»; el Espíritu, la Consciencia o la Persona cósmica que es eterna, todo lo ve y nunca cambia. La esencia de todo ser.

purushartha (*puruṣārtha*): los cuatro propósitos de la vida de todo ser humano (véanse *artha*, *kama*, *dharma* y *moksha*).

Radha (*rādhā*): pastorcilla de vacas y devota favorita de Krishna. En realidad es la diosa Lakshmi encarnada.

rajas (*rajas*): «actividad»; cualidad expansiva y dinámica de la naturaleza material (véase *guna*) que se manifiesta a través de los deseos, la pasión o la agitación.

Rama (*rāma*): príncipe legendario que representa la máxima rectitud y moralidad, protagonista del *Ramáyana*. Es un descenso a la Tierra del dios Vishnu.

Ramáyana (*rāmāyaṇa*): poema épico tradicional que narra la vida y obra del príncipe Rama. Sus enseñanzas morales y espirituales siguen vigentes hoy en día.

rishi (*ṛṣi*): «vidente»; sabio de la antigüedad, especialmente aquellos que visionaron las enseñanzas védicas.

rudraksha (*rudrākṣa*): «ojo de Shiva»; árbol asiático (*Elaeocarpus ganitrus roxb*) que se considera sagrado para el dios Shiva y cuyas semillas se utilizan como cuentas de los rosarios shivaítas (véase *mala*).

sádhaka (*sādhaka*): practicante o aspirante espiritual.

sádhana (*sādhana*/*sādhanā*): práctica espiritual o esfuerzo en el camino espiritual; puede referirse también a los medios para alcanzar la meta.

sadhu (*sādhu*): cualquier tipo de asceta.

samadhi (*samādhi*): máximo estado de consciencia en el que uno se identifica con su naturaleza real y espiritual.

samkhya (*sāṁkhya*): escuela filosófica hindú, considerada la más antigua, que postula que la realidad se compone de dos elementos eternos: el Espíritu (véase *púrusha*) y la Materia (véase *prákriti*).

samskara (*saṁskāra*): impresiones mentales latentes, tendencias subconscientes. También puede referirse a los «sacramentos» o ceremonias rituales de paso.

sanátana dharma (*sanātana dharma*): «el dharma eterno»; nombre tradicional de la religión que hoy se conoce como hinduismo.

sannyasa (*saṁnyāsa*): el cuarto estadio (véase *áshrama*) de la vida de una persona que alude a la total renuncia al mundo para convertirse en monje. No todas las personas deben cumplirlo.

sannyasi (*saṁnyāsī*): asceta que ha renunciado formalmente al mundo y pertenece a una orden monástica.

santosha (*saṁtoṣa*): «contentamiento»; la cualidad de estar satisfecho y pleno con lo que uno tiene (y no tiene) ahora mismo.

Sarásvati (*sarasvatī*): diosa de la Artes, el Conocimiento y la Palabra. Consorte del dios Brahmá.

sattva (*sattva*): «luminosidad»; cualidad ascendente de la naturaleza material (véase *guna*) que se manifiesta en la pureza, el equilibrio o la bondad.

Sávitri (*savitṛ*): «vivificador»; nombre védico que recibe el sol justo en el momento antes de clarear.

savitrí (*sāvitrī*): nombre de la estrofa védica más sagrada, que se recita cuando sale el sol. Sinónimo de *gáyatri*.

Shaka (*śaka*): la «era» histórica hindú que fija su comienzo en el año 78 e.c.

Shakti (śakti): «energía»; fuerza femenina creadora y también la Diosa (véase *devi*).

shavásana (*śavāsana*): «pose del cadáver»; postura de hatha yoga que consiste en yacer en el suelo como si uno estuviera muerto.

Shiva (*śiva*): el dios que se encarga de la destrucción/transformación del universo en la tríada clásica de la mitología hindú (véanse *Brahmá* y *Vishnu*).

shivalinga (*śivaliṅga*): «señal»; símbolo minimalista del dios Shiva, con forma de elipse o huevo, representando lo Absoluto en su forma más básica.

Shrímad Bhágavatam (*śrīmad bhāgavatam*): texto sagrado (siglo X aprox.) que narra especialmente la vida y obra de Krishna. También se conoce como *Bhágavata Purana*.

shudra (*śūdra*): miembro de la casta trabajadora o de servicio, la cuarta y última de las cuatro castas tradicionales.

Shukra (*śukra*): gurú de los *asuras*.

siddhi (*siddhi*): «perfección/consecución»; los poderes sobrenaturales que se pueden obtener con las prácticas yóguicas. También es el nombre de una de las esposas simbólicas del dios Ganesha, que significa «éxito».

Skanda (*skanda*): dios guerrero, siempre joven. Hijo de Shiva y Párvati y hermano de Ganesha.

Surya (*sūrya*): nombre tradicional del sol.

sutra (*sūtra*): «hilo» o «aforismo»; estilo narrativo muy conciso que expone los principios básicos de una filosofía tradicional.

swami (*svāmī*): título monástico con que se designa a los renunciantes.

tamas (*tamas*): «oscuridad»; cualidad descendente de la naturaleza material (véase *guna*) que se manifiesta en la inercia, la ignorancia o la pereza.

tantra/tántrico (*tantra*): «trama»; movimiento religioso y espiritual, inicialmente heterodoxo, que tuvo su surgimiento formal a partir del siglo V e.c. y que se caracteriza por considerar que toda manifestación es sagrada, incluyendo el mundo material.

Tulasí/Tulsi (*tulasī*): «albahaca sagrada» (nombre científico *Ocimum sanctum*); arbusto aromático sagrado para los seguidores del dios Vishnu y cuya madera se utiliza para hacer las cuentas de los rosarios váishnavas (véase *mala*).

Uma (*umā*): nombre de la Diosa en su aspecto de yóguini que realiza austeridades para complacer al dios Shiva, que finalmente se convierte en su esposo. Es un sinónimo de Párvati.

Upanishad (*upaniṣad*): «sentarse cerca (del maestro espiritual)». Escrituras sagradas consideradas reveladas que forman la parte del conocimiento de los *Vedas* y cuya enseñanza principal es que el ser individual es idéntico al Ser Supremo.

vaishya (*vaiśya*): miembro de la casta de comerciantes y dedicada a los negocios, la tercera de las cuatro castas tradicionales.

vanaprastha (*vānaprastha*): «residir en el bosque»; el cuarto estadio (véase *áshrama*) de la vida de toda persona en el que uno se retira de la actividad pública para dedicarse a realizar prácticas espirituales.

Vedas (*vedas*): los textos más antiguos y sagrados del hinduismo ortodoxo. Se dividen en cuatro compilaciones: *Rig*, *Yajur*, *Sama* y *Atharva*.

Vikram (*vikrama*): la «era» histórica hindú que fija su comienzo en el año 57 a.e.c.

Vináyaka (*vināyaka*): «guía»; nombre del dios Ganesha en su aspecto de eliminador de obstáculos.

visarjan (*visarjana*): el acto ritual de sumergir una imagen sagrada en un cuerpo de agua como acto final de una celebración religiosa.

Vishnu (*viṣṇu*): el dios que se encarga del mantenimiento del universo en la tríada clásica de la mitología hindú (véase *Brahmá* y *Shiva*).

Vyasa (*vyāsa*): «compilador»; sabio legendario a quien se atribuye la compilación, ordenamiento y a veces escritura de diferentes textos sagrados, como *Vedas*, *Puranas* o *Mahabhárata*.

yoga (*yoga*): «unión»; de forma genérica es todo camino para la liberación espiritual. De forma restringida y moderna alude al hatha yoga.

Yoga Sutras (*yogasūtra*): «los aforismos del yoga»; texto fundacional de la filosofía yoga (siglo III e.c.), entendida como disciplina del control mental y de la meditación. Su autor es Patánjali.

yoni (*yoni*): «matriz»; iconográficamente es la base sobre la que se erige el *shivalinga* y, simbólicamente, representa la parte femenina de la Divinidad. También, «especie» en la que un *jivatman* se encarna.

yuga (yuga): «edad»; eras por las que cíclicamente pasa el cosmos. Son cuatro: *satya, treta, dvápara* y *kali*.

Notas. Referencias bibliográficas

Parte I

1. Indra Devi. *Por siempre joven, por siempre sano*. Ediciones B, Argentina, Buenos Aires, 2010.
2. Filliozat, P.S. *El sánscrito*. Herder Editorial, Barcelona, 2018.
3. Cāṇakya-nīti, 16.20 en traducción de María Elena Sierra y Fernando Giménez Castellà. Apuntes de Lengua y Literatura Sánscrita de la UB.
4. http://www.censusindia.gov.in/Census_Data_2001/Census_Data_Online/Language/Statement4.aspx al 21-12-2018
5. Ilárraz, F.G. y Pujol, Ò. *La sabiduría del bosque. Antología de las principales upaniṣáds*. Ed. Trotta, Madrid, 2003.
6. Ibíd. (*ŚU* 6.22-23).
7. Pániker, A. *El sueño de Shitala*. Kairós, Barcelona, 2011.
8. Muktananda, Swami. *I am That*. Siddha Yoga Publications, Estados Unidos, 1978.
9. Dharma Mittra. *Yoga Wisdom*. Dharma Yoga Center, Nueva York, 2017.
10. Pujol Ò. *Savitrī: un episodio del Mahabhárata*. Ediciones del Oriente y del Mediterráneo, Madrid, 1998.
11. Satyananda Saraswati, Swami. Comunicación personal.
12. *Rig Veda* (1.164.45).
13. Swami Jñānānanda. *Transcendent Journey*. K Publications, Dehra Dun, 2015.
14. Swami Muktananda. Ibid.
15. Jñānānanda, Swami. Ibíd.
16. Ilarraz y Pujol. Ibíd. (*MU* v. 1)
17. Gannon, Sharon y Life, David. *Jivamukti Yoga: Practices for liberating body and soul*. Ballantine Books, Nueva York, 2002.

18. Deussen, Paul. *Sixty Upaniṣads of the Veda*. Motilal Banarsidass Publishers, Nueva Delhi, 2004.
19. https://www.vedanet.com/is-hinduism-a-monotheistic-religion/ al 21-12-2018
20. *Rig Veda* (1.164.46)
21. Ruiz Calderón, Javier. *Breve historia del hinduismo: de los Vedas al siglo xxi*. Biblioteca Nueva, Madrid, 2008.
22. Smith, H. Daniel & Narsimhachary M. *Handbook of Hindu Gods, Goddesses and Saints*, Sundeep Prakashan, Nueva Delhi, 1997.
23. Daniélou A. *Dioses y mitos de la India*. Atalanta, Girona, 2009.
24. Daniélou A. Ibíd.
25. Zimmer H. *Mitos y símbolos de la India*. Siruela, Madrid, 2008.
26. Sivaya Subramuniyaswami. *Danzando con Shiva*. Himalayan Academy, Hawai, 2003.
27. https://www.vedanet.com/the-ancient-solar-yoga/ al 21-12-2018
28. *Rig Veda* (3.62.10).
29. https://respirarelmahabharata.com/2018/02/27/la-llave-al-mundo-de-la-imaginacion/ al 21-12-2018
30. *Bhagavad Gītā, 2.22.*

Parte II

31. Pujol, Ò. *Yogasutra: Los aforismos del Yoga*. Kairós, Barcelona, 2016.
32. Ibíd.: 18
33. Coomaraswamy, A. *The dance of Śiva: Fourteen Indian essays*. The Sunwise Turn Inc., Nueva York, 1918.
34. Satyananda Saraswati, Swami. *El hinduismo*. Fragmenta Editorial, Barcelona, 2014.
35. Olivelle, P. *The early Upaniṣads: Annotated text and translation*. Oxford University Press, Nueva York, 1998.
36. Aguado, J. *Therigatha*. Kairós, Barcelona, 2016.
37. Coomaraswamy, A. Ibíd.
38. Enterría, Á. Comunicación personal.
39. Pombo R. Jaime. *La música clásica de la India*, Kairós, Barcelona, 2015.
40. Hari Das en conferencia «El simbolismo en el arte sagrado hindú». Barcelona, 2017.

41. Varma K. P. *Being Indian: Inside the real India*. Arrow Books, Londres, 2006.

42. Filliozat P.S. Ibíd.

43. Pániker, A. *El sueño de Shitala*. Kairós, Barcelona, 2011.

44. *Yoga Sutra* I.14.

45. Resolución aprobada por la Asamblea General de la ONU el 11 de diciembre de 2014.

46. Mascaró, J. *Els Upanishads*. Editorial Moll, Palma (Mallorca), 2005.

47. https://timesofsandiego.com/politics/2015/04/03/yogas-not-religious-ok-to-teach-in-school-appellate-court-rules/ al 21-12-2018

48. *Who owns yoga?* de Al Jazeera TV, 2014.

49. http://www.firstpost.com/india/no-surya-namaskar-on-international-yoga-day-modi-govt-axes-asana-to-soothe-irate-muslim-groups-2286068.html al 21-12-2018

50. *Common Yoga Protocol. International Day of Yoga 2016*. Morarji Desai National Institute of Yoga, Ministry of AYUSH, India, 2016.

51. http: www.efe.com/efe/espana/gente/el-yoga-une-a-miles-de-madrilenos-contra-la-violencia-machista/10007-2945936 al 21-12-2018 (La cursiva es mía).

52. Real Decreto 1034/2011. BOE. Núm. 186. Jueves 4 de agosto de 2011. Sec. I, pág. 88663.

53. Real Decreto 1076/2012. BOE. Núm. 214. Miércoles 5 de septiembre de 2012. Sec. I. pág. 61891.

54. Estudio realizado por el Instituto Sondea para desaparecida plataforma digital aomm.tv en noviembre de 2014. Un resumen de los datos se puede ver en https://www.vivesaludable.es/2015/07/06/el-yoga-en-espana/2194 al 21-12-2018

55. *2016 Yoga in America Study*. Yoga Journal/Yoga Alliance. Ipsos Public Affairs, 2016.

56. Yogui Gupta. *Yoga and long life*. Yogui Gupta New York Center, Nueva York, 1983.

57. Ibíd.

58. Vivekananda, Swami. *Raja Yoga*. Brentano's. Nueva York. 1920.

59. Ibíd.

60. Calle, R. Comunicación personal con el autor.

61. Dharma Mittra. *Speaking at the Faculty Panel - Asia Yoga Conference 2017* en https://www.facebook.com/BeReceptive/videos/1435433353179786/ al 21-12-2018

62. Ibíd.

63. http://www.grazia.es/lifestyle/kink-yoga-karma-bajo-sombras-grey/ al 21-12-2018

64. Varela Torrealba, C. *Chinchorro Sutra*. Libros El Nacional, Caracas, 2008.

65. https://www.youtube.com/watch?v=rKIGystgThc al 21-12-2018

66. https://squareup.com/store/circlebrew/item/pints-poses-special-halloween-class-1 al 21-12-2018

67. https://faceyogamethod.com/ al 21-12-2018

68. https://thegarageblume.com/en/events/event/1100-taller-twister-yoga/ al 21-12-2017

69. http://edition.cnn.com/2016/11/28/health/cat-yoga/index.html al 21-12-2018

70. https://www.buzzfeed.com/laurenstrapagiel/nomnomaste?utm_term=.pxo3X36qvw#.pn58089V37 al 21-12-2018

71. http://edition.cnn.com/2017/01/12/health/goat-yoga-oregon-trnd/ al 21-12-2018

72. http://rageyoga.com/ al 21-12-2018

73. Svatmarama Swami. *The Hatha Yoga Pradipika*. Yogavidya.com, Woodstock, 2002 (*HYP* I.32).

74. Mallinson J. y Singleton M. *Roots of Yoga*. Penguin Classics, Londres, 2017.

75. http://www.yogaenred.com/2016/01/18/cadaver-la-posicion-del/ al 21-12-2018

76. Nikhilananda, Swami. *The Bhágavad Gita*. Ramakrishna-Vivekananda Center, Nueva York, 2004.

77. Satyananda Saraswati, Swami. Charla pública. Enseñanza oral.

78. Premananda, Swami. *Premananda Satsang Vol. III*. Sri Premananda Trust, Trichy, 2007.

79. https://www.sriramanamaharshi.org/ al 21-12-2018

80. https://jivamuktiyoga.com/fotm/time-management/ al 21-12-2018

81. Kumar, Satish. *No destination*: An autobiography. Resurgence, Devon, 2006.

82. *Bhavagad Gītā*, II.47.

83. Vijoyananda, Swami. *Srimad Bhágavad-Guita*. Ed. Kier, Buenos Aires, 1976.

84. *Bhavagad Gītā*, III.5.

85. *Bhavagad Gītā*, IV.20.

86. Borges, J.L. *Ficciones*. Alianza Editorial, Madrid, 2004.

87. *Gorakṣaśatakam*, I.5.
88. *Bhavagad Gītā*, XI.5.
89. https://www.accesstoinsight.org/tipitaka/mn/mn.012.ntbb.html al 21-12-2018
90. *Mística medieval hindú*, Edición de Swami Satyananda Saraswati. Ed. Trotta, Madrid, 2003.
91. Ibíd.
92. *Mahasadhana on West 23rd Street: Dharma Yoga master class with Sri Dharma Mittra*. Nueva York, 2017. Película.
93. http://journals.plos.org/plosbiology/article?id=10.1371/journal.pbio.1001127 al 21-12-2018
94. *Yogasūtra,* III.24.
95. *Bhavagad Gītā*, V.18
96. Krishna Kali Ashram en https://www.facebook.com/pg/suddhasattva/ (publicado 12-09-2017).
97. *Bhavagad Gītā*, III.6.
98. https://www.washingtonpost.com/national/health-science/safest-level-of-alcohol-consumption-is-none-worldwide-study-shows/2018/08/23/823a6bec-a62d-11e8-8fac-12e98c13528d_story.html? al 21-12-2018

Parte III

99. *Mahābhārata*, 13.117.38.
100. Gandhi, M.K. *The story of my experiments with truth: An autobiography*. Penguin Books, Londres, 2007.
101. *Chāndogya Upaniṣad*, 6.5.1.
102. *Taittirīya Upaniṣad*, 2.1.1.
103. Premananda, Swami. Ibíd.
104. Safran Foer, J. *Comer animales*. Booket, Barcelona, 2012.
105. https://elpais.com/elpais/2015/10/28/ciencia/1446060136_851539.html al 21-12-2018
106. Joan Baños, J. *Las vacas indias ya no son tan sagradas. La Vanguardia*, edición impresa. Barcelona, 14/04/2014.
107. Safran Foer J. Ibíd.
108. Kumar S. Ibíd.
109. Ilárraz, F.G. y Pujol, Ò. Ibíd.

110. *Bhágavad Gītā, VIII*.6
111. Nikhilananda, Swami. Ibíd.
112. Sivananda, Swami. *Shrímad Bhágavad Guita*. E.L.A., Madrid, 1999.
113. Versión basada en *Śrīmad Bhāgavatam* 5.7-8.
114. *Bhagavad Gītā*, 8.5
115. Ch.Up., 3.17.6: *akṣitam asi, acyutam asi, prāṇa-saṁśitam asi.*
116. Premananda, Swami. *Premananda Satsang Vol. III*. Sri Premananda Trust, Trichy, 2007.
117. *Mahābhārata, Śānti parva*, 109.9.11.
118. *Bṛhadāraṇyaka Upaniṣad*, 1.4.14.
119. Reilly, W. J. *How to avoid work*. Harper & Brothers, Estados Unidos, 1949.
120. Daniélou A. Ibíd.
121. https://www.thelancet.com/journals/lanchi/article/PIIS2352-4642(18)30022-1/fulltext al 21-12-2018
122. Enterría, A. *La India por dentro: una guía cultural para el viajero* (6.ª ed.). José J. de Olañeta Editor e Indica Books, Palma de Mallorca, 2009.
123. *Bhagavad Gītā*, XVII.8-10.
124. *Yogasutra*, II.15: *duḥkham eva sarvaṁ vivekinaḥ.*
125. Pujol, Ò. *Yogasutra: Los aforismos del Yoga*. Kairós, Barcelona, 2016.
126. Satchidananda, Swami. *The Yoga Sutras of Patanjali*. Integral Yoga Publications, Virgina, 2011.
127. Figueroa, Ó. *Vijñāna Bhairava Tantra*. Kairós, Barcelona, 2017.
128. Ch.Up., 8.3.1.
129. Satyananda Saraswati, Swami. Charla pública.
130. Premananda, Swami. Ibíd.
131. Satyananda Saraswati, Swami. Charla pública.
132. *Awake*. Película sobre la vida de Paramahamsa Yogananda. 2017.
133. Yogananada, Paramahansa. *Autobiografía de un yogui*. Self-Realization Fellowship, Los Ángeles, 2006.
134. *El Evangelio de Sri Ramakrishna* (tomo II). Edición del Ramakrishna Ashram y Ed. Kier, S.A., Buenos Aires, 1977.
135. Eliade, M. *El Yoga: inmortalidad y libertad*. FCE, México, 2013.
136. *Mahābhārata, Śantiparva.*
137. Vivekananda, Swami. *Selecciones del Swami Vivekananda*. Kier, Buenos Aires, 1971.

138. Aguado, J. Ibíd.
139. https://www.lavanguardia.com/opinion/20170123/413610106528/yo-pague-con-mi-vida.html al 21-12-2018
140. https://www.lavanguardia.com/lacontra/20120214/54254139819/daniel-odier-aceptando-no-ser-nada-ganamos-el-mundo.html al 21-12-2018
141. *Mahābhārata*, Araṇya Parva, 3.311.
142. *Yogasūtra*, II.42.
143. Satyananda Saraswati, Swami. Ibíd.
144. Satchidananda, Swami. Ibíd.
145. *Yoga Bhāṣya*, II.32
146. Pujol, Ò. Ibíd.

Parte IV

147. *Yogasūtra*, I.14.
148. Satchidananda, Swami. Ibíd.
149. Enseñanza oral en clase.
150. Pujol, Ò. Ibíd.
151. Jñānānanda, Swami. Ibíd.
152. Vivekananda, Swami. *Raja Yoga.*
153. Crary, J. *24/7: Capitalismo tardío y el fin del sueño.* Ariel, Barcelona, 2015.
154. *Haṭha Yoga Pradīpikā*, I.12-15
155. *Śiva Saṁhitā*, III.40-41.
156. Eliade, M. Ibíd.
157. https://www.abc.es/recreo/abci-nada-sexo-especias-y-mucho-yoga-se-cretos-monje-120-anos-201608181641_noticia.html al 21-12-2018
158. Tola F. y Dragonetti C. *La Filosofía Yoga.* Kairós, Barcelona, 2006.
159. http://www.claudionaranjo.net/pdf_files/nav_bar/press/vanguardia_arti-cle_spanish.pdf al 21-12-2018
160. D'Ors, P. *Biografía del silencio.* Siruela, Madrid, 2015.
161. *Bhaktisūtras*, 19.
162. Premananda, Swami. Ibíd.
163. Vivekananda, Swami. Ibíd.
164. Sivaya Subramuniyaswami. *Loving Gaṇeśa.* Himalayan Academy, Hawai, 2000.

165. Premananda, Swami. *Pujas and Prayers of Sri Premananda Ashram*. Sri Premananda Trust, Trichy, 2000.

166. Jñānānanda, Swami. Ibíd.

167. Aparece en Yogananda, Paramahansa. Ibíd.

168. Premananda, Swami. *Premananda Satsang*. Sri Premananda Trust, Trichy, 2007.

169. *Bṛhadāraṇyaka Up., 4.4.21.*

170. Premananda, Swami. Ibíd.

Parte V

171. *Brahmavaivarta Purāṇa*, 4.129

172. Enterría, Á. *El tiempo y la historia: una visión india*. José J. de Olañeta Editor, Palma de Mallorca, 2018.

173. Premananda, Swami. Ibíd.

174. Feuerstein G. *The Yoga tradition*. Hohm Press, Arizona, 2008.

175. Jñānananda, Swami. Ibíd.

176. *Śrīmad Bhāgavatam*, 11.7.33-35.

177. *Chāndogya Upaniṣad*, 8.1.3.

178. *Chāndogya Upaniṣad* 6.14.1-2.

179. *Advayatáraka Upanishad, 16.*

180. *Tirumandiram*, 1910–22.

181. https://www.vedanet.com/shiva-the-supreme-lord-of-yoga/ al 21-12-2018

182. Premananda, Swami. Ibíd.

183. *Kena Upaniṣad*, 3.12.

184. Daniélou, A. Ibíd.

185. Versión de la historia basada en *Śiva Purāṇa, Rudra Saṃhitā III* - J.L. Shastri. Motilal Banarsidass, Delhi, 1950.

186. Eck, Diana L. *India, A sacred Geography*. Three Rivers Press, Nueva York, 2012.

187. https://timesofindia.indiatimes.com/city/mumbai/BMC-suspect-more-than-350-illegal-ganpati-pandals-on-roads/articleshow/49119047.cms al 21-12-2018

Parte VI

188. Rig Veda, 2.23.1.
189. Sivaya Subramuniyaswami. *Loving Gaṇeśa.*
190. Thich Nhat Hanh, comentario del *sutra* de *Los ocho grandes entendimientos de los grandes seres.*
191. Sivaya Subramuniyaswami. Ibíd.
192. Jagannathan S. *Ganesha: The auspicious... The Beginning.* Vakils, Feffer and Simons Pvt, Mumbai, 2008.
193. Gandhi, M.K. Ibíd.
194. Documental *Antes de que sea tarde* (*Before the flood*) con Leonardo Dicaprio (en 35 min 36 s).
195. *Śrīmad Bhagavatam*, 10.6.19-20.
196. https://timesofindia.indiatimes.com/city/dehradun/members-of-animal-kingdom-to-be-treated-as-legal-entities-ukhand-hc/articleshow/64860996.cms al 21-12-2018
197. Zimmer H. Ibíd.
198. Ibíd.
199. Sivaya Subramuniyaswami. Ibíd.
200. Enterría, Á. *La India por dentro.*
201. «Psittaciform», Enciclopedia Británica, 2018. Encyclopaedia Britannica *online*, acceso el 21-12-2018 https://www.britannica.com/animal/psittaciform
202. Krishna Kali Ashram en https://www.facebook.com/suddhasattva/ al 21-12-2018
203. Yogananda, Paramahansa. Ibíd.
204. Kornfield, J. *Después del éxtasis la colada.* La liebre de marzo, Barcelona, 2001.
205. *Tripurā Rahasya.*
206. Dharma Mittra. *Words of Wisdom.*
207. *Bhagavad Gītā*, XVIII.7.
208. *Bhagavad Gītā*, III.22.
209. *Bhagavad Gītā*, III.5.
210. Mascaró, J. *Bhagavad Gita* (edición bilingüe). Penguin Classics, España, 2015.

editorial **K**airós

Puede recibir información sobre
nuestros libros y colecciones inscribiéndose en:

www.editorialkairos.com
www.editorialkairos.com/newsletter.html
www.letraskairos.com

Numancia, 117-121 • 08029 Barcelona • España
tel. +34 934 949 490 • info@editorialkairos.com